Genie Z. Laborde

Mehr Sehen Mehr Hören Mehr Fühlen

Praxiskurs Kommunikation

Erlernen Sie die Techniken professioneller Kommunikatoren

Aus dem Amerikanischen von Theo Kierdorf,
in Zusammenarbeit mit Hildegard Höhr

Junfermann Verlag · Paderborn
1997

Originaltitel: Influencing with Integrity; erschienen bei SYNTONY Publishing, Palo Alto
Covergestaltung: Petra Friedrich
Coverfoto: Comstock GmbH, Berlin
Übersetzung aus dem Amerikanischen: Theo Kierdorf, in Zusammenarbeit mit Hildegard Höhr

Bei der Vermittlung dieses Buches in den deutschen Sprachraum sowie der Durchsicht der Übersetzung haben mitgewirkt: Marie Antoinette Scholer und Siegfried H. Preuß.

Satz: adrupa Paderborn
Druck: PDC – Paderborner Druck Centrum

Die Deutsche Bibliothek – CIP-Einheitsaufnahme
Laborde, Genie Z.:
Mehr sehen, mehr hören, mehr fühlen: Praxiskurs Kommunikation. Erlernen Sie die Techniken professioneller Kommunikatoren / Genie Z. Laborde. Aus dem Amerikan. von Theo Kierdorf, in Zusammenarbeit mit Hildegard Höhr. – Paderborn: Junfermann, 1997.
(Reihe Pragmatismus & [und] Tradition; Bd. 53)
Einheitssacht.: Influencing with Integrity <dt.>
ISBN 3-87387-301-X

NE: GT

ISBN 3-87387-301-X

Inhalt

Dieses Buch widme ich meinem Ehemann George und meinen Kindern Tracy, Cliffe, Gary, Peter, Adrienne und Kathryn, die mich alle neue Arten zu kommunizieren und zu verhandeln gelehrt haben.

Zum Geleit

Vor etwas mehr als zehn Jahren habe ich mit Richard Bandler zusammen angefangen, Werkzeuge zu entwickeln, die Menschen helfen sollten, jenes scheue Wild zu jagen, das man als überragende menschliche Fähigkeit[1] oder Exzellenz bezeichnet. Seither ist viel geschehen. Wir haben unter besonderer Berücksichtigung von Kommunikationsmustern Modelle menschlicher Exzellenz entwickelt. Wir haben Wege erkannt und kodifiziert, durch die exzellente Kommunikatoren ihre Ziele in so unterschiedlichen Bereichen wie Medizin und Industrie erreichen.

Diese Modelle sind durch NLP-Technologie entstanden; sie sind also nicht selbst NLP. Durch den NLP-*Prozeß* entstehen die Modelle. Innerhalb des vergangenen Jahrzehnts haben wir mehr als fünftausend Menschen darin ausgebildet, diese Modelle der Exzellenz zu benutzen. Die von uns ausgebildeten Trainer haben wahrscheinlich weitere fünfzigtausend Personen ausgebildet. Unter jenen Tausenden habe ich weniger als zehn Personen ausgewählt, die mit mir als Partner zusammenarbeiten. Genie Laborde gehört zu diesem kleinen Kreis.

Frau Dr. Laborde ist zweifellos eine der kundigsten, klarsten und erfolgreichsten Vermittlerinnen der Modelle, die wir mit Hilfe des NLP-Prozesses entwickelt haben. Sie benutzt in ihrer Beratertätigkeit, ihren Trainings und in dem Buch, das vor Ihnen liegt, äußerst wirksame und einzigartige Metaphern. Ein großer Teil des Materials, das sie präsentiert, ist mir bekannt, doch mir

1 Das englische Wort „skills" wird gewöhnlich durch „Fertigkeiten" übersetzt, um Erworbenes von Konstitutionellem oder Angeborenem zu unterscheiden, wofür man den Begriff „Fähigkeiten" reserviert. Doch sind die beiden Begriffe „Fähigkeit" und „Fertigkeit" im Deutschen im Sinn sehr nahe beieinander, da man sich natürlich auch „Fähigkeiten aneignen" kann. Deshalb habe ich mich der anfangs erwähnten Unterscheidung nicht angeschlossen. Anm. d. Ü.

ist auch klar, daß die spezielle Art, wie sie dieses Material dargestellt und geordnet hat, ihre eigenständige Leistung ist.

Natürlich weiß ich nicht, wie nützlich ihre Bemühungen für Sie persönlich sein werden. Ich kann nur mein eigenes Interesse an den einzigartigen Interpretationen der Autorin zum Ausdruck bringen, die ich mit großer Freude gelesen habe, und ich möchte Ihnen raten, den Inhalt des vorliegenden Buches mit einem gewissen Entdeckergeist aufzunehmen, so wie ich selbst es getan habe, und es vor allem auch wirklich auszuprobieren.

Kürzlich haben mir zwei Journalisten, die an einem Artikel für die Zeitschrift *Science Digest* arbeiteten, in einem Interview vorgeworfen, ich unternähme keinerlei Anstrengungen, zu überwachen, was die von mir Ausgebildeten mit ihren NLP-Fähigkeiten machen würden. Deshalb bot ich den beiden die folgende Metapher an: Ich bin das älteste von neun Kindern und habe selbst ebenfalls Kinder. Wenn ein Mann und eine Frau sich entschließen, einem Kind das Leben zu schenken, hegen sie unzählige Hoffnungen und Träume darüber, wie wundervoll, sensibel und klug ihr Kind einmal sein wird. Solche Träume helfen den Eltern, zu entscheiden, wie sie bestimmte Verhaltensweisen ihres Kindes unterstützen und fördern wollen. Kluge Eltern merken schnell, daß der Einfluß, den sie auf ihre Nachkommen ausüben sollten und können, ohnehin nur sehr begrenzt ist, und dadurch lernen sie, die einzigartigen Qualitäten des reifen Menschen zu schätzen, dem sie bei seiner Entwicklung halfen.

Da mittlerweile so viele Menschen im NLP ausgebildet worden sind, werde ich nicht versuchen, sie alle zu überwachen. Ich schließe mich der Meinung jener Journalisten an, daß man die NLP-Fähigkeiten benutzen kann, um andere Menschen zu manipulieren. Und ich bin hocherfreut darüber, daß eine meiner Kolleginnen es sich zum Ziel gesetzt hat, die Phänomene der Manipulation und der Beeinflussung voneinander abzugrenzen. Ich möchte all jenen 55.000 Ausgebildeten empfehlen, das vorliegende Buch zu lesen und es dann einem Freund weiterzugeben.

John Grinder
Sommer 1983

Anmerkung des Herausgebers

Nachdem ich das ursprüngliche Manuskript dieses Buches gelesen hatte, empfahl ich dem Verlag Science and Behavior Books, seine Veröffentlichung abzulehnen. Ich hatte den Eindruck, daß der Text gründlich überarbeitet werden müsse, was meiner Meinung nach für den Verlag zu kostspielig war. Außerdem erschien mir die gesamte Präsentation und der generelle Ton der Darstellung als zu glatt, als zu stark vereinfachend und manchmal auch als unglaubwürdig.

Zwei Wochen später entschloß ich mich, es noch einmal gründlicher zu lesen, denn in der Zwischenzeit waren mir bei den verschiedensten Anlässen immer wieder Passagen daraus eingefallen. Deshalb kam mir der Verdacht, daß ich Genie Labordes Arbeit falsch eingeschätzt haben könnte.

Glücklicherweise hatte der Verleger sich meinem Urteil nicht angeschlossen. Nach Vertragsabschluß wurde die Veröffentlichung bald in Angriff genommen, und ich nahm mir den Text noch einmal Wort für Wort vor. Was mir beim ersten Lesen als zu glatt erschienen war, sah ich in der Folgezeit unzählige Male bestätigt. Ich experimentierte mit einigen der Formulierungen und Taktiken, die im Buch beschrieben werden, und sie haben mein Leben insgesamt ein wenig leichter und wesentlich produktiver gemacht. Schließlich gab ich die Rolle des unverbesserlichen Skeptikers vollständig auf.

Doch bin ich nach wie vor der Meinung, daß man dieses Buch nicht durch nur einmaliges Lesen völlig absorbieren kann. Versuchen Sie erst gar nicht, es in einem Zug durchzulesen. Lesen Sie es sorgfältig, und halten Sie es eine Zeitlang stets in Ihrer Nähe.

Ich nehme an, daß Sie und jeder andere, der sich unter Ihrem Einfluß befindet, sich auf den Inhalt beziehen wird, bis das nächste Buch von Genie Laborde erscheint.

R.B.

Vorwort

Wenn ich Ihnen alles, was Sie in diesem Buch finden werden, schon auf den ersten Seiten beibringen könnte, könnten wir uns der nächsten Ebene der Kommunikation zuwenden – einer sehr wichtigen Ebene, die noch nicht viele Menschen erreicht haben. Ein Grund dafür, dieses Buch zu schreiben, war, die Zahl der fähigen Kommunikatoren zu vergrößern.

Wenn Sie bereits wüßten, was in den Kapiteln 3 und 8 steht, würden Sie Kapitel 1 besser und schneller verstehen, und Sie würden offener dafür sein, die Fähigkeiten zu erlernen, die darin erklärt werden. Verstehen und Fähigkeit bedingen einander; wenn eines von beiden sich verbessert, verbessert sich das andere ebenfalls. Dies erfordert Zeit.

Da Worte nun einmal sequentiell benutzt werden und da wir alle tendenziell skeptisch sind, wenn wir neue Verhaltenswege kennenlernen, könnten Sie versucht sein, meine Ideen als eine neue Art von kalifornischen Flausen abzutun. Doch wenn Sie es schaffen, Ihre Skeptik so lange zu beurlauben, bis Sie die Prämissen und Fähigkeiten, über die ich schreibe, selbst geprüft und erprobt haben, können wir versuchen, den Weg weiterzugehen. Ich gehe gern das Risiko ein, daß meine Ideen als „Flausen" bezeichnet werden, wenn auch nur die geringste Chance besteht, daß Sie in der kurzen Zeit, in der Sie dieses Buch lesen, die beschriebenen Beeinflussungsmethoden in Ihr Repertoire aufnehmen.

Nun etwas zum Unterschied zwischen Beeinflussung und Manipulation. Es ist nicht schwer, diesen Unterschied zu beschreiben. Wenn Sie gelernt haben, sich über Ihre eigenen Wünsche (oder über die von Ihnen gewünschten *Ziele,* wie in Kapitel 1 definiert) klar zu werden, können Sie mit Hilfe der gleichen Methoden auch herausfinden, welche Ziele alle anderen an der Kommunikation Beteiligten verfolgen.

Das Ziel Ihres Gegenüber und gleichzeitig das eigene Ziel zu erreichen, ist das, was ich unter Beeinflussung im Einklang mit der Integrität verstehe.

Wenn Sie Ihr eigenes Ziel auf Kosten oder sogar unter Mißachtung Ihrer Gesprächspartner erreichen, so ist das Manipulation. Was diese spezielle „bewußte Manipulation" so furchteinflößend macht, ist, daß Menschen, die über diese Fähigkeiten verfügen, sich ein solches Maß an persönlicher Macht aneignen, daß sie in der Lage sind, tief in das Leben anderer Menschen einzugreifen und sie dadurch in die Irre zu leiten. Ich kann das Böse nicht verhindern, es besteht in den Menschen, die solch eine Wahl treffen. Ein solcher Mißbrauch von Kommunikationsfähigkeiten hat nichts mit dem Wesen dessen zu tun, was in diesem Buch erklärt und gelehrt wird.

Ich empfehle Beeinflussung mit Integrität und nicht Manipulation.

Danksagung

Danke, Bruce Dillman. Ohne Dich hätte ich dieses Buch nicht fertiggestellt.

Danke, Rain Blockley. Ohne Dich als Lektor wäre dieses Buch nicht so perfekt, wie es jetzt ist.

Danke, John Grinder. Du hast mir einige nützliche Fertigkeiten vermittelt und mich an andere erinnert, die ich bereits vorher erlernt, dann jedoch vergessen hatte.

Danke, Brian Van der Horst, dafür, daß Du da warst, wenn ich Dich brauchte.

Danke, Bob Hill, dafür, daß Du mich ermutigt hast, weiterzumachen.

Danke, Lue McEwan, für Deine ausgezeichnete Arbeit bei der Erstellung der Graphiken für dieses Buch.

Danke auch allen Teilnehmern meiner Seminare, die mich stets etwas Neues über Kommunikation lehren.

Gewisse Menschen können besser beeinflussen als andere

Einleitung

Experten, die Menschen mit einer natürlichen Begabung für besonders effektive Kommunikation beobachtet und ihnen zugehört haben, sind zu dem Schluß gelangt, daß die besondere Stärke dieser Menschen nicht in dem liegt, *was* sie sagen, sondern darin, *wie* sie es sagen. Die meisten überragenden Kommunikatoren verfügen über gewisse Fähigkeiten, andere Menschen zu beeinflussen. Im vorliegenden Buch werden einige Qualitäten beschrieben, die in 95 Prozent aller Kommunikationssituationen von Nutzen sind.

Obgleich es hier insbesondere um die Kommunikation im Business-Bereich geht, können die beschriebenen Fähigkeiten überall von Nutzen sein, wo Menschen miteinander agieren. Das Erkennen und Praktizieren dieser Fähigkeit führt zu besseren Entschlüssen und darüber hinaus zu besseren Denkweisen.

Trotz der großen Bedeutung der Kommunikation denken wir selten über sie nach. Reden (eine unter vielen Möglichkeiten der Kommunikation) gleicht dem Atmen. Wir tun es schon so lange, wie wir uns zurückerinnern können, aber wir wissen nicht, *wie* wir es tun. Manchmal ist Reden angenehmer als in anderen Situationen, doch grundsätzlich immer werden dabei Wörter ausgesprochen, die zu Sätzen werden, und so kommt es dazu, daß wir reden. Vielleicht kommt uns manchmal der Verdacht, daß wir besser kommunizieren könnten, aber wir wissen nicht, wo wir anfangen sollen.

Effektive Kommunikation beginnt mit der Erkenntnis, daß jeder von uns einzigartig ist. Manchmal könnte man denken, daß wir nicht die gleiche Sprache sprechen, obwohl wir die gleichen Wörter benutzen. Gute kommunikative Fähigkeiten vermögen solche Unterschiede zu überbrücken. Wenn ein Mensch in der Lage ist, in diesem Sinne Unterschiede zu überbrücken, so hat er damit auch die Möglichkeit, Ziele zu beeinflussen. Solche Fähigkeiten verbessern das Verständnis und die Qualität der Zielsetzungen der an einem Kommunikationsprozeß beteiligten. Geschäftsleute in ganz Amerika und in Europa erlernen diese Beeinflussungsmethoden, die durch die Verbindung psychologischer und linguistischer Erkenntnisse entstanden sind. Anfangs wurde das Resultat dieser Arbeit Psycholinguistik genannt. Doch aus der anfänglichen Form entwickelte sich später das Modell des Neurolinguistischen Programmierens (NLP), das zunächst hauptsächlich im psychotherapeutischen Bereich angewandt wurde. Mittlerweile ist als Neuentwicklung das Syntonics-Modell entstanden, das speziell zur Analyse und Förderung von Exzellenz in der Kommunikation entwickelt wurde. Der Name wurde vom Wort Syntonie abgeleitet, was bedeutet, „mit sich selbst und mit anderen in einem Zustand der Harmonie sein“. Dies scheint mir ein angemessenes Ziel für die Anwendung dieser äußerst wirksamen Techniken zu sein.

Das Syntonic-Modell befaßt sich mit dem *Wie* (oder dem Prozeß) der Kommunikation, nicht mit dem *Was* (dem Inhalt). Syntonics untergliedert die Feinheiten des Kommunikationsprozesses in klar unterscheidbare Einzelelemente leicht zu verstehender Information.

Der erste Schritt auf dem Weg zur Meisterschaft in der Kommunikation besteht darin, zu wissen, was man selbst will. Für viele Menschen ist dieser Schritt der schwierigste. Sobald Sie wissen, welches Ziel Sie erreichen möchten (siehe Kapitel 1), benötigen Sie drei Fähigkeiten, um es auch tatsächlich zu erreichen.

- Die erste Fähigkeit ist sensorische Schärfe (*sensory acuity*). Sie müssen mehr sehen und hören, als die meisten Menschen es tun. Dies kann man erlernen. Sie werden staunen, in welchem Maße schon allein das Lesen dieses Buches Ihre sensorische Aufnahmefähigkeit verbessert.
- Die zweite Fähigkeit ist Flexibilität. Wenn Sie durch das, was Sie sagen, nicht die erhoffte Reaktion auslösen, müssen Sie in der Lage sein, Ihr Verhalten so zu verändern, bis das gewünschte Ergebnis erreicht ist.
- Die dritte Fähigkeit ist Kongruenz. Alle Ihre Teilpersönlichkeiten – der Leader, der Gefolgsmann, der ehrgeizige Teil und der Dummkopf – müssen mit dem einverstanden sein, was Sie wollen. Indem Sie alle diese Teile miteinander in Einklang bringen, erreichen Sie Kongruenz in der Kommunikation.

Sie verfügen bereits über alle Fähigkeiten, die Sie benötigen, um mit der Arbeit anzufangen. Natürlich sind diese bei einigen Menschen weiter entwickelt als bei anderen. Doch ganz gleich, wie gut Ihre Kommunikationsfähigkeit bereits entwickelt ist, Sie werden in diesem Buch Verfeinerungsmöglichkeiten kennenlernen. Dieses Buch will Ihnen helfen zu bekommen, was Sie bekommen wollen, indem es Ihnen beibringt, Ihre angeborenen Fähigkeiten bewußt wie auch unbewußt einzusetzen.

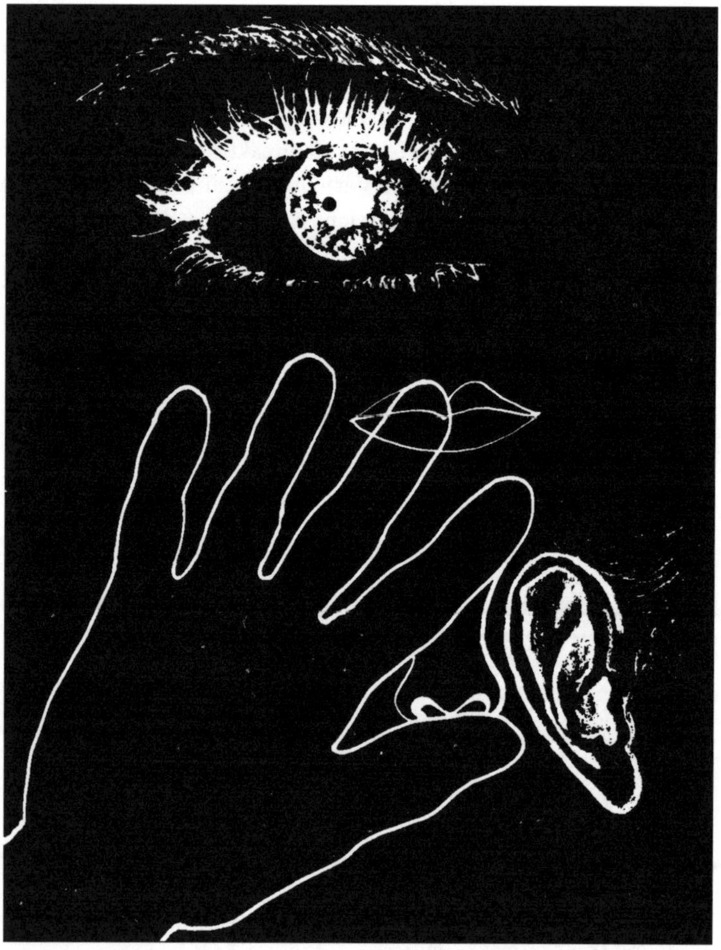

sensorische Schärfe

Flexibilität

Effektive Kommunikation ist wie eine Reise unternehmen. Zuerst legt man das Reiseziel fest. Dann überlegt man, wie man das Ziel am besten erreicht und mit wem man reisen möchte. Sie könnten fliegen, Auto oder Fahrrad fahren oder gehen. Wenn Sie sich dafür entscheiden, mit dem Auto zu fahren, müssen Sie eine Route wählen, die Ihnen gefällt. Auf der Reise müssen Sie sich an bestimmten Kontrollpunkten oder Wegweisern orientieren, um festzustellen, ob Sie noch auf der richtigen fahren. Wenn Ihre Reisegefährten ein anderes Ziel haben als Sie selbst, müssen Sie feststellen, wo sich Ihre Wege trennen. Wenn Sie Ihr Ziel erreicht haben, müssen Sie feststellen, ob Sie auch tatsächlich am richtigen Ort sind und ob Sie damit tatsächlich alles erreicht haben, was Sie wollten.

Und genauso, wie eine Reise damit beginnt, daß wir unser Reiseziel festlegen, beginnt effektive Kommunikation damit, daß wir herausfinden, wohin wir wollen. In Syntonics nennen wir dies **Ziel** (*outcome*).

Kongruenz

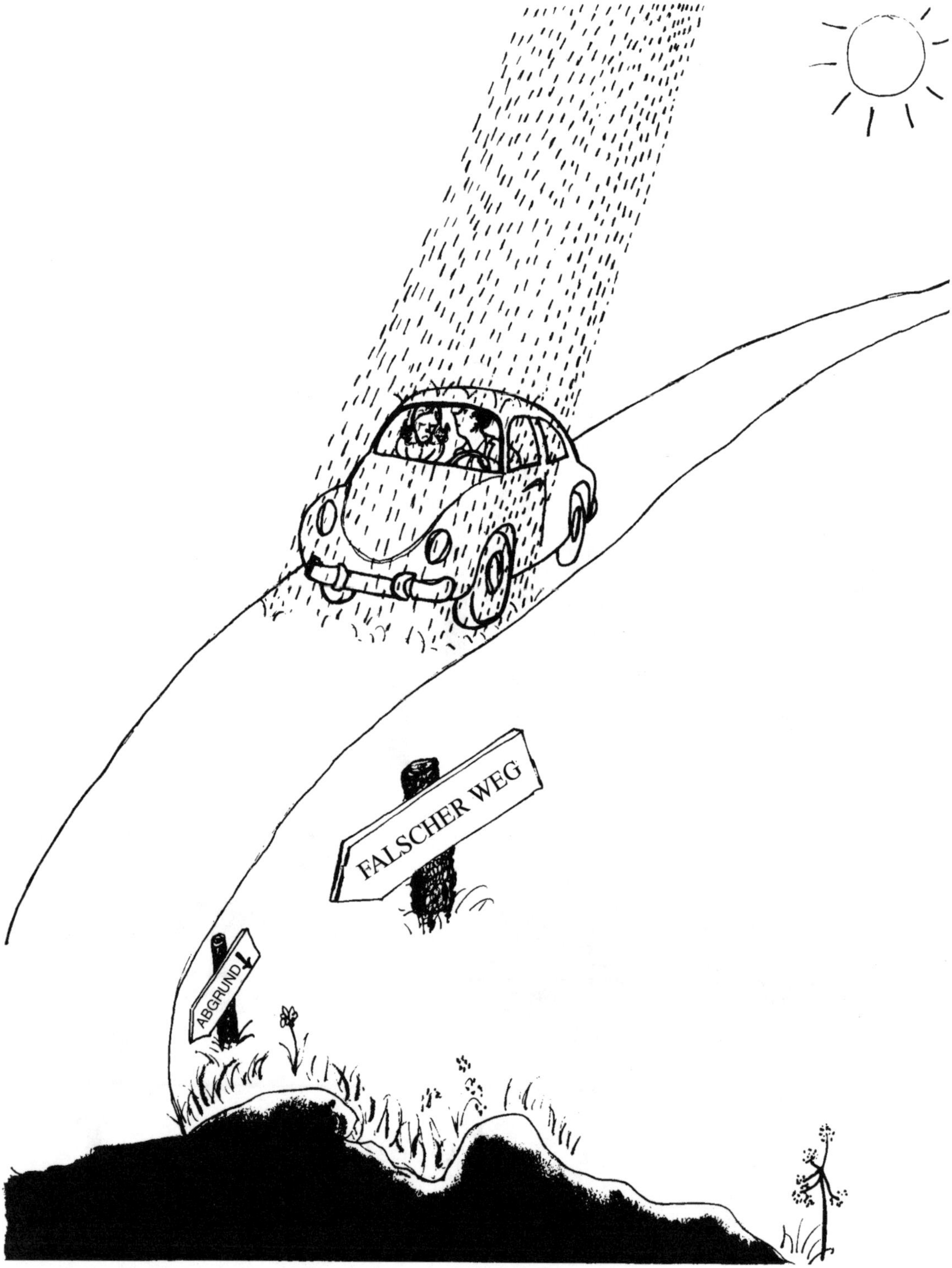
FALSCHER WEG
ABGRUND

1
Ziele

Kommunikation ohne ein erwünschtes Ziel ist wie reisen ohne Ankunftsort. Vielleicht finden Sie so einen Ort, der Ihnen gefällt, vielleicht aber auch nicht. Die Reise selbst zu genießen, ist ein durchaus akzeptables Ziel; einen Zielort zu erreichen, den Sie erreichen wollen, ist zusätzlich produktiv.

Ein *Ziel* (*outcome*) ist das Resultat, das Sie erreichen wollen. Es wird definiert anhand dessen, wie Sie die Dinge geschehen *sehen* möchten, wie Sie sich *fühlen* möchten, was Sie *hören* möchten, wenn Sie es erreicht haben.

Die meisten im Management Tätigen wissen schon eine Menge über das Festlegen von erwünschten Ergebnissen und über zielorientiertes Management (*management by objective*). Vielleicht haben Sie das Wort Ziel (*outcome*) in die gleiche Kategorie eingeordnet. Doch Ergebnisse gehören einer umfassenderen Kategorie an als Ziele. Ziele sind Ergebnisse, die durch Anwendung der im folgenden beschriebenen fünf Schritte klar definiert und „poliert“ worden sind. Mit anderen Worten: Wenn man Ergebnisse mit neuen Bleistiften frisch aus der Schachtel vergleicht, so wären Ziele gespitzte, gebrauchsbereite Stifte. Und die folgenden fünf Schritte sind sozusagen der „Bleistiftspitzer“:

a. Streben Sie ein spezifisches Resultat an.
b. Seien Sie positiv.
c. Sehen/hören/fühlen Sie sensorische Informationen.
d. Stimmen Sie Ihre Wünsche mit denen Ihrer Kommunikationspartner ab.
e. Definieren Sie kurzfristige und langfristige Ergebnisse.

Diese Punkte sind auch als ABC der Ziele bekannt. Wenn Sie sie verstehen und anwenden, können Sie die Ziele, die Sie anstreben, definieren. Auch werden Sie eine alphabetische Gedankenstütze haben.

Streben Sie spezifische Resultate an

A
spezifisch

Aim for a Specific Result

Ein Ziel oder eine Reihe von Zielen zu definieren ist der erste Schritt. Spezifisch sein verlangt, Ihr Ziel in sensorisch basierten Worten auszudrücken. Formulieren Sie, was Sie sehen, hören und fühlen wollen. Gleichzeitig konzentriert sich Ihre Aufmerksamkeit auf äußere und innere Ressourcen, die Ihnen helfen können, dieses Ziel zu erreichen.

Wenn Sie auf diese Weise das Ziel, das Sie anstreben, spezifiziert haben, kann dies unmittelbar verändern, was Sie sehen, hören und fühlen. Da Sie sich nicht all dessen, was Sie umgibt, bewußt sein können, wählen Sie bestimmte Einzelheiten aus, auf die Sie achten. Und das Ziel, das Sie in einem bestimmten Augenblick anstreben, entscheidet darüber, auf welche äußeren und inneren Stimuli Sie Ihre bedeutendste Aufmerksamkeit richten.

Probieren Sie die folgende Übung aus: Schauen Sie sich alle Farben in Ihrer Umgebung an. Benennen Sie fünf Farben, die Sie sehen. Untersuchen Sie anschließend, welche Geräusche und Klänge Sie umgeben. Benennen Sie drei davon. Konzentrieren Sie sich nun darauf, wie sich Ihr Magen oder Bauch anfühlt, und benennen Sie das Gefühl, das Sie dort spüren.

Auf diese Weise übernehmen Sie die Kontrolle über Ihren Auswahlprozeß. Ein bewußt gemachtes Ziel leitet die gleiche Art von kontrolliertem Auswahlprozeß ein. Und diese Auswahl hat ihrerseits wiederum eine signifikante Auswirkung auf Ihren Denkprozeß: Sie denken über die Bilder, Wörter oder Gefühle nach, die Sie ausgewählt haben. Sie bemerken, welche Dinge in Ihrer unmittelbaren Umgebung und in Ihren früheren Erfahrungen Ihnen behilflich sein werden. Sie können Wahrnehmungen aus Ihrer Umwelt oder aus Ihrer Innenwelt wählen, aus Ihren derzeitigen oder aus früheren Erfahrungen, doch können Sie nicht in einem Vakuum denken. Ihre Gedanken werden stets eng mit

Ihren Wahrnehmungen verbunden sein. Und wenn Sie Erfahrungen gemacht haben, die Ihnen helfen könnten, das Ziel zu erreichen, das Sie bewußt anstreben, können Sie diese als Ressourcen benutzen.

Wir wählen aus, was wir sehen, hören, fühlen.

Diese Wahrnehmungs-/Denkprozesse sind komplex. Wenn wir sie verlangsamen, stellen wir folgendes fest:

- Wir bemerken, was für unser Ziel nützlich ist.
- Wir erinnern uns an Dinge, die für unser Ziel nützlich sind.
- Unser Ziel entscheidet die Auswahl unserer Wahrnehmungen.
- Unser Ziel beeinflußt unsere Denkprozesse.
- Unsere Gedanken und Wahrnehmungen können uns helfen, das angestrebte Ziel zu erreichen.

Im Gegensatz zu Zielen können Ergebnisse recht unspezifisch sein. Manager und Buchhalter nicken, wenn sie Ergebnisse wie „gesteigerte Produktivität" und „Reingewinn" hören. Keiner dieser Begriffe ist spezifisch genug, um als Ziel fungieren zu können. Obwohl die Aussage „Eine Steigerung des Verkaufsvolumens um 400.000 Dollar im Laufe des letzten Steuerjahres unter Vermeidung von Neuinvestitionen und Neueinstellungen" präziser ist, ist dies immer noch kein Ziel. Spezifisch sein ist der erste Schritt.

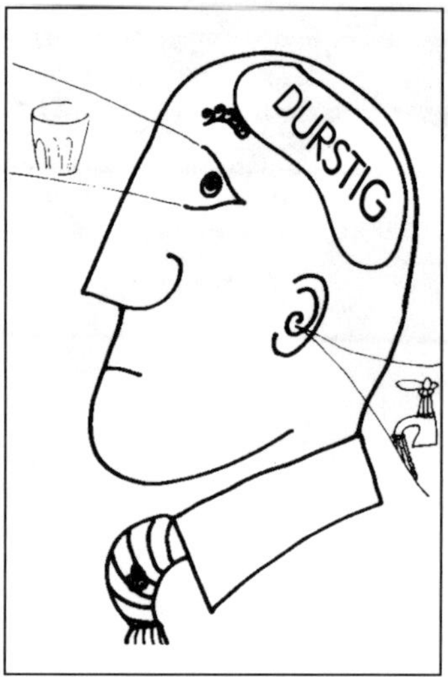

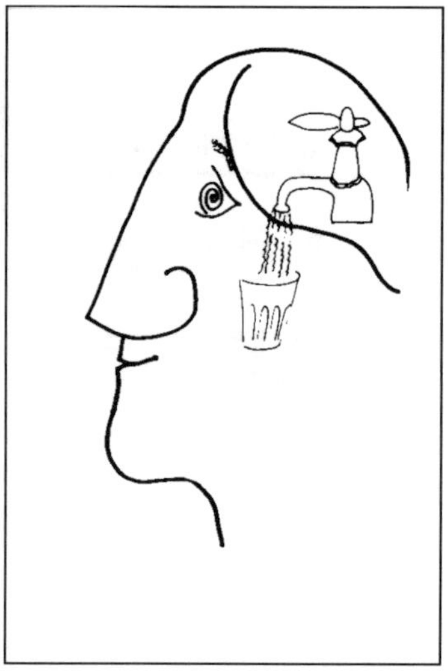

Wir stellen fest, was für unser Ziel von Nutzen ist.

Wir erinnern uns, was die Vergangenheit uns gelehrt, was für unser Ziel nützlich ist.

Im Moment brauchen Sie sich nur zu merken: Unser Ziel entscheidet die Auswahl unserer Wahrnehmungen.

Seien Sie positiv, und sehen, hören und fühlen Sie sensorische Information

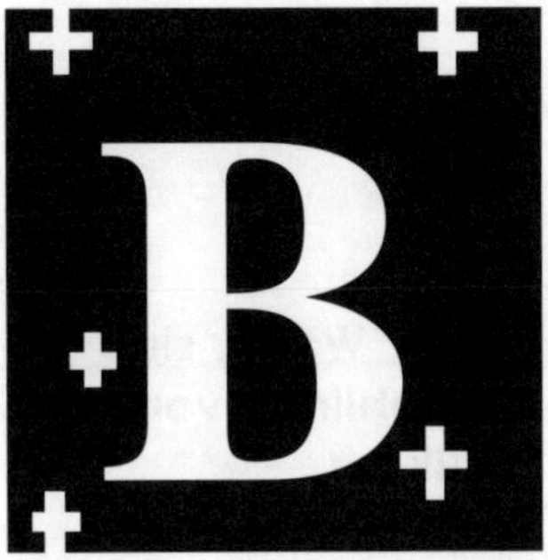

BE POSITIVE AND SEE/HEAR/FEEL SENSORY DATA

Diese beiden Schritte müssen wir im Zusammenhang sehen, weil sie ebenso miteinander verwoben sind, wie die kortikalen Neuronen des Gehirns. Tatsächlich helfen sie uns, zu erreichen, was wir erreichen wollen, indem sie die Art nutzen, wie unser Gehirn Informationen verarbeitet.

Diese scheinbar einfachen Schritte stellen in Wahrheit wichtige Meilensteine beim Studium der Kommunikation dar: die Resultate der komplizierten Postulate von Alfred Korzybski und Noam Chomsky hinsichtlich der Sprache und der Informationsverarbeitung im Gehirn sowie der psycholinguistischen Erkenntnisse von Fritz Perls, Milton H. Erickson, Richard Bandler und John Grinder.

Es ist wichtig, zunächst einmal zu verstehen, daß Ziele auf sensorischen Erfahrungen basieren. Das bedeutet, daß ein Ziel mit Wörtern formuliert wird, die beschreiben, was Sie sehen und hören und wie Sie sich fühlen.*

Seh-, Hör- und Gefühlsbeschreibungen sind positiv definiert, sie beschreiben, was Sie erfahren wollen, nicht das, was Sie nicht wollen. „Nicht arm sein" beispielsweise wäre negativ, wohingegen „reich sein" positiv ist.

Wenn Sie in der Lage sind, Ihr Ziel positiv zu formulieren, stellen Sie sich folgende Frage: „Was werde ich sehen, wenn ich mein Ziel erreicht habe? Was werde ich hören? Was werde ich fühlen?" Wenn wir bei unserem Beispiel des Reichseins bleiben, so könnten die Antworten lauten:

Sehen	Hören	Fühlen
100.000 $ in funkelnagelneuen Scheinen	Das Rascheln der Scheine	Freudige Erregung
Swimmingpool	Gratulation von Freunden	Champagnerblasen
Neues Auto	Musik von Mozart	Wie auf Wolken gehen
Namen als Leuchtreklame	Begeisterungs- und Beifallsrufe	Impuls zu lächeln

„Reich" ist ein Wort mit vielen Bedeutungen. Eliza Doolittle wollte irgendwo einen Raum mit einem Sessel. Andere brauchen viele Millionen von Dollar, um sich reich zu fühlen. Aber Eliza Doolittle wollte einen Sessel. Wenn Ihnen klar ist, was „reich" für

* Im vorliegenden Buch werden Gerüche und Geschmäcke in der Regel den kinästhetischen Erfahrungen oder Gefühlen zugeordnet.

Sie bedeutet, können Sie lernen, was für Sie wichtig ist, und anfangen, Ihre Aufmerksamkeit und Ihr Verhalten so zu fokussieren, daß Sie Ihr Ziel erreichen. Wenn es Geld ist, konzentrieren Sie sich darauf, dieses Geld zu bekommen. Vielleicht werden Sie aber auch zu Ihrem eigenen Erstaunen feststellen, daß es nicht Geld ist, was Sie brauchen, um die Gefühle, Dinge oder Geräusche (bzw. Klänge) zu erfahren: Vielleicht brauchen Sie nur bessere Fähigkeiten zum Kommunizieren.

„Fette" Wörter sind die Lieblinge von Politikern.

Um dies erreichen zu können, müssen Sie den Unterschied zwischen großen, abstrakten Wörtern und schlanken, konkreten Wörtern kennen. Abstrakte Wörter sind unspezifisch. Wenn Menschen beispielsweise „reich" im Sinne dessen, was sie in diesem Zustand sehen, hören und fühlen, beschreiben, so fallen ihre Antworten sehr unterschiedlich aus. Freiheit, Produktivität und Glück sind andere „fette", aber unspezifische Wörter. Fette Wörter sind bei Politikern besonders beliebt, weil ihr Inhalt so allgemein ist, daß die Zuhörer allem, was solch ein Politiker sagt, zustimmen können. Bei abstrakten Wörtern kann jeder Zuhörer das Gesagte mit seiner eigenen Bedeutung einfärben. Fette Wörter sind daher besonders nützlich, wenn der Sprecher versucht, sich die Zustimmung vieler Menschen zu sichern.

Für Aufgaben und Entscheidungen „schlanke" Wörter benutzen.

Konkrete Wörter sind wesentlich spezifischer. „Bananen" beispielsweise ist eine Bezeichnung für eine ganz bestimmte Frucht. Vielleicht sind Ihre Bananen grün, und meine sind gelb, doch werden wir uns sicherlich einigen können, was mit dem Wort „Bananen" gemeint ist. Daß Sie und ich mit dem Wort „Bananen" den gleichen Sinn verbinden, macht „Bananen" zu einem *schlanken* Wort.

Fette Wörter haben viele Bedeutungsschichten, wohingegen schlanke Wörter auf das Wesentliche reduziert sind. Fette Wörter benutzt man, um sich die Zustimmung vieler zu sichern, schlanke Wörter, um Einsichten zu erlangen und Anweisungen zu geben. Wenn Ihr Ziel Aufgaben oder Entscheidungen umfaßt, benötigen Sie schlanke Wörter. Um Ihre persönlichen Ziele zu entdecken, brauchen Sie schlanke, konkrete Wörter. Dies ist der Zweck der sinnesspezifischen Daten: das Fett abzuschälen – die überflüssigen Bedeutungen –, bis nur noch der Kern übrig ist, das, was dieses Ziel für Sie bedeutet.

ist ein fettes, abstraktes Wort

ist ein schlankes, konkretes Wort

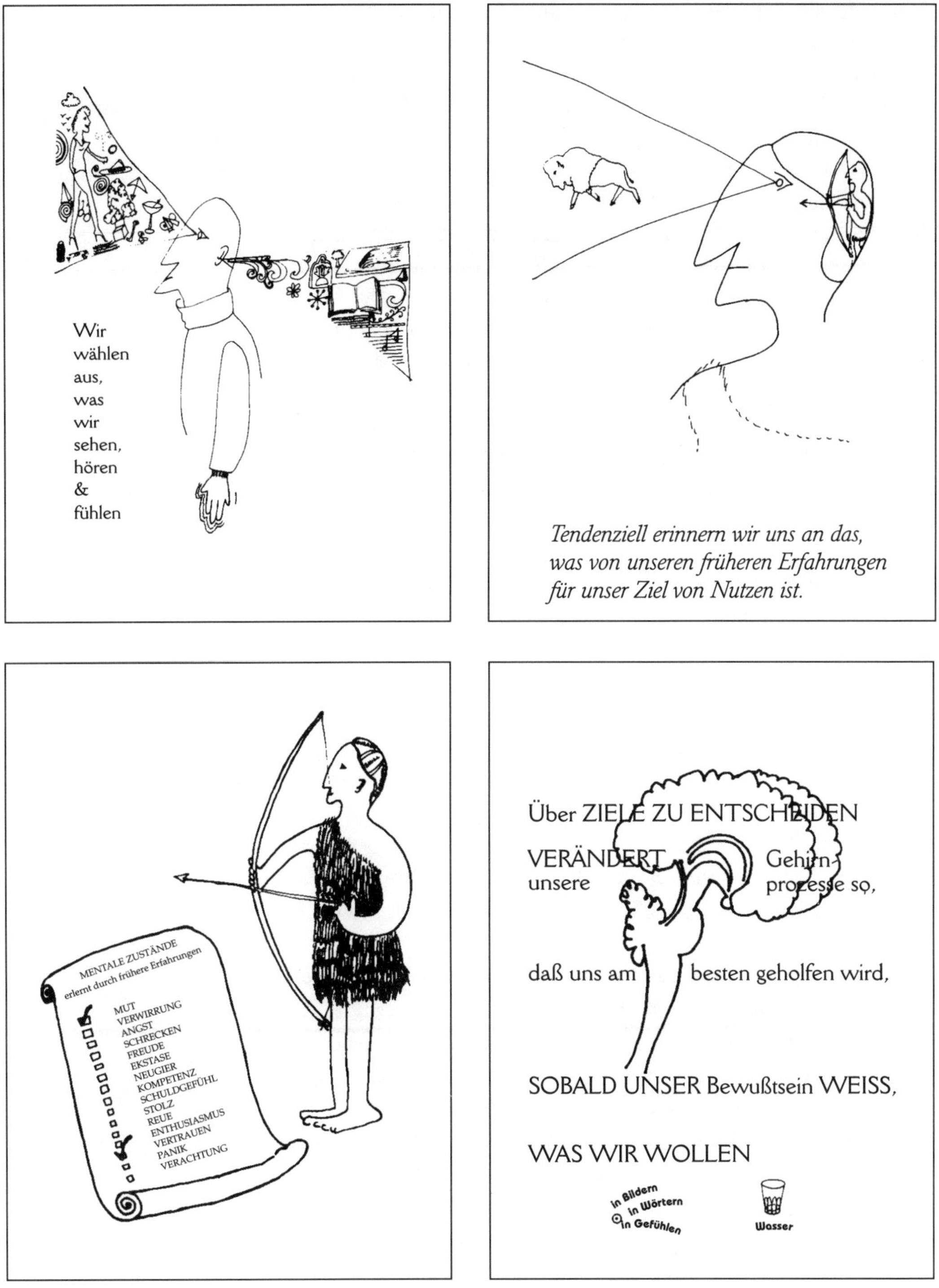

Die Auswahl der Wahrnehmungen wird durch unser Ziel determiniert

Die folgende Schilderung zeigt, wie diese Information nützlich sein kann, wenn sie mit dem ABC der Ziele kombiniert wird. Vielleicht erscheint Ihnen die Geschichte als zu stark vereinfachend, als unglaubwürdig oder sogar als magisch. Doch ist sie geschehen. (Beachten Sie: Einige der Begriffe am Rand sind noch nicht erklärt worden. Das wird noch geschehen.)

Kommunikationsprozesse

Ich war Beraterin einer Firma, die Computer herstellte, als der Chief Executive Officer (CEO) der Firma mich bat, mit einem seiner Ingenieure zu sprechen. Der betreffende Ingenieur war sich offenbar nicht über das Ergebnis seiner Arbeit im klaren. Der CEO sagte: „Er ist ein guter Mann, aber zu hart sich selbst gegenüber."

In einem separaten Büro sah ich mich einem großen Mitarbeiter mit nach vorn gebeugten Schultern gegenüber. Seine Brust war konkav gewölbt, und seine Mundwinkel wiesen nach unten. „Ich bin Jim Banks", stellte er sich vor und bat mich Platz zu nehmen. Er rückte seinen eigenen Stuhl zurecht und setzte sich zu mir. Er war gepflegt gekleidet und wirkte deprimiert.

Während ich mich in seinem großen Büro umschaute, hatte ich das Gefühl, daß all die leuchtenden Farben, die ich im gesamten Gebäude wahrgenommen hatte, verschwanden. Hatte die Sonne sich hinter eine Wolke verzogen?

Jim kam sofort zur Sache. Er bat mich, ihm beizubringen, sich selbst nicht mehr im Weg zu sein. Ich forderte ihn auf, näher zu erklären, was er damit meinte, denn ich war mir nicht ganz sicher, was er mit dem Ausdruck „sich nicht mehr selbst im Weg sein" meinte.

Die individuelle Bedeutung von Worten

„Ich will aufhören, mich selbst zu sabotieren." Er schaute durch die großen Fenster, sah jedoch den in frühlingshafter Pracht erstrahlenden Garten, die große Eiche und den blauen Himmel offenbar nicht.

„Okay", entgegnete ich, „und wenn Sie aufhören, sich selbst zu sabotieren, was haben Sie dann erreicht?"

„Dann bin ich nicht mehr frustriert, wütend und aufgebracht."

„Daraus entnehme ich, daß Sie sich jetzt im Augenblick frustriert, wütend und aufgebracht fühlen. Wie möchten Sie sich statt dessen fühlen?" Die Blumen im Garten leuchteten immer noch in intensiven Farben. Nur in seinem Büro war jener graue Schleier.

Eine lange, unangenehme Stille trat ein. Sie war für ihn unangenehm, nicht für mich. Ich war fasziniert davon, daß er unmittelbaren Zugang zu so vielen negativen Zielen und keine positiven hatte. Wie war das nur möglich? Er hatte den nach innen gewandten Blick eines Menschen, der viel Zeit allein verbringt, auf der Suche nach Sinn – und doch...

„Ich glaube, ich weiß nicht, was ich will." Er hatte recht. „Ich habe viel Angst, weil ich soviel Zeit verschwende, weil ich immer wieder Projekte beginne und sie dann nicht zuende führe. Offenbar bin ich nicht in der Lage, irgend etwas zum Abschluß zu bringen, nicht in meinem Beruf, und nicht zu Hause. Ich mache einen grandiosen Anfang und verfranse mich dann. Mein Chef ist irritiert, und meine Freundin will mich verlassen. Ich will in der Lage sein, etwas zu einem Abschluß zu bringen."

Ein spezifisches Ziel anstreben

„Sehr gut. Und was genau möchten Sie zum Abschluß bringen?"

„Oh, irgendeines der zehn verschiedenen Projekte, an denen ich arbeite."

„Wären Sie bereit, mir eines dieser Projekte zu erklären?"

Inkongruenz in Stimmfärbung und Sprechgeschwindigkeit

„Okay, okay. Es gibt ein Projekt (er nickte in Richtung eines Schranks), das ich mit relativ geringem Aufwand zum Abschluß bringen könnte. Es ist schon so gut wie erledigt. Ich würde vielleicht noch vier Stunden dazu brauchen." Seine Stimme wurde leiser.

„Wollen Sie dieses Projekt wirklich zum Abschluß bringen?"

„Nein."

Seien Sie positiv

„Was würden Sie denn gerne abschließen?" Das sanfte frühlingshafte Sonnenlicht fühlte sich schwer an. Meine Schultern waren schon fast so niedergedrückt wie seine. Ich richtete mich etwas auf.

„Ich hasse es, Projekte zum Abschluß zu bringen, weil mir dann klar wird, daß ich bei der Arbeit nicht mein Bestes gegeben habe, und wenn das Projekt erst einmal abgeschlossen ist, kann ich nichts mehr dazu beitragen."

„Ich habe gehört, was Sie hassen. Was würden Sie gerne tun?

Seien Sie positiv

Würden Sie bitte, bevor Sie antworten, einmal tief atmen?"

Er schaute mich erstaunt an, atmete jedoch einmal tief durch

Atmen

und sagte dann: „Ich möchte mich besser bezüglich meiner Arbeit fühlen."

Ressource-Zustand

„Waren Sie schon jemals mit einem Projekt, das Sie zum Abschluß gebracht haben, zufrieden?"

„Schon lange nicht mehr. Nicht mehr seit ich siebzehn oder achtzehn Jahre alt war. Jetzt bin ich 38. Das ist eine lange Zeit, wenn man sich wegen seiner eigenen mittelmäßigen Leistungen frustriert gefühlt hat."

Ein Ressource-Zustand ist Ihr optimaler emotionaler und physischer Zustand, in welchem die Ressourcen, die Sie im Laufe Ihres Lebens angesammelt haben, Ihnen zur Verfügung stehen.

„Sicher ist das so."

Wir saßen eine Zeitlang schweigend da.

„Möchten Sie gern mit Ihrer eigenen Kompetenz zufrieden sein?" fragte ich.

„Wie könnte ich das sein? Wenn ich mich nicht kompetent fühle, *bin* ich nicht kompetent. Ich möchte nichts fühlen, das nicht wahr ist."

„Ich bin jetzt schon eine ganze Weile hier", ich schaute auf meine Uhr, „und ich habe immer noch nicht herausgefunden, welches Ziel Sie anstreben. Was wollen Sie erreichen?"

Seien Sie positiv

Er reagierte gereizt.

„Ich habe Ihnen doch gesagt, daß ich mich nicht mehr ständig ängstlich und frustriert fühlen möchte."

„Und wenn Sie sich nicht ängstlich und frustriert fühlen würden, wie würden Sie sich dann gern fühlen?"

Seien Sie positiv

Wieder langes Schweigen.

Schließlich fragte ich: „Zufrieden?"

Er dachte darüber nach, nickte dann ganz leicht und sagte: „Ja, zufrieden. Ich brauche nicht außergewöhnlich kompetent zu sein. Einfach zufrieden mit meinen Fähigkeiten."

Ich richtete meine Schultern erneut auf und atmete tief. Jetzt hatten wir endlich ein Ziel, kein Ergebnis. Ziele werden stets positiv formuliert. Ziele sind spezifisch. Ziele werden anhand dessen, was man sieht, hört und fühlt, definiert. Jim mußte sich an eines der echten Ziele erinnern, die er früher einmal erreicht hatte, und er mußte sich wieder vergegenwärtigen, wie diese Erfahrung ausgesehen, sich angehört und sich angefühlt hatte.

Atmen

„Okay, das ist ein Ausgangspunkt. Sind Sie jemals mit Ihren Fähigkeiten zufrieden gewesen?"

Fühlen? (Wie bei sehen, hören, fühlen)

Er wirkte wesentlich jünger und ein wenig verlegen, als er fragte: „Spielt es eine Rolle, wie lange das schon her ist?"

„Nein."

„Also gut. Als ich siebzehn war, habe ich für ein Projekt, das ich durchgeführt habe, einen Preis bekommen." Seine Physiologie veränderte sich so blitzschnell, daß ich mir große Mühe geben mußte, die Veränderung zu registrieren.

„Ausgezeichnet. Können Sie sich an jenes Gefühl der Befriedigung erinnern und es vielleicht noch ein wenig verstärken, damit Sie wirklich merken, wie es sich angefühlt hat?" Sein Gesicht entspannte sich und nahm eine rosige Färbung an, und plötzlich saß ein völlig anderer Computer-Experte vor mir, jemand, der vor zwanzig Jahren mit seinem eigenen Projekt zufrieden gewesen war.

„Was sahen Sie sich an, als Ihnen klar wurde, daß Sie mit Ihrer eigenen Arbeit zufrieden waren?" fragte ich.

Sehen?

„Ich habe mir den Preis angeschaut. Ich war allein in meinem Zimmer und habe mir einfach die Plakette angeschaut. Ich hatte sie auf meine Kommode gestellt. Sie war gegen die Wand gelehnt."

„Was hörten Sie?"

Hören?

„Ich hörte mich sagen: Das war ein sehr gutes Projekt." Während er dies sagte, zog eine Spur des alten „befriedigten" Ausdrucks über sein Gesicht.

„Könnten Sie sich das jetzt sagen?"

„Was?"

Ressource-Zustand

„Wären Sie bereit, zu sich selbst zu sagen: Das war ein sehr gutes Projekt?" Als ich die Frage ausgesprochen hatte, sah ich, daß er soeben genau das, was ich vorgeschlagen hatte, bereits getan hatte. Der „befriedigte" Ausdruck zog wieder über sein Gesicht.

Seine Stimme klang schroff, als er sagte: „Das ist doch Unsinn. Das war vor zwanzig Jahren."

„Unsinn, ja, vielleicht. Aber andererseits: Wie fühlen Sie sich jetzt?"

Eine Pause trat ein.

„Ich fühle mich ausgezeichnet... aber wird das so bleiben?"

Ressource-Zustand sehen/hören

„Das weiß ich nicht, aber Sie sehen eindeutig besser aus. Ich frage mich, ob Sie... – wären Sie bereit, sich diese Plakette noch einmal innerlich vorzustellen und noch einmal zu sich selbst zu sagen: Das ist ein sehr gutes Projekt?"

„Ist das alles, was ich tun muß, um mich zufrieden zu fühlen? Das erscheint mir ziemlich dumm."

„Es ist nicht annähernd so dumm, wie zwanzig Jahre lang frustriert, verängstigt und niedergeschlagen herumzulaufen."

Hören

Er lachte. „Sie haben Recht." Es entstand eine Pause, während er den Satz innerlich erneut ausprobierte. Ich sah, wie sich sein Gesichtsausdruck veränderte, während er innerlich zu sich selbst sagte: „Das ist ein ziemlich gutes Projekt." Dann sagte er mit ungläubiger Stimme: „Es funktioniert. Warum ist das so?"

„Ich kenne einige der Gründe, wenn auch nicht alle. Unser Gehirn besteht aus Verbindungen von Neuronen und Dendriten, die aufgrund chemischer Reaktionen ihre Funktion erfüllen. Gedanken aktivieren bestimmte Chemikalien. Sie haben soeben einige von Chemikalien hervorgerufene Befriedigungs-Gedankenmuster aktiviert, von deren Existenz Ihr Gehirn wußte, die Sie jedoch seit langer Zeit nicht benutzt haben."

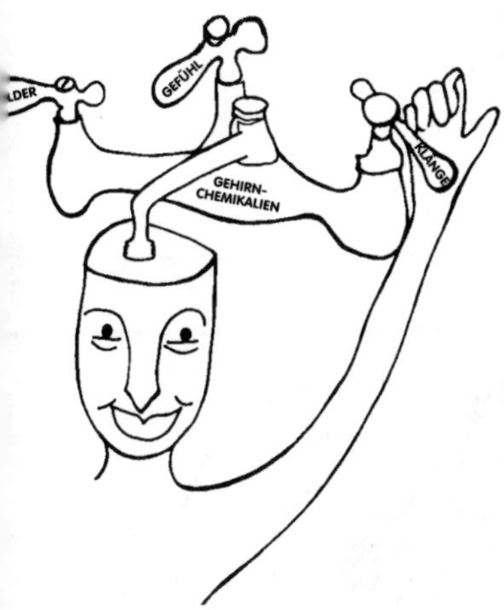

Chemikalien im Gehirn können einen Ressource-Zustand erzeugen, der auf einer früheren Erfahrung basiert. Wie man diese Chemikalien erzeugen kann, wird in Kapitel 8 beschrieben.

„Werde ich jetzt in der Lage sein, Projekte zum Abschluß zu bringen?“ Seine Stimme klang wie die eines Siebzehnjährigen, und beim Wort „jetzt“ wechselte er in eine tiefere Stimmlage über.

„Das weiß ich nicht. Können Sie sich vorstellen, vier Stunden damit zu verbringen, das Projekt, über das wir soeben sprachen, zum Abschluß zu bringen?“

„Das würde nur zwei Stunden dauern.“ Seine Stimme klang voll und entschlossen. Einen Monat später hatte Jim seine laufenden Projekte erledigt und war mit neuen beschäftigt.

Ressource-Zustand

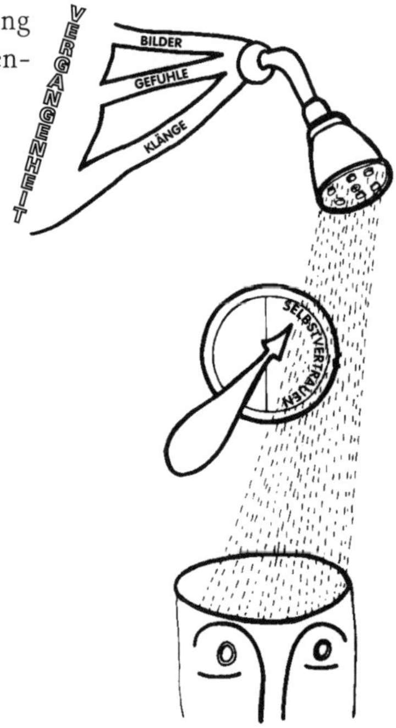

Ziele

Um zusammenzufassen, was wir bisher über Ziele gelernt haben: Ein Ziel muß positiv formuliert werden. „Aufhören, x zu tun“ ist eher ein Ergebnis als ein Ziel. Ergebnisse sind schwierig. Ziele sind leicht. Etwas anzustreben, was man nicht will, ist eine Falle. Etwas anzustreben, was man will, ist ein Ziel. Stellen Sie fest, was Sie wollen, und fragen Sie sich:

- Was werde ich sehen, wenn ich mein Ziel erreiche?
- Was werde ich hören?
- Was werde ich fühlen?

Schreiben Sie die Antworten auf. Versuchen Sie, sich vier Dinge vorzustellen, die Sie sehen, wenn Sie Ihr Ziel erreicht haben, vier Geräusche oder Klänge, die Sie hören, und vier Empfindungen, die Sie fühlen werden. Wenn Sie keine vier Antworten in jeder dieser Kategorien finden, schreiben Sie so viele auf, wie Sie finden können.

Die in diesem Buch beschriebenen Übungen werden Ihnen helfen, sich in jeder Situation über Ihr Ziel klar zu werden, sich an so viele Ressourcen zu erinnern, wie Sie benötigen, und Ihr Ziel auf eine Weise zu erreichen, die Sie überraschen wird. So erging es Marianne, die mit der Absicht zu mir kam, einen Prozeß wegen sexistischer Diskriminierung zu führen, und statt dessen eine Arbeitsstelle fand, bei der sie doppelt so viel verdiente wie bei der vorigen und die ihr außerdem dreimal so viel Spaß machte.

Mariannes Anwalt hatte seiner Klientin vorgeschlagen, mich aufzusuchen, bevor sie einen Diskriminierungsprozeß gegen ihre Broker-Firma anfing. Die Sachlage sprach dafür, daß sie einen solchen Prozeß mit Erfolgsaussichten hätte führen können, doch meinte der Anwalt, ihr sei wahrscheinlich mehr damit gedient, ihr Problem auf eine andere Weise zu lösen. Der Anwalt war der Meinung, Mariannes Absicht müsse eigentlich sein, zu lernen, ihre Arbeit zu mögen.

Als Marianne in mein Büro kam, ging sie langsam, hielt den Kopf gesenkt, und ihre Augen schauten nach unten rechts. Als sie anfing, mir zu erzählen, wie sehr sie ihre Arbeit hasse und daß ihr Chef herablassend mit ihr spreche, als sei sie ein Dummchen, traten ihr Tränen in die Augen. Sie sagte, ihr wichtigstes Anliegen sei im Augenblick, ihr Gefühl, nicht geschätzt und herabgesetzt zu werden, zu überwinden. Sie war unterbezahlt und für die Arbeit, die sie verrichtete, extrem überqualifiziert.

Wohin führt Ihre Kommunikation?

Ich fragte: „Was möchten Sie fühlen anstatt von nicht geschätzt und herabgesetzt?“

Sofort erhellte sich ihr Gesicht, sie richtete sich auf, trocknete ihre Tränen mit dem Handrücken und setzte ihre Füße fest auf den Boden. Sie atmete tief, ihr Blick wurde nachdenklich, und dann antwortete sie: „Ich habe einen Magister in Betriebswirtschaft. Ich möchte mich kompetent und verantwortlich fühlen, wie ein geschätzter Angestellter, der in der Lage ist, Probleme auf kreative Weise zu lösen.“

Wenn ich in diesem Augenblick ihr Chef gewesen wäre, hätte ich ihr jedes beliebige wichtige Problem anvertraut. Zehn Minuten vorher noch hätten mich ihr Groll, ihre Enttäuschtheit und ihre Unzufriedenheit abgestoßen. Sie war in eine negative Feedback-Schleife mit ihrem Chef geraten, aus dem beide sich nicht mehr befreien konnten. Ihr Groll bewirkte, daß er sich Sorgen bezüglich ihrer Kompetenz machte. Er dachte, ihr nicht trauen zu können und entzog ihr immer mehr Verantwortung, was ihren Groll nur noch verstärkte.

Nachdem Marianne ihre positive Absicht formuliert hatte, beschloß sie, ihre Stelle aufzugeben. Sie verwarf die Idee eines Prozesses gegen ihren Arbeitgeber, und suchte sich statt dessen eine Stelle, die ihrer Qualifikation entsprach. All dies schaffte sie innerhalb eines Monats. Sie mußte nur ihr wahres Ziel entdecken.

D

DOVETAIL DESIRES

Zielkombination von Wünschen

Behalten Sie im Blickpunkt, daß der einzige Weg, Ihr Ziel zu erreichen, ist, indem Sie dafür sorgen, daß Ihre Gesprächspartner auch ihre Ziele erreichen. Das klingt wahrscheinlich schwieriger, als es tatsächlich ist. Sobald Sie mit den auf Sehen, Hören und Fühlen zielenden Fragen vertraut sind, können Sie in wenigen Minuten herausfinden, welche Ziele Ihr Gegenüber anstrebt. Nehmen wir beispielsweise an, Ihre Sekretärin würde zu Ihnen kommen und Ihnen sagen, daß sie mit ihrer Arbeit nicht zufrieden ist.

- Ihre erste Frage könnte lauten: „Was würden Sie sehen, wenn Sie zufrieden wären?“
- Dann könnten Sie fragen: „Was würden Sie hören, wenn Sie zufrieden wären?“
- Falls notwendig, könnten Sie zum Schluß noch fragen: „Wie würden Sie sich fühlen, wenn Sie zufrieden wären?“

Kurzfristig können Sie auf Menschen herumtrampeln. Auf die Dauer bezahlen und bezahlen Sie.

Mit der Information, die Sie als Antwort auf diese Fragen erhalten, können Sie vielleicht die Arbeit der Sekretärin so verändern, daß sie den Vorstellungen der Frau entspricht, oder Sie können ihre Kriterien so abändern, daß sie mit ihrer Arbeit zu vereinbaren sind. Oder Sie können ihr helfen, eine andere Arbeit zu finden. Sobald Sie ihr Ziel kennen, können Sie einen Schritt zurücktreten, um herauszufinden, wie Sie Ihres und das Ziel Ihrer Sekretärin erreichen können. Dies wird Matching oder Dovetailing von Zielen genannt.

Manipulation ist das Gegenteil von Zielkombination.

Zielkombination sichert Ihre persönliche Integrität und ist ein Zeichen von Respekt vor der Integrität der anderen Person. Obgleich Sie die Ziele anderer Menschen nicht setzen können, können Sie ihnen oft helfen zu erreichen, was sie wollen. Zielkombination ist die intelligente Art, Ihre eigenen Ziele zu sichern, weil dann die übrigen an der Situation Beteiligten zu Ihren Verbündeten werden, und nicht zu Ihren Saboteuren. Die meisten Menschen werden Ihnen helfen, Ihr Ziel zu erreichen, wenn dabei ihr eigenes Ziel nicht zu kurz kommt.

Manipulation andererseits bedeutet, daß man spricht oder handelt, ohne Rücksicht auf die Ziele des anderen. Marie Antoinette zahlte einen hohen Preis für dieses Verhalten. Wenn Sie die Ziele Ihrer Kollegen mißachten, so werden diese zwar nicht die Guillotine gebrauchen, aber Sie werden Ihre Aktivitäten insgeheim oder offen oder auf beide Weisen sabotieren.

Die Vier Rs

RESENTMENT (Groll), **R**ECRIMINATION (Gegenbeschuldigung), **R**EMORSE (Reue) und **R**EVENGE (Rache). Die vier Drachen, die auf jene lauern, die manipulieren. Tom Loarie von American Heyer-Schulte gab dafür ein gutes Beispiel in einer Rede, nachdem er das Dovetailing (Zielkombination) kennengelernt hatte, als Schlußsatz: „Manager, die schnell eine hohe Position erreichen, indem sie andere übervorteilen, stehen gewöhnlich für kurze Zeit im Rampenlicht und verschwinden dann völlig von der Bildfläche.“

Einer meiner ersten Klienten war ein berühmter Geschäftsmann, der sich mit Ellbogeneinsatz den Weg durch die Welt des Big Business gebahnt hatte. Ihm ging es stets nur darum zu gewinnen, und es mangelte ihm an jeglichem Gespür für die Feinheiten des Rapports und des Dovetailing. Er erzählte mir einmal ein Erlebnis, weil er hoffte, ich könnte ihm erklären, was da eigentlich vor sich gegangen war, denn das war ihm immer noch völlig schleierhaft. Ein paar Monate vor jenem Gespräch hatte ihm die beste Sekretärin, die er jemals gehabt hatte, plötzlich gekündigt. Er wollte sie überreden, ihre Kündigung zurückzuziehen, und lud sie zum Lunch ein. Bei dieser Gelegenheit versuchte er sein Glück mit seiner „Ich brauche Sie wirklich"-Masche. Da lehnte sich die Sekretärin plötzlich vor und sagte: „Ich hasse jeden Tag, an dem ich für Sie gearbeitet habe, und heute ist der glücklichste Tag meines ganzen Lebens." Daraufhin stand sie auf und verließ das Lokal.

Viele Jahre lang war mir nicht klar, welche Strafen man bezahlen muß, wenn man es versäumt, beim Verfolgen der eigenen Ziele die Ziele anderer nicht zu berücksichtigen. Wenn irgend jemand mich ausnutzen wollte und seine Ziele verfolgte, ohne die meinen zu berücksichtigen, so ärgerte ich mich darüber und entwickelte den Wunsch, mich an dem Betreffenden zu rächen. Gewöhnlich blieb die Verärgerung, und ich vergaß den Vorfall, doch vermied ich fortan den Kontakt mit dieser Person.

Später wurde mir klar, daß es mir oft möglich war, eine Situation auf eine für mich zufriedenstellende Weise zu gestalten, wenn ich meine ehrliche Einschätzung einer Situation oder einer Person zum Ausdruck brachte. Häufiger ergaben sich durch die gleichen Denkprozesse, die jemanden dazu gebracht hatten, mich unfair zu behandeln, für eine dritte Partei Gelegenheiten, das entstandene Unrecht wiedergutzumachen. Rache zu nehmen hat mir nie sonderlich gelegen, doch kann ich es mir nicht verkneifen, genüßlich zu registrieren, wenn Menschen das bekommen, was sie verdienen.

Gute Desserts bekommen Sie nur, wenn Sie sich selbst treu sind.

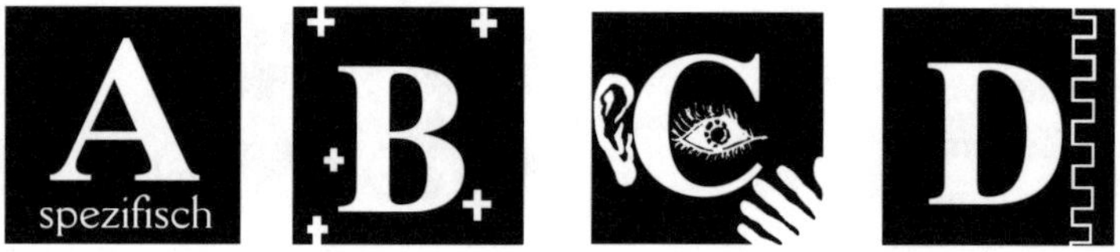

Manchmal fällt es Menschen schwer, Ziele abzustimmen. In manchen Fällen haben Sie eine andere Wahl, schlagen Sie eigene Richtungen ein. Wenn dies nicht möglich ist, müssen Sie Zeit und Energie darauf verwenden, nach Lösungsmöglichkeiten zu suchen, die die Ziele beider berücksichtigen. Sobald Ihnen klar wird, daß Ihre beider Ziele scheinbar nicht zu vereinbaren sind, versichern Sie sich, ob Ihre Ziele in sinnesspezifischen Wörtern beschrieben wurden. Dieser Schritt hilft Menschen häufig, kreative Möglichkeiten zu finden, die die Wünsche aller Beteiligten berücksichtigen.

Dovetailing in schwierigen Situationen, wobei spezielle Kommunikationsmethoden zur Anwendung kommen, wird detailliert in Kapitel 9 beschrieben.

Entertaining Long- and Short-Term Objectives

Lang- und kurzfristige Ziele verfolgen

Was wollen Sie jetzt?
Was wollen Sie in zehn (oder zwanzig) Jahren?

Mit Hilfe solcher Fragen können Sie Ihre eigenen kurzfristigen und langfristigen Ziele herausfinden. Wenn Sie sich nicht darüber im klaren sind, welche Ziele Sie anstreben, ist Ihre Aufmerksamkeit nicht gebündelt. Das Denken folgt dann alten mentalen Programmen, die wiederum das Verhalten bestimmen. Hingegen können Wahrnehmungen, die auf einem Ziel basieren, den gesamten Prozeß des Denkens und Verhaltens augenblicklich fokussieren und verbessern.

Lang- und kurzfristige Ziele scheinen manchmal nicht im Einklang miteinander zu stehen. Viele unter uns würden sich sicherlich am 15. April lieber einen schönen Tag machen, als jenes Steuerformular auszufüllen, das bis Mitternacht von der Post abgestempelt sein muß. Wenn das „Sich einen schönen Tag machen" damit in Konflikt steht, daß man durch verspätetes Abgeben der Steuererklärung einen Verspätungszuschlag bezahlen muß, so haben Sie die Wahl. Durch die Entscheidungen, die wir von Augenblick zu Augenblick treffen, gestalten wir unsere Zukunft.

Viele setzen sich Ziele, die geringer sind als das, was sie erreichen könnten. In solchen Fällen übertreffen wir unsere kurzfristigen Ziele und erreichen mehr, als wir für möglich gehalten haben. Wenn wir wissen, wo wir hinwollen, werden wir unser Ziel in der richtigen Richtung übertreffen. Ich habe einmal die Fortbildungsabteilung eines Unternehmens besucht, um über ein dreitägiges Kommunikationsseminar zu verhandeln. Es stellte sich heraus, daß ein zwanzigtägiges Programm gewünscht wurde.

Also entwickelte ich ein zwanzigtägiges Programm, das auch einem meiner eigenen langfristig angestrebten Ziele entsprach.

Wenn Sie merken, daß Sie mit einer gewissen Regelmäßigkeit die Ziele übertreffen, können Sie Ihre langfristigen Ziele sehr hoch ansetzen und dann schauen, wie weit Ihre kurzfristigen Ziele Sie in diese Richtung voranbringen.

Vielleicht machen Sie sich mittlerweile Gedanken darüber, daß Sie in Ihrem Verhalten zu zielorientiert und zu fokussiert und aggressiv sind. Diese Besorgnis kann ich nur begrüßen. Extreme Unbeirrbarkeit mag in gewissen Zusammenhängen ein akzeptables Verhalten sein, in den meisten Fällen jedoch ist sie nicht förderlich oder sogar absolut nicht wünschenswert.

Ein Schutz gegen diese Tendenz ist, über ein großes Spektrum von Zielen zu verfügen und jeweils dasjenige zu wählen, das in einer bestimmten Situation zu passen scheint. Ein anderer Schutz ist, die normale sensorische Schärfe aufrechtzuerhalten und Feedback von anderen wahrzunehmen, so daß Sie erkennen, wann Ihr Verhalten Sie in Schwierigkeiten bringen könnte. (Die Übungen in Kapitel 4 werden Ihnen helfen, die Schärfe Ihrer sensorischen Wahrnehmung und Ihre Fähigkeit, Feedback aufzunehmen, zu verbessern.) Sensible Berücksichtigung des Feedbacks anderer Menschen ist von entscheidender Bedeutung, Ziele zu erreichen. Das gleiche gilt für das Herstellen von Rapport, womit wir uns im nächsten Kapitel beschäftigen werden.

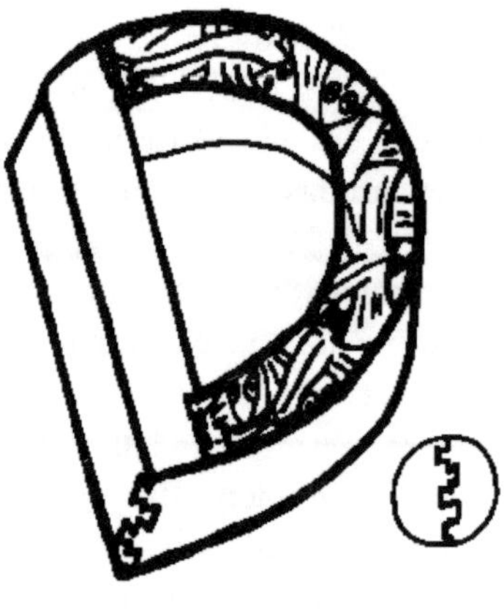

Das wichtigste Konzept in diesem Kapitel: Dovetailing von Zielen verdoppelt Ihre Chancen zu gewinnen.

Zeichnung von Saxon:

2
Rapport

Rapport ist ein etwas exotisches englisches Wort, das sich vom französischen Verb *rapporter*, „zurückbringen“ und „in Beziehung setzen“ herleitet. Die englische Bedeutung des Wortes Rapport – eine Beziehung, in der Harmonie, Übereinstimmung, Einigkeit oder Verbundenheit herrscht – läßt auf den ersten Blick erkennen, wie wichtig Rapport in der Kommunikation ist. Rapport ist in der Tat der wichtigste Prozeß überhaupt in jeder Interaktion. (Sie haben gedacht, Rapport sei ein Zustand, nicht wahr? Nein. Es ist ein Prozeß.)

Ohne Rapport werden Sie niemals bekommen, was Sie wollen – weder Geld noch eine Beförderung oder Freunde. Vielleicht wird es Ihnen nicht einmal gelingen, einen Brief korrekt getippt zu bekommen, wenn Sie ihn nicht selbst tippen. Rapport ist wie Geld: Es nimmt an Bedeutung zu, je weniger Sie davon haben, und wenn Sie es haben, eröffnet es Ihnen zahlreiche Möglichkeiten.

Woran erkennen Sie, ob Sie Rapport haben? Man kann es auf unterschiedliche Weise feststellen. Ich persönlich erkenne es an einem gewissen Gefühl gegenseitigen Verstehens. Aber vielleicht haben Sie eine andere Art, dies zu empfinden.

Wenn Rapport besteht, können Sie sich Ihrem Ziel zuwenden. Wenn er nicht besteht, können Sie sicher sein, daß keiner von Ihnen die angestrebten Ziele erreichen wird, bis Rapport zwischen Ihnen besteht.

Wenn kein Rapport besteht, wird er zur höchsten Priorität in der Kommunikation.

Wie können Sie Rapport herstellen? Tatsächlich haben Sie dies schon viele Male getan. Menschen scheinen gewohnheitsmäßig Rapport herzustellen, wenn sie einander begegnen. Wenn dies einmal nicht der Fall ist, können Sie den Rapport mit Hilfe bestimmter Methoden auch bewußt herstellen.

Zuerst prüfen Sie Ihr Zutrauen in die Kompetenz Ihres Gegenüber, ob er die vorliegende Aufgabe lösen kann. Im vorigen Kapitel haben Sie gehört, daß durch einen Mangel an Vertrauen der Teufelskreis der Unzufriedenheit zwischen Marianne und ihrem Chef entstand. Er muß nicht unbedingt ein Chauvinist gewesen sein. Sicher ist nur, daß er Mariannes Kompetenz nicht traute. Ihr Groll verstärkte sein Mißtrauen. Mit jeder Interaktion zwischen den beiden eskalierte der Teufelskreis. Wenn einer der beiden gewußt hätte, wie man Rapport herstellen kann, hätte diese Geschichte anders geendet.

Angenommen, Ihre Sekretärin hat einen Brief schon dreimal neu getippt und jedesmal neue Schreibfehler gemacht. Was dann? Sie müssen herausfinden, welches Ziel die Frau anstrebt. Versucht sie, einen Geschäftsbrief zu schreiben? Versucht sie/er, Sie verrückt zu machen? Macht sie immer Schreibfehler? Hat sie/er eine „Polarity response" (sie weiß, was sie möchte und tut genau das Gegenteil)? Brauchen Sie ein Textprogramm mit automatischer Korrekturfunktion, oder brauchen Sie eine neue Angestellte, deren Ziel mit Ihrem übereinstimmt (Dovetailing)?

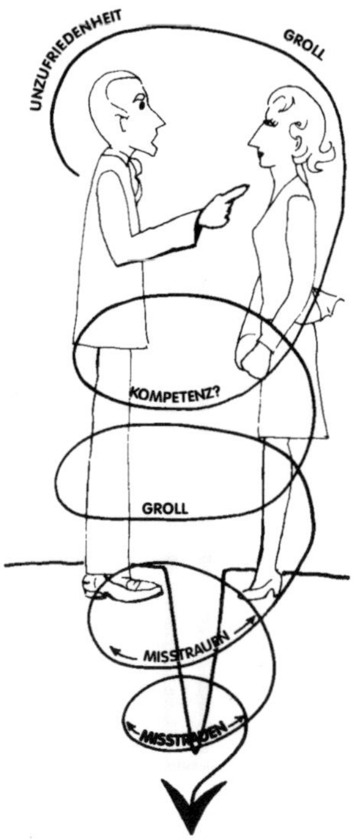

Sie können solche Fragen um des Streitens willen stellen oder einfach, um mehr Informationen zu erhalten. Meist wird Rapport hauptsächlich durch nonverbale Aktivitäten hergestellt. (Techniken werden weiter unten erklärt.) Wenn Sie einfühlsam sind, werden Sie vielleicht auf Informationen stoßen, die Ihnen helfen können, Vertrauen zu wecken, und Rapport könnte sich einstellen. Vielleicht finden Sie heraus, daß die Typistin am Vorabend von ihrem Freund verlassen worden ist und sie im Moment nichts weiter im Sinn hat, als den Tag irgendwie durchzustehen, um sich am Abend ausweinen zu können. Vielleicht verhaken sich auch die Tasten ihrer uralten Schreibmaschine ständig, und das Gerät müßte repariert werden. Oder sie hat vor, sich eine andere Arbeitsstelle zu suchen, und legt es darauf an, gekündigt zu werden, um sich voll auf die Suche konzentrieren zu können.

Welche Ziele Menschen jeweils in einem bestimmten Augenblick verfolgen, ist immer wieder überraschend und katastrophal zugleich, je nachdem, aus welcher Perspektive man es sieht. Wenn Sie herausfinden, welche Ziele diese Frau für die nächsten dreißig Minuten anstrebt, und Sie ihr mitteilen, welche Ziele Sie selbst anstreben, finden Sie vielleicht ein gemeinsames Ziel. Wenn Sie sich auf Ziele statt auf Probleme konzentrieren, können Sie Vertrauen und Rapport herstellen, und vielleicht fallen auch noch ein paar korrekte Absätze für Sie ab.

Um Rapport herzustellen, müssen Sie Ihre Kommunikationspartner nicht mögen. Unabdingbar hingegen ist gegenseitiges Vertrauen in die Kompetenz, eine bestimmte Aufgabe zu erledigen. Wenn Glaubwürdigkeit nicht aufgebaut werden kann, ändern Sie die Aufgabenstellung.

Dieses Buch beschäftigt sich mit 95 Prozent der Situationen, mit denen Sie konfrontiert sein werden. In diesen 95 Prozent können Sie auf viele Arten Rapport herstellen. Tatsächlich gibt es ebensoviele verschiedene Möglichkeiten, Rapport herzustellen, wie es Menschen gibt. Wir kennen fast alle schon viele solche Möglichkeiten, die gewöhnlich ihren Zweck erfüllen. Manchmal jedoch versagen diese intuitiv entwickelten Fähigkeiten ihren Dienst. Was können Sie in solchen Fällen tun?

Rapport beruht auf gegenseitigem Vertrauen in die Kompetenz, eine Aufgabe zu lösen.

Der Prozeß des Mirroring (Spiegeln) leistet ausgezeichnete Dienste, um Rapport herzustellen, wenn beidseitiges Vertrauen in die Kompetenz bereits hergestellt ist. Mirroring bedeutet, sich auf bestimmte Verhaltensweisen der anderen Person einzustellen. Die vier Mirroring-Techniken sind: Stimmlage oder Sprechtempo oder beides abstimmen, die Atmung anpassen, Eingehen auf die Bewegungsrhythmen des anderen und Abstimmen der Körperhaltung.

Mirroring stellt sich oft automatisch als Folge von Rapport ein. Es kann jedoch auch dazu dienen, Rapport herzustellen und zu verbessern. Doch funktionieren diese Techniken oft erst, wenn beide Parteien Vertrauen in die Kompetenz der anderen Seite entwickelt haben.

Stimmlage oder Sprechtempo abstimmen

Sich auf die Stimmlage oder das Sprechtempo des Kommunikationspartners einzustellen ist die beste Möglichkeit, Rapport in der Geschäftswelt herzustellen. Töne sind hoch oder tief, laut oder

Manche Stimmen gurren.

Manche Stimmen klingen wie Kieslaster, die ihre Ladung abkippen.

sanft. Tempi sind schnell oder langsam, mit oder ohne Pausen. Den meisten Menschen ist ihre eigene Stimmlage oder ihr Sprechtempo gänzlich unbewußt und sie werden nicht merken, wenn man sie nachahmt. Außerdem muß die Stimmlage nicht genau nachgeahmt werden, nur eine Annäherung ist nötig, damit sich die andere Person verstanden fühlt. Es wird meistens übersehen, daß dies offensichtlich der einfachste Weg ist, am Telefon Rapport herzustellen.

Ein Manager sagte, als er dies hörte: „*Deshalb* haben wir in unserer Abteilung wohl so viele verstimmte Reaktionen von Kunden aus den Südstaaten erhalten. Wir haben bisher vermutet, es sei ziemlich schwierig, mit den Leuten aus dem Süden zurechtzukommen. Das Personal in meiner Abteilung ruft Kunden überall in den Staaten an, um sie an ihre Zahlungsverpflichtungen zu erinnern. Unser Telefonpersonal stammt aus New York City. Südstaatler sprechen in einem völlig anderen Tempo als die New Yorker. Unsere Politik ist es, höflich zu sein. Aber offenbar müssen wir mehr tun als nur das."

Manche Stimmen singen ihre Worte.

Manche Stimmen piepsen.

Ein anderer Manager erhielt eine Zahlung von einer Versicherung, kurz nachdem er gelernt hatte, seine Sprechgeschwindigkeit an die seiner Kommunikationspartner anzupassen. Man hatte ihm nachts das Auto gestohlen, das vor seinem Appartment auf Staten Island gestanden hatte. Nach wochenlangen Verhandlungen und Zahlungsverweigerung der Versicherung rief er in der Hauptgeschäftsstelle in Dallas im Staate Texas an. Er bemerkte sofort, daß die Stimme der Frau am anderen Ende der Leitung völlig anders klang als seine eigene und daß sie auch in einem völlig anderen Tempo sprach als er. Da er schon immer ein großer Musikliebhaber gewesen war, hatte er ein Ohr für solche Details, und es gelang ihm, sich ihrem Sprechtempo anzupassen, obwohl seine Stimme wesentlich tiefer war als die der Frau. Er sagte, er habe nicht nur eine wesentlich höhere Entschädigung erhalten, als er eigentlich erwartet hatte, sondern der Scheck war auch schon am folgenden Tag abgeschickt worden.

Stimmen Sie Ihre Sprechgeschwindigkeit und den Klang Ihrer Stimme auf Ihren Kommunikationspartner ab, es sei denn, es sind mehrere Personen anwesend. In diesem Fall sollten Sie es nicht tun.

Wege zum Rapport

Ein Wort zur Vorsicht ist hier angebracht. Wenn Ihr eigenes Sprechtempo sich extrem von dem Ihres Gegenüber unterscheidet, sollten Sie es mit der Anpassung nicht übertreiben. Wenn Sie aus New York stammen und sich plötzlich bemühen, die schleppende Sprechweise der Südstaaten nachzuahmen, könnten Sie in Schwierigkeiten kommen. Anstelle eines plötzlich dramatischen Wechsels versuchen Sie es mit einer Annäherung an das Tempo Ihres Gegenüber. Wenn Sie das Sprechtempo ein wenig verringern, so wird dies nicht auffallen.

Keine der Techniken, die Sie hier erlernen, um Rapport zu erzeugen, sollte von Ihrem Gegenüber bemerkt werden. Benutzen Sie sie auf elegante Weise: Machen Sie stets so wenig Anpassungen wie möglich, um Ihr Problem zu lösen. Eine leichte Anpassung des Sprechtempos reicht wahrscheinlich völlig aus, wenn Sie wissen, was Sie wollen, und sich darauf konzentrieren herauszufinden, welche Ziele Ihr Gegenüber tatsächlich anstrebt. Echtes Interesse daran, was Ihr Gegenüber in einer Interaktion will, ist die wirksamste Methode, Rapport herzustellen.

Das Sprechtempo anzupassen, ist erlernbar. Der erste Schritt hierzu ist, sich der unterschiedlichen Sprechgeschwindigkeiten bewußt zu werden und dann zu üben, die Geschwindigkeit vorsichtig anzupassen. Später wird das Anpassen an den Klang Ihre Fähigkeit, Rapport herzustellen, verbessern.

Abstimmen der Atmung

Die zweite Möglichkeit, Rapport herzustellen, besteht darin, sich an die Atemgeschwindigkeit des Kommunikationspartners anzupassen. Mit ein wenig Übung ist es bei den meisten Menschen nicht schwer, die Atemgeschwindigkeit festzustellen. Wenn jemand allerdings besonders dicke Kleidung trägt, beispielsweise ein Hemd, eine Weste und ein Jackett, ist die Bewegung der Brust und des Zwerchfells schwierig zu erkennen. Gewisse Menschen atmen ruhig, mit wenig äußerlichen Bewegungen. Achten Sie in solchen Fällen auf die Silhouette der Schulter vor einem Hintergrund, an deren Auf- und Abbewegung Sie erkennen können, wie die betreffende Person atmet.

Auf eines können Sie sich verlassen: Jeder Mensch atmet. Wenn jemand seit langem in seinem Beruf erfolglos war, atmet er vielleicht sehr flach, doch wenn Sie genau beobachten, werden Sie mit Sicherheit seinen Atemrhythmus erkennen und können Ihren eigenen darauf abstimmen. Vielleicht brauchen Sie ein wenig Übung, aber es dauert sicher nicht sehr lange, dies zu lernen.

Eingehen auf die Bewegungsrhythmen

Eingehen auf die Bewegungsrhythmen des anderen, auch *Crossover Mirroring* genannt, ist ein etwas komplizierterer Vorgang. Erkennen Sie eine Bewegung, die Ihr Gegenüber wiederholt ausführt und beantworten Sie diese mit einer Ihnen eigenen Bewegung. Zum Beispiel können Sie jedesmal, wenn Ihr Kommunikationspartner sich am Kinn kratzt, mit einem Stift auf den Tisch klopfen.

Das Abstimmen von Bewegungsrhythmen mag als eine etwas abwegige Methode zum Herstellen von Rapport erscheinen. Verlassen Sie sich nicht auf mich, gehen Sie und probieren Sie es aus.

Eine unserer Studentinnen wandte *Crossover Mirroring* unmittelbar nach unserem dreitägigen Seminar zum ersten Mal bei einem der Senior-Vizepräsidenten ihrer Firma an (was ich nicht empfehlen möchte). Sie befand sich in einer Besprechung, in der es um die Budget-Genehmigung für ein Projekt ging, das ihr sehr wichtig war. Das Problem war, daß der Vizepräsident, der das Projekt genehmigen mußte, dieser Art von Projekten gegenüber sehr reserviert war. Trudy rief meinen Partner in New York an und sagte, ihr sei klar, daß sie Rapport herstellen müsse, doch ihr fiele keine Möglichkeit ein, das bei diesem Mann zu erreichen. Er war nervös und voller Energie, wohingegen sie entspannt war und von Natur aus zu langsamen Bewegungen tendierte. Sie paßten absolut nicht zusammen (*mismatch*).

Mein Partner erinnerte sie an das *Crossover Mirroring*. Während des anschließenden Treffens tippte sie ganz leicht mit dem Fuß auf den Boden, während er auf und ab ging. Bei jeder Richtungsänderung wechselte sie den Klopfrhythmus. Es funktionierte. Es gelang ihr auf diese Weise, Rapport herzustellen, und sie erhielt die Zustimmung für das Projekt.

„Aber vielleicht war es nicht das Crossover Mirroring", sagen die Skeptiker. Vielleicht war es ihre warmherzige Persönlichkeit. Vielleicht waren es die negativen Ionen, die an jenem Tag in der Luft waren. Jeder von uns hat eine einzigartige Landkarte der Realität, und der Name jedes beliebigen Ortes variiert von Landkarte zu Landkarte, so wie auch die Erklärungen eines bestimmten Verhaltens und der Gründe, die es auslösen, sich von Person zu Person unterscheiden. Vielleicht sind Syntonic-Techniken nicht *per se* signifikant, doch wenn man sie mit Integrität anwendet, tragen Sie dazu bei, das eigene Ziel zu erreichen.

Wenn Sie sich in einer Interaktion befinden und einen Mangel an Harmonie bemerken, so stellen Sie Rapport her.

Crossover Mirroring wird fast nie bemerkt, weil die meisten von uns sich ihrer habituellen Bewegungen nicht bewußt sind – beispielsweise die Brille zurückschieben, über das Haar streichen oder die Nase reiben. Wenn die andere Person eine solche Bewegung wiederholt, können Sie sich auf ihren Rhythmus einstellen, indem Sie ganz leicht mit einem Stift auf den Tisch klopfen, mit einem Fuß wippen oder mit einem Finger auf die Tischplatte trommeln. Wenn Sie Rapport hergestellt haben, können Sie sich auf Ihr Ziel zubewegen.

> Warum fördert Matching den Rapport? Gute Frage! Wir sind nicht sicher, ob wir alle Antworten kennen. Rapport scheint jenem natürlichen Phänomen zu ähneln, das Itzhak Bentov in seinem Buch *Stalking the Wild Pendulum* beschreibt. Wenn man Uhren verschiedener Größe mit gleichgroßen Perpendikeln an die Wand hängt, so synchronisieren sie allmählich ihre Schwingbewegungen. Bentov, der dieses Phänomen bei Menschen ebenso wie bei Maschinen untersucht hat, kommt zu dem Schluß: „Die Natur empfindet es als in energetischer Hinsicht ökonomischer, periodische Ereignisse hervorzurufen, die in ihrer Frequenz so nahe beieinander liegen, daß sie phasengleich oder im gleichen Takt auftreten."

Abstimmen von Körperhaltungen

Die letzte Matching-Technik ist die leichteste, aber auch die offensichtlichste: das simple Spiegeln von Körperhaltungen.

„Nachahmen?" werden Sie vielleicht fragen. „Ist es denn wirklich empfehlenswert, die Bewegungen eines anderen nachzuahmen?"

Nur wenn Sie Rapport herstellen wollen und ihn noch nicht haben. Zwischen Nachahmung und Einfühlen (*emulation*) besteht ein feiner Unterschied. Bemühen Sie sich, sich in den anderen einzufühlen und Sie sind auf dem richtigen Weg.

Abstimmen von Körperhaltungen muß – wenn schon – mit Fingerspitzengefühl getan werden. Sonst ist es peinlich für Sie und

irritierend für den anderen. Ihr Partner könnte annehmen, Sie wollten sich über ihn lustig machen. Obgleich einfaches *Mirroring* in Rapport-Situationen gelegentlich spontan auftritt, kann es für einen Anfänger zu einer bösen Falle werden.

Wenn Sie einfaches *Mirroring* einmal selbst ausprobieren wollen, dann tun Sie es in einer Situation, in der für Sie kein Risiko besteht. Probieren Sie es nicht bei Ihren Vorgesetzten aus. Es kann jedoch viel Spaß machen, es in einem Bus oder in einem Flugzeug zu erproben. Aber seien Sie dann nicht überrascht, wenn plötzlich wildfremde Menschen anfangen, sich sehr freundlich mit Ihnen zu unterhalten. Eine andere Möglichkeit, diese Methode zu prüfen, besteht darin, Menschen zu beobachten, die einander, ohne es zu merken, in Restaurants, auf Flughäfen und an anderen Orten „spiegeln". Sie werden wahrscheinlich staunen, daß Sie das automatische *Mirroring*, das überall in Ihrer Umgebung vorkommt, bisher noch nicht bemerkt haben.

Rapport bei Trennungen verringert die Zahl der Gerichtsprozesse.

Rapport aufrecht zu erhalten ist eine Methode, die unterschiedlichen Erfahrungen, Werte und Bedeutungen in Einklang zu bringen. Äußeres *Matching* hebt Ähnlichkeiten hervor und läßt Unterschiede in den Hintergrund treten, so daß das Verständnis und der Rapport zwischen den Beteiligten wachsen.

Vielleicht halten Sie es für unfair, ein natürliches Phänomen wie dieses zu nutzen, um ein bestimmtes Ziel zu erreichen. Vergessen Sie nicht, daß Sie Ihr eigenes Ziel nicht erreichen und nicht festhalten können, wenn Sie das Ziel Ihres Gegenüber nicht im Auge behalten. Somit wird Rapport für beide Seiten ein wichtiges Werkzeug.

Um Ihre Rapportfähigkeit zu prüfen, stellen Sie zuerst fest, ob Sie schon Rapport haben. Wenn ja, wenden Sie sich Ihrem Ziel zu. Wenn nicht, überprüfen Sie, ob Sie Ihrem Kommunikationspartner die Kompetenz zutrauen, die anstehende Aufgabe zu lösen.

Wenn Sie ihm dies zutrauen, so fahren Sie fort. Wenn nicht, suchen Sie nach einer Möglichkeit, Vertrauen herzustellen oder Ihr Urteil aufzuschieben.

Ein anderes, mögliches Hindernis ist, daß die andere Person *Ihnen* nicht vertraut. Das ist der Punkt, wo es interessant wird, Rapport herzustellen. Rapport ist nichts Mechanisches, und er ist auch nicht so einfach herzustellen, wie diejenigen meinen, die ihn stets intuitiv hergestellt haben. Wenn Sie merken, daß Ihr Gegenüber Ihnen nicht traut, müssen Sie Wege finden, Ihre persönliche Vertrauenswürdigkeit für die vorliegende Aufgabe zu beweisen oder Sie müssen die vorliegende Arbeit so modifizieren, daß Sie Vertrauenswürdigkeit erlangen können. Sie können immer sagen: „Sie scheinen sehr beschäftigt zu sein. Ich kann in den nächsten Tagen wiederkommen", und dann darauf vertrauen, daß der Betreffende über das Feingefühl verfügt, Sie zur Tür zu begleiten. Nutzen Sie die Zwischenzeit, um Ihre Glaubwürdigkeit durch Empfehlungsschreiben, gutgeschriebene Exposés oder Anrufe zufriedener Kunden zu verbessern. Wenn Ihr Gegenpart an Ihrer Kompetenz zweifelt, müssen Sie erfinderisch werden, um dieselbe unter Beweis zu stellen.

Sie können auch ganz direkt sein und etwas sagen wie: „Sie scheinen an meiner Fähigkeit zu zweifeln, Resultate zu erbringen. Was spezifisch möchten Sie sehen (oder hören), was Sie davon überzeugt, daß ich genau das, was ich verspreche, machen kann?" Vielleicht gibt der Skeptiker Ihnen dann einen Anhaltspunkt, aufgrund dessen Sie feststellen können, ob Sie seinen Anforderungen gerecht werden können. Wenn nicht, ist ein Händedruck und ein „Auf Wiedersehen" das beste.

Es gibt Zeiten, in denen man Rapport unterbrechen kann oder dies sogar tun sollte. Wie macht man das? Schauen Sie einfach auf die Uhr. Das funktioniert fast immer. Oder entfernen Sie sich ganz allmählich von Ihrem Kommunikationspartner, bis der Abstand so groß ist, daß Sie ihn nicht mehr gut hören, oder machen Sie eine abrupte und unerwartete Bewegung.

Aus welchen Gründen würden Sie den Rapport unterbrechen? Um wieder in Ihrem eigenen Rhythmus zu atmen. Als ich zum ersten Mal etwas über Rapport hörte und darüber, wie er funktioniert, wurde mir klar, warum ich so häufig unter Kurzatmigkeit litt. Von Natur aus atme ich tief in meinen Bauch hinein und langsam. Wenn ich mich mit Menschen im Rapport befand, die hoch oben in der Brust und sehr schnell atmeten, fühlte ich mich unwohl. Und ich stellte offenbar zu jedem Menschen automatisch Rapport her, ohne es zu wissen. Als mir dies klar wurde, unterbrach ich überall, wo ich hinkam, ständig den automatisch hergestellten Rapport.

Ein anderer wichtiger Grund, Rapport zu unterbrechen, ist, wenn Sie kurz davor stehen, einen Vertrag zu unterschreiben. Gewisse Ebenen des Rapports erzeugen einen so starken Zwang zur Kooperation, daß Sie das Gefühl entwickeln könnten, Sie hätten Übereinkünfte getroffen, die Sie später bereuen. Um diese „Reue des Käufers“ (*buyer's remorse*) zu vermeiden, können Sie den Rapport unterbrechen, indem Sie sagen: „Wir sind sehr schnell vorangekommen, und es sieht so aus, als ob wir zu einer Einigung gelangen. Ich finde, wir sollten jetzt einen Schritt zurücktreten und uns beide einen Augenblick Zeit nehmen, um noch einmal darüber nachzudenken, wie unsere Übereinkunft klingt, wie sie aussieht und wie wir uns beide darüber fühlen, damit wir sicher sind, daß wir eine für beide Seiten gute Lösung gefunden haben.“ Anschließend können Sie buchstäblich zurücktreten und den räumlichen Abstand vergrößern, während Sie Ihre eigene gesehene, gehörte und gefühlte Information über den Vertrag prüfen. Dann, und *erst dann*, sollten Sie den Rapport wiederherstellen.

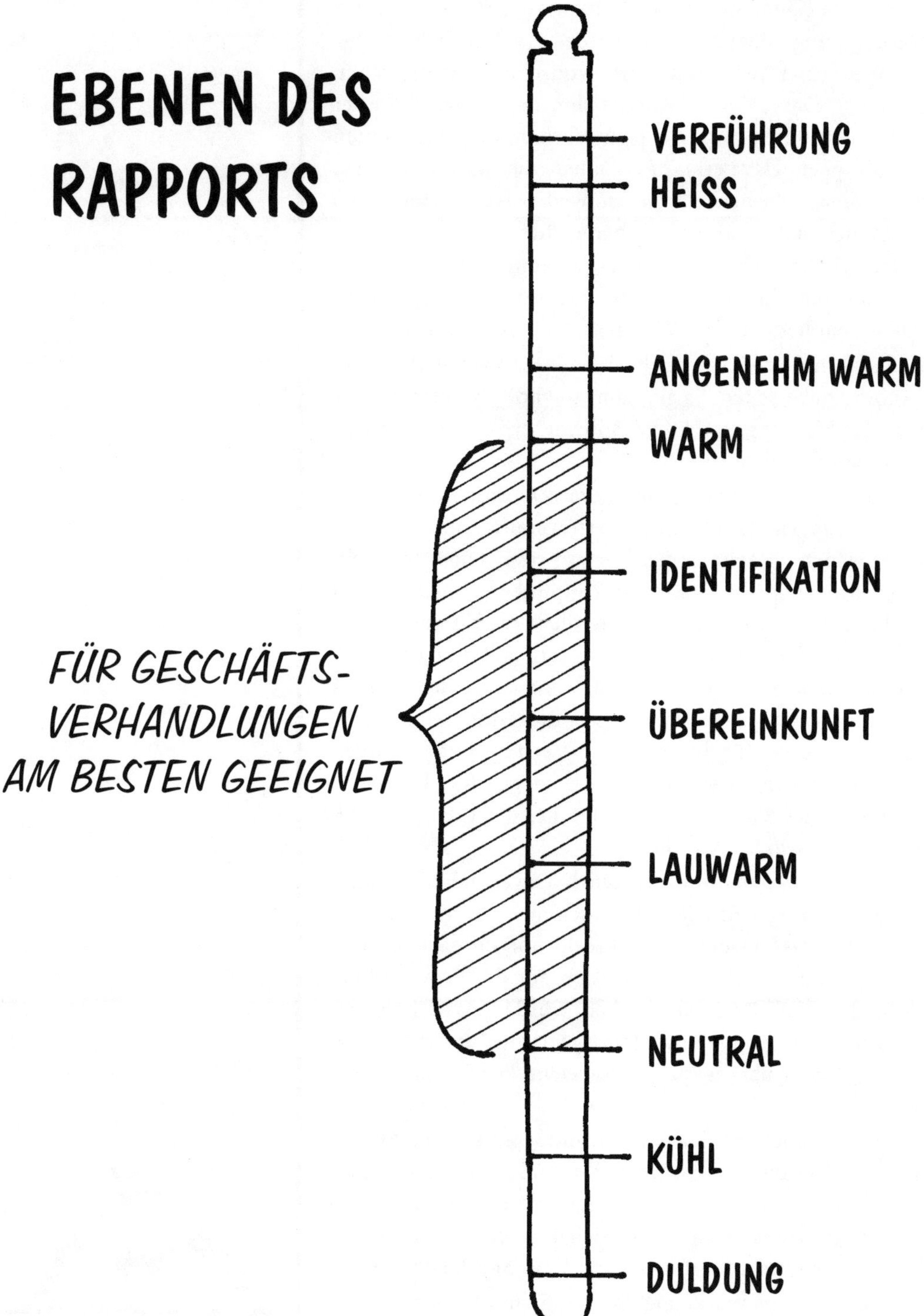
EBENEN DES RAPPORTS
VERFÜHRUNG
HEISS
ANGENEHM WARM
WARM
IDENTIFIKATION
ÜBEREINKUNFT
LAUWARM
NEUTRAL
KÜHL
DULDUNG
FÜR GESCHÄFTS-VERHANDLUNGEN AM BESTEN GEEIGNET

Die Macht von Rapport-Techniken wurde mir klar, als ich einmal als Kommunikationsberaterin zu einer schwierigen Verhandlung hinzugezogen wurde. An einem Samstagmorgen erhielt ich einen Anruf von einem verzweifelten Fremden, Dave, dessen Anwalt ihm empfohlen hatte, er solle mich bitten, ihm ein paar Verhandlungsfähigkeiten beizubringen. Dave erklärte, er müsse dies unbedingt noch am gleichen Wochenende lernen, weil er wegen Honoraren verhandeln müsse, die sein früherer Chef ihm noch schulde.

Ich erklärte ihm, daß zwei Tage kaum ausreichen würden, um ihm die notwendigen Fähigkeiten zu vermitteln. Außerdem hatte ich ein Wochenendseminar zu halten.

Daraufhin bat Dave mich, ihn zu der Verhandlung am Montag zu begleiten. Es ging um eine hohe Summe, und er war der Meinung, er hätte das Recht, einen Kommunikationsberater mitzubringen.

Bei der Verhandlung ging es um Provisionen für Landverpachtungen, die Dave zur Vertragsreife gebracht hatte, ohne jedoch tatsächlich den Vertrag zu machen, weil sein Chef, Mr. Smith, ihn zu jenem Zeitpunkt aus dem Projekt zurückgezogen hatte. Dave hatte nicht die Kündigung erhalten, sondern er war in eine andere Abteilung versetzt worden. In seinem Vertrag stand, wenn er aus dem Projekt zurückgezogen würde, würden alle Provisionen für Pachtvereinbarungen, für die noch kein Vertrag erstellt worden sei, nach freiem Ermessen der Firma gezahlt. Die letzte Entscheidung über die Prozentanteile, die Dave erhalten würde, lag also bei Mr. Smith.

Animositäten hatte es zwischen Dave und Mr. Smith schon seit einiger Zeit gegeben, doch nun war die Situation eskaliert. Dave machte sich zurecht Sorgen darüber, daß Smiths Unmut ihm gegenüber sich auf die Entscheidung über die Provisionen auswirken würde. Dave hatte an einigen dieser Projekte zwei Jahre gearbeitet und fragte sich besorgt, ob er überhaupt irgendwelche Provisionen sehen würde.

Ich traf mich mit Dave am Montag eine halbe Stunde vor dem Termin und beruhigte ihn, indem ich ihn aufforderte, sich an Ressource-Zustände zu erinnern (an Situationen, in denen er sich selbstsicher gefühlt hatte). Dann war der Zeitpunkt für das Gespräch mit Smith gekommen.

Vier Personen versammelten sich in Smiths Büro: Dave, Smith, Gail (Daves frühere Assistentin, der ein Anteil der

Provision zustand) und ich. Das Büro glich einem eckigen Aquarium: Zwei der Glaswände gaben den Blick auf Wälder frei, während die anderen beiden Ausblick auf fünfzig Kabinen boten, in denen Angestellte bei der Arbeit waren.

Als Smith bemerkte, daß Dave eine „professionelle Kommunikationsberaterin" mitgebracht hatte, bekam er einen Wutanfall. Er brüllte, stampfte im Raum umher und warf mit Papier um sich. Er brüllte, er würde nicht verhandeln, so lange ich anwesend sei. Dave, Gail und ich beobachteten ihn schweigend. Die Leute in den Kabinen schauten nicht von ihrer Arbeit auf. Nach ungefähr fünf Minuten beruhigte sich Smith so weit, daß er sagte, ich könnte bleiben, aber ohne einen Laut von mir zu geben. Er war immer noch erregt, hatte jedoch aufgehört zu brüllen und im Raum herumzustampfen. Er ließ sich in einen Drehstuhl fallen.

Ich dachte einen Augenblick lang über seinen Vorschlag nach, gab durch Nicken meine Zustimmung zu verstehen und setzte mich dann neben Dave. Gail saß auf einem Sofa. Ich fing an, mich auf Smiths Atemgeschwindigkeit abzustimmen. Er war immer noch etwas erregt. Er lehnte sich in seinem Stuhl zurück und klemmte seine Füße unter die Bodenstreben des Stuhls. Seine Beine waren nach außen abgewinkelt. Da ich einen enganliegenden Rock trug, konnte ich nur die Haltung seines Oberkörpers spiegeln. Nach ein paar Minuten verlangsamte ich meine Atmung auf eine für mich angenehmere Geschwindigkeit. Smith folgte. Als dies eingetreten war, schaute ich zu Dave hinüber und stellte fest, daß wir alle drei in ähnlichen Rhythmen atmeten – ein Zeichen, daß Rapport entstanden war.

Das war alles, was ich während dieser Zeit tat.

Als der Rapport hergestellt war, hatten Dave und Smith bereits über den ersten Vertrag verhandelt. Dave erhielt für alle vierzig Pachtverträge genau die Prozente, die ihm seiner Meinung nach zustanden – insgesamt fast 100.000 Dollar. Gail erreichte in einigen Fällen eine Korrektur, wenn sie der Meinung war, Smith sei „zu fair" zu Dave gewesen. Als über die letzten Verträge verhandelt wurde, fragte Smith Dave ganz einfach, was ihm versprochen worden war. Dave sagte ihm dies, und Smith sagte einfach „okay".

Nach der Verhandlung schüttelte ich Smith die Hand und sagte: „Die Verhandlung hat mir sehr gefallen, obwohl ich nichts gesagt habe." Er tröstete mich: „Wissen Sie, zuhören ist ein wichtiger Bestandteil jeder Verhandlung."

Jetzt wissen Sie, wie Sie Ihre eigenen Ziele setzen können, wie Sie die Ziele anderer ermitteln und Rapport herstellen, während Sie nach Wegen suchen, beider Ziele zu befriedigen. Normale Gespräche werden zu einer Kunstform, wenn Sie diese prozeßorientierten Fähigkeiten erproben.

Sobald Sie diese neuen Arten zu kommunizieren ausprobiert und dabei festgestellt haben, daß sie ihren Zweck erfüllen, werden Sie sich der nächsten Stufe der Kunst der Kommunikation zuwenden. Um Ihnen zu helfen, jene nächste Ebene zu erreichen, werden wir uns im folgenden Kapitel kurz mit den Verbindungen beschäftigen, die das Gehirn benutzt, um Wahrnehmungen aufzunehmen und zu organisieren.

Wir alle haben gewisse Fähigkeiten im Herstellen von Rapport und sensorischer Schärfe, doch benutzen wir diese oft eher zufällig. Indem wir neue Fähigkeiten hinzulernen und uns auf den Prozeß konzentrieren, statt auf den Inhalt, können wir unsere Effektivität in der Kommunikation beträchtlich steigern.

RAPPORT

Prozesse der Kommunikation

Die Kommunikationsprozesse sind in allen Kulturen gleich. Nur die Inhalte unterscheiden sich.

REDEN	SCHWEIGEN
ZUHÖREN	ABGELENKTSEIN
ZIELE FESTLEGEN	BESCHULDIGEN
OPTIONEN SCHAFFEN	EIN PROGRAMM
RAPPORT	MISSTRAUEN
PACING	STÖREN DER HARMONIE
LEADING	DRÄNGEN
SICH AUF ZIELE ZUBEWEGEN	FRUSTRATION
DOVETAILING VON ZIELEN	MANIPULATION
UNTERBRECHEN VON GEWOHNHEITSMUSTERN	HABITUELLES DENKEN
REIZ-REAKTION	KOMATÖS SEIN
KREATIVITÄT	AUTOMATISCHE DENKMUSTER
SENSORISCHE SCHÄRFE	GLEICHGÜLTIGKEIT
FLEXIBILITÄT	RIGIDITÄT
KONGRUENZ	SICH SELBST IM WEG SEIN
FEEDBACK	ABWESENHEIT
KALIBRIERUNG	NICHT-EINGEHEN
ERMITTELN (ELIZITIEREN) VON ZIELEN	TUNNELSICHT
HUMOR	SICH SELBST ÜBERMÄSSIG ERNST NEHMEN
METAPHER	KONFRONTATION
WAHRNEHMEN	ABGETRETEN-SEIN

Tilgung, Verzerrung und Generalisierung beeinflussen unsere Landkarten von der Realität.

Prozesse der Wahrnehmung und des Denkens

Tilgung tritt ein, wenn wir Dinge übersehen, ausblenden oder übergehen.

Verzerrung entsteht durch persönliche Vorurteile, die unsere Wahrnehmungen verändern.

Generalisierung tritt ein, wenn wir aufgrund von einer oder zwei Erfahrungen einen verallgemeinernden Schluß ziehen.

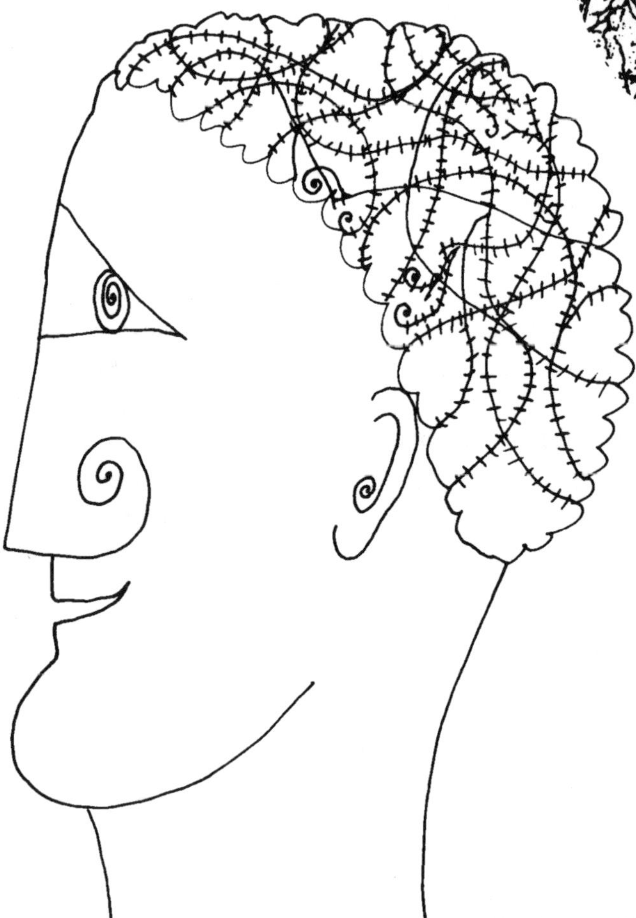

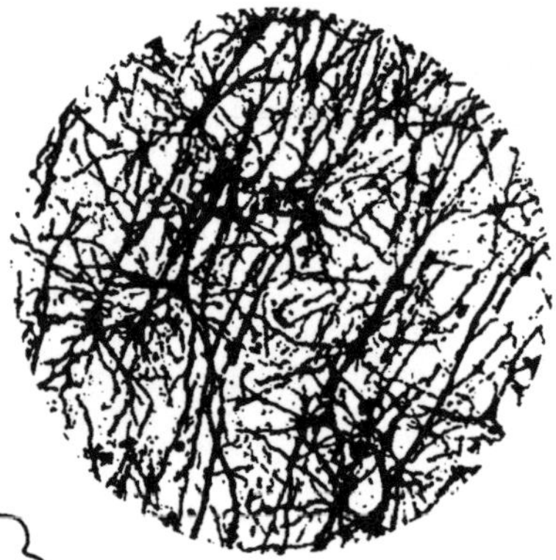

Schwarzweißzeichnung einer Fotografie der Neuronen und Dendriten des Gehirns

3
Wahrnehmung + Denken ⇨ Kommunikation

Bevor wir uns weiter mit dem Erlernen von Kommunikationsfähigkeiten beschäftigen, müssen wir uns die Beziehung zwischen Wahrnehmung, Denken und Reden näher anschauen. Was wir sagen, ist das Resultat unseres Denkprozesses. Unser Denkprozeß ist das Resultat unserer aktuellen Wahrnehmungen. Diese aktuellen Wahrnehmungen können das Resultat früherer oder aktueller Erfahrungen sein, es kann sich dabei aber auch um innere oder äußere Wahrnehmungen über jene Erfahrungen handeln. Zusammen mit dem Denken determinieren unsere Wahrnehmungen unsere Kommunikation.

Wahrnehmungen sind die Information, die unsere fünf Sinne sammeln und die unser Gehirn verarbeitet. Der Neurophysiologe C.S. Sherrington hat das Gehirn als einen „verzauberten Webstuhl“ bezeichnet. Unsere Wahrnehmungen sind Kette und Schuß, und jener Webstuhl benutzt sie, um unsere Gedankenmuster zu kreieren und sie in das Gewebe unseres Lebens hineinzuweben. Diese Gedankenmuster werden Ihnen noch wesentlich verzauberter erscheinen, wenn Sie mehr über das Gehirn und seine Funktionsweise erfahren.

Fotografien von Teilen des Gehirn-Kortex zeigen baumartig verzweigte Neuronen und Dendriten. Wie ein Gedanke seinen Weg durch das Gewirr der Dendriten findet, ist ebenso geheimnisvoll wie zauberhaft. Chemikalien stellen elektrische Verbindungen zwischen den Neuronen her, und unsere Gedanken aktivieren diese Chemikalien. Verschiedenartige chemische Verbindungen übermitteln unsere Wahrnehmungen und Gedanken vom Ausgangspunkt bis zum Ende. Ihre Reaktion auf das Wort Mutter – ob diese nun ein Bild, ein Geräusch oder Klang oder ein Gefühl ist – ist eine chemische Reaktion. Chemische Verbindungen innerhalb des zerebralen Kortex ordnen und erinnern die Information unserer fünf Sinne und die Wörter, die wir benutzen, um diese Information zu kodieren.

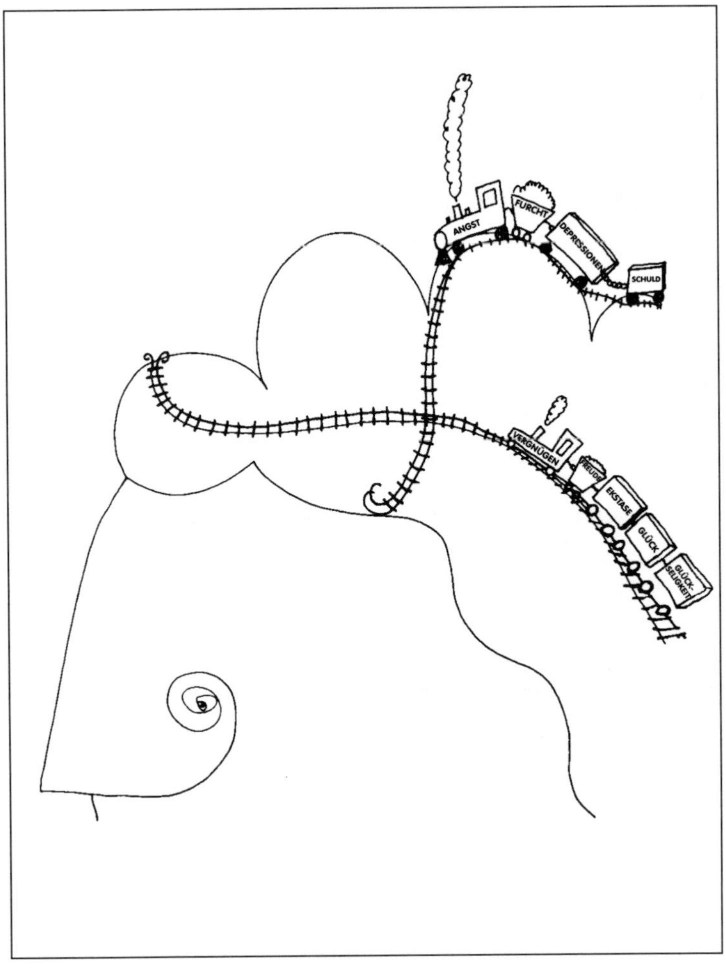

„Gedankenzüge"

Der gesamte Prozeß der Wahrnehmung, des Denkens und der Kommunikation beruht also auf der Wirkung unterschiedlicher Kombinationen von Chemikalien im Gehirn. Diese Gehirnchemikalien kodieren und übermitteln unsere Wahrnehmungen und Gedanken, die wiederum unser Verhalten determinieren.

Wir leben in einer Welt, in der es unzählige Objekte und Menschen gibt. Diese wird „wirkliche Welt" genannt. Doch steht niemand von uns direkt mit jener Welt in Kontakt. Wir benutzen unsere Augen, unsere Ohren, unsere Nase, unsere Zunge und unsere Haut, um wahrzunehmen, und dann entscheiden wir in einem Prozeß, der Denken genannt wird, was mit diesen Wahrnehmungen geschehen soll. Gedanken übersetzen Erfahrungen in Worte.

Wörter sind eine grundlegende Methode, Erfahrungen zu kodieren oder zu repräsentieren. Sprache ist eine Möglichkeit, Erfahrungen zu repräsentieren. Sprachsysteme repräsentieren die Gesamtheit der Erfahrungen eines jeden Menschen, so wie eine Speisekarte das repräsentiert, was die Küche des Hauses zu bieten hat. Die Wörter auf der Speisekarte sind Symbole für die Speisen, die man bestellen kann. Die Wörter auf unseren mentalen Landkarten sind Symbole für Erfahrungen.

Essen Sie nicht die Speisekarte.

Wenn beispielsweise plötzlich jemand zu Ihnen kommen und Ihnen einen Kuß geben würde, würden Sie die Erfahrung machen, geküßt zu werden. Dies ist der erste Schritt in einem interessanten Prozeß.

Sie würden dann ein Bild von etwas machen, den Schmatz hören, fremde Lippen auf Ihren eigenen spüren, eine emotionale Reaktion hervorbringen, den Geruch der anderen Person riechen und vielleicht auch seine/ihre Lippen schmecken. Schritt Nummer zwei.

Dann würden Sie aus all diesen Empfindungen einen Sinn ableiten. Schritt Nummer drei.

Als nächstes würden Sie nach Wörtern suchen, um die Bilder, Geräusche, Gefühle, Geschmäcke und Gerüche zu beschreiben. Schritt Nummer vier.

Die Wörter, die man wählt, um eine Erfahrung zu beschreiben, zeigen oft, wo auf unserer mentalen Landkarte der Realität Generalisierungen, Tilgungen und Verzerrungen entstehen.

Schließlich würden Sie den Wörtern, die Sie ausgewählt haben, einen Sinn zuschreiben. Schritt Nummer fünf.

Sie haben nun schon einen weiten Weg von jenem Kuß zurückgelegt.

„Geküßt werden" wird auf Ihrer mentalen Landkarte meist während der letzten vier Schritte kodiert. Schritt Nummer eins kann nicht kodiert werden. Wenn Schritt fünf erreicht ist, hat bereits eine Menge Tilgungen, Verzerrungen und Generalisierungen die Erfahrung des Kusses beeinflußt.

Die Landkarte eines Menschen unterscheidet sich immer von dem Gebiet, das sie repräsentiert, und jede solche Landkarte unterscheidet sich ein wenig von jeder Landkarte eines anderen Menschen. Alfred Korzybski war der Linguist, der dies klargestellt hat.

Korzybskis grundlegende Konzepte machen klar, daß die Worte, die wir wählen, unsere Ziele zu beschreiben, darüber entscheiden, ob wir jene Ziele erreichen. Wenn wir ein Ziel beschreiben, benutzen wir gewöhnlich Wörter, um Erfahrungen zu beschreiben, die wir bereits gemacht haben und die wir gern erneut machen würden, oder wertvolle Erfahrungen, die wir gesehen oder von denen wir gehört haben.

Diese direkten oder indirekten Erfahrungen werden im Gedächtnis mit Hilfe von Bildern, Geräuschen (Klängen) und Gefühlen aufgezeichnet, die präsent waren oder in der Phantasie erlebt wurden, als die erste Erfahrung gemacht wurde. Um uns diese Bilder, Geräusche und Gefühle wieder ins Gedächtnis zu rufen, benutzen wir häufig Worte. Unsere Gehirne sind so organisiert, daß gespeicherte sensorische Repräsentationen einer realen oder phantasierten Erfahrung mit Hilfe von Wörtern in geordneter Form aus dem Gedächtnis abgerufen werden können.

Einen kühlen Kuß auf eine Landkarte der Realität übertragen.

Erfahrung

Bilder/Geräusche/Gefühle

Wörter sind Repräsentationen der sensorischen Repräsentationen – mehrere Schritte von der Erfahrung entfernt. Dieses Repräsentieren von Repräsentationen ist der Punkt, wo sich sprachliche Ungenauigkeiten einschleichen. Ein weiterer solcher Punkt ist die Tatsache, daß wir, wenn wir unsere Sinneserfahrungen mental speichern (kodieren), die Tendenz haben, zu generalisieren, zu verzerren und zu tilgen. Desweiteren können wir, wenn wir in Wörtern kodieren, nur jene Ereignisse kodieren, für die wir bereits über Wörter verfügen. Alle diese Unzulänglichkeiten summieren sich, so daß schließlich ein beträchtlicher Unterschied besteht zwischen dem, was wir wollen, und den Wörtern, die wir benutzen, um zu beschreiben, was wir wollen.

Zwischen Erfahrung und Bedeutungen beeinflussen fünf Prozesse unsere Landkarten der Realität.

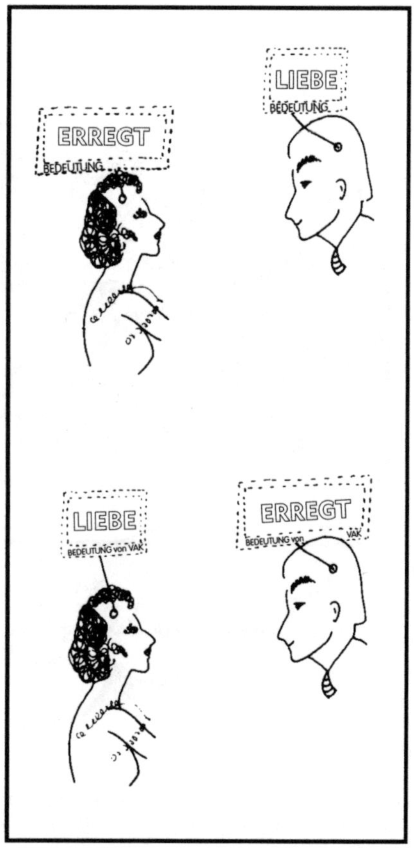

Bedeutung von VAKs

Wörter

Bedeutung von Wörtern
Bedeutung der Erfahrung

Die Landkarte determiniert unsere Verhaltensweisen. Wir determinieren die Landkarte.

Sobald wir die reale Welt mit unseren Sinnen wahrgenommen und unsere Erfahrungen im Gehirn auf einer oder auf mehreren Landkarten kodiert haben, determiniert diese Kodierung oder Repräsentation unser Verhalten. Oft beruht die Frustration oder das Unglücklichsein von Menschen auf Einschränkungen in ihrer Kodierung, in ihrer Repräsentation der realen Welt. Manchmal ist das, was sie glücklich macht, erreichbar, sobald jenes Ding (oder jene Person) auf ihrer Landkarte der Realität einen Platz gefunden hat.

Landkarte der Realität

Bis dahin sind viele von uns nicht in der Lage, die eine Sache zu sehen oder zu hören, die uns glücklich machen würde. Vielleicht gibt es sogar verschiedene Dinge, die uns glücklich oder zumindest zufrieden machen könnten, wenn wir unsere Landkarte nur so erweitern könnten, daß diese Möglichkeiten einbezogen wären. Die Einschränkungen unserer Wahrnehmungen und unserer Denkprozesse schränken unsere Möglichkeiten ein.

Erfahrungen werden in unserem Gehirn als Bilder, Geräusche (Klänge), Gefühle, Gerüche und Geschmäcke kodiert. Wir nennen diese Kodierung unsere Landkarte der Realität.

Die Landkarten in unserem Gehirn sind nicht die Realität so wie eine Landkarte nicht das Gebiet ist.

Posidonius, der griechische Philosoph, war der Ansicht, daß die Erde wie eine Schlinge geformt sei. Die abgebildete Landkarte von Petrus Bertius wurde im Jahre 1630 in Paris veröffentlicht. Sie stellt eine buchstäbliche Interpretation des von Posidonius entwickelten Gleichnisses dar. Unsere Landkarten der Realität sind unsere persönlichen Interpretationen von Erfahrungen, vermischt mit Gleichnissen und Metaphern.

Pforten der Wahrnehmung

Der Kommunikationsprozeß beginnt mit unseren Wahrnehmungen. Diese Wahrnehmungen sind unsere Berührungspunkte mit der Welt. Wie Aldous Huxley sagte, gleichen unsere Sinne fünf Pforten, die wir öffnen, um Information über die Welt außerhalb unseres Körpers zu sammeln. Manche Dichter bevorzugen Fenster statt Türen für ihre Augen, Ohren, Mund und Haut. Das Entscheidende ist, daß durch sie Information von außen in unser Gehirn gelangt.

Unsere Augen sammeln Bilder, und unsere Ohren wählen Klänge. Für unsere Gefühle sammeln wir sowohl äußerliche (faßbar) als auch innere (Gefühle) Informationen. Unsere Nase spürt Gerüche auf. Beim Essen nehmen wir Teile der Außenwelt in unseren Körper und können so Geschmäcke identifizieren.

Unser Bewußtsein öffnet diese Pforten nacheinander – in schneller Folge, aber stets nacheinander. Unser Unbewußtes läßt alle fünf Pforten ständig offen und kann in jedem Augenblick mehr Information verarbeiten als das Bewußtsein.

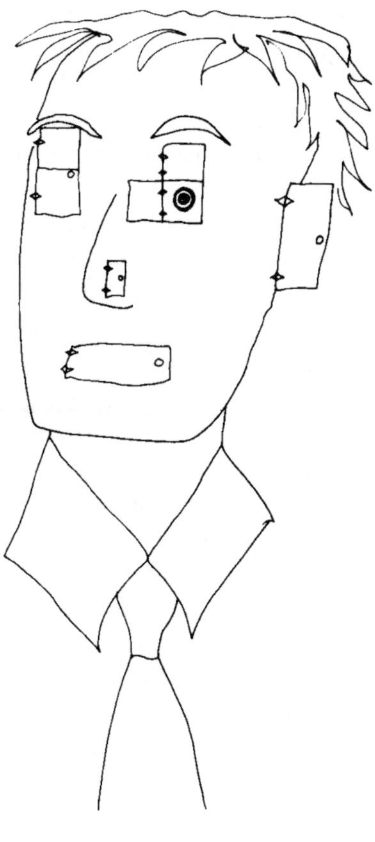

Pforten der Wahrnehmung

Es ist, als wäre jeder von uns ein hochentwickelter Fernsehempfänger mit fünf Aufnahmegeräten, eingestellt um fünf verschiedene Sender zu empfangen. Einer dieser Sender sendet nur Geräusche und Klänge, ein anderer nur Bilder; einer sendet Gefühle, und die beiden letzten senden Geschmäcke und Gerüche. Wir haben nur einen Bildschirm für unser Bewußtsein. Wir schalten von Sender zu Sender und bevorzugen einen gegenüber dem anderen. Die Information der übrigen vier Sender wird aufgezeichnet, jedoch nicht bewußt registriert.

In diesem Fernsehgerät ist ein kleiner Roboter, der durch Beobachten und Hören unseres Bildschirms des Bewußtseins entscheidet, was zu tun ist. Diese Entscheidungen des Bewußtseins werden gleichzeitig durch die gesamte Information beeinflußt, die die vier übrigen Aufnahmegeräte aufzeichnen – Information, die das Bewußtsein möglicherweise nie gesehen, gehört, gerochen, gefühlt oder geschmeckt hat. Tatsächlich ist der größte Teil unserer Wahrnehmungen unbewußt. Ist es daher verwunderlich, daß uns Ausrutscher in unseren Entscheidungen und den daraus folgenden Kommunikationen passieren? Das Unterbewußtsein beeinflußt unser Verhalten und unsere Kommunikation auf merkwürdige Weise.

Der größte Teil unserer Wahrnehmungen ist unbewußt.

Sich darüber im klaren zu sein, daß das Unterbewußtsein über Informationen verfügt, die dem Bewußtsein nicht zugänglich sind, ist sehr nützlich. Sich einfach nur dessen bewußt zu sein, daß Sie selbst wie jeder andere Mensch mehr „wissen", als Sie zu wissen glauben, kann einen großen Unterschied in der Kommunikation ausmachen. Sie können lernen, Ihren intuitiven Impulsen und Handlungen zu vertrauen. Sie können mehr Vertrauen in Ihre Fähigkeit entwickeln, die relevante Information, die im betreffenden Augenblick zur Verfügung steht, einzubeziehen, und Sie werden sich dann besser fühlen, weil Sie auf sie reagiert haben.

Dieses Wissen existiert unbewußt. Haben Sie schon jemals einen Koffer gepackt, die Tür abgeschlossen, sind weggefahren und haben dann das bohrende Gefühl gehabt, irgend etwas vergessen zu haben? Haben Sie schon einmal eine mentale Checkliste durchgeprüft? „Das nicht. Nein, das auch nicht. Ja, das habe ich vergessen ... aber das ist nicht das, was mich stört. Es muß etwas anderes sein, etwas Wichtigeres. Ach ja, natürlich." Dieses Szenario ist typisch für Situationen, in denen Ihr Bewußtsein Information aus Ihrem Unterbewußtsein zieht.

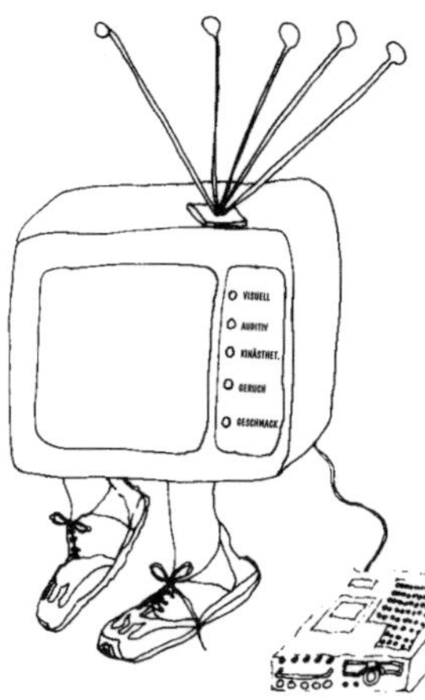

Ein Professor hat mir erzählt, er habe einmal in seinem Auto gesessen, und plötzlich sei ihm eingefallen, wo sich sein goldener Füllfederhalter seit drei Monaten versteckt hatte: in der Ritze zwischen dem Sitz und der Mittelsäule des Wagens. Ihm war nicht etwa plötzlich eingefallen, daß er an dieser Stelle noch nie gesucht hatte, sondern er *wußte* einfach, wo er gewesen war. Sein Unterbewußtsein hatte beschlossen, ihm etwas mitzuteilen, wonach sein Bewußtsein schon seit drei Monaten suchte.

Repräsentationssysteme

Die fünf Pforten, Fenster oder Repräsentationssysteme der Wahrnehmung sind: das visuelle, das auditive, das kinästhetische, das olfaktorische und das gustatorische System.

Welche Tür bevorzugen Sie?

Repräsentationssysteme sind der Weg, wie Sie Erinnerungen wahrnehmen und kodieren, die Sie mit zurückbringen von Ihren Wahrnehmungsreisen durch die fünf Türen.

Besonders interessant an der menschlichen Kommunikation ist, daß jeder von uns einer bestimmten Tür mehr zu vertrauen scheint als den anderen. Tatsächlich hat es eine Auswirkung auf unsere Atmung, unsere Körperhaltung und die Art, wie wir unsere Augen bewegen. Die meisten Menschen scheinen schon in frühen Jahren eine bestimmte Wahrnehmungstür für bestimmte Situationen zu bevorzugen. Innerhalb dieser Situationen oder Geschehen sammeln wir mehr Informationen durch diese Tür als durch die anderen.

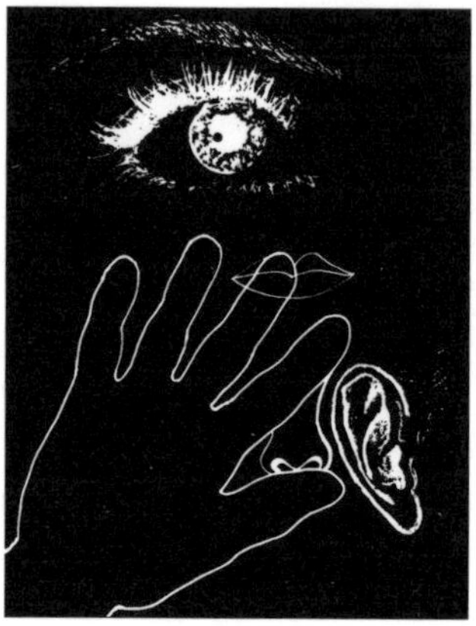

Beispielsweise könnte Ihnen aufgefallen sein, daß Sie Bilder gegenüber Geräuschen und Klängen vorziehen. Sie registrieren die Anblicke, die Sie umgeben, mit Ihrem Bewußtsein und speichern diese Bilder als Erinnerungen. Immer wenn Sie etwas Neues oder auch etwas Vertrautes sehen, beziehen Sie sich auf jene Erinnerungen, um dem, was Sie wahrnehmen, einen Sinn zu geben. Sie machen sich einen Reim auf Ihre Wahrnehmungen, Sie vergleichen aktuelle Bilder mit solchen der Vergangenheit. So wissen Sie, daß etwas eine Katze ist, weil Sie das, was Sie sehen, mit den gespeicherten Bildern anderer Katzen vergleichen, die Sie gesehen haben. Wenn Sie sich in solch einer Situation befinden, in der Sie Ihre Augen statt Ihrer Ohren oder Gefühle benutzen, so befinden Sie sich im *visuellen Modus* der Wahrnehmung.

Wenn Sie Geräusche und Klänge Bildern vorziehen, so achten Sie stärker auf auditive Signale. Selbst wenn Sie kein Musiker sind, haben Sie in diesem Fall besondere Fähigkeiten in der Unterscheidung subtiler Geräusch- und Klangunterschiede. Ich würde Sie deshalb im Rahmen unserer Untersuchung als auditiv orientiertes Individuum bezeichnen, weil Sie Ihrem Hörsinn vertrauen oder ihn bevorzugen.

Wenn Sie Ihren Gefühlen mehr vertrauen als Bildern oder Wörtern, so benutzen Sie Ihr Bewußtsein wahrscheinlich, um zu registrieren, wie sich das Fell der Katze anfühlt, oder um Ihre Gefühle (Emotionen) über Katzen, Menschen oder moderne Kunst herauszufinden. Man könnte Sie als *kinästhetisch orientiert* oder gefühlsorientiert bezeichnen. Sie sind sich dann stärker taktiler Empfindungen und innerer Gefühle bewußt als visueller oder auditiver Information.

Die Pforten des Geruchs- und Geschmackssinns werden in Situationen geöffnet, in denen diese Sinne nützliche Informationen beitragen: wenn wir essen oder wenn olfaktorische Reize unsere Aufmerksamkeit erfordern. Wenn wir an einem sommerlichen Garten vorübergehen, in dem duftende Rosen blühen, oder wenn wir an einer übelriechenden chemischen Fabrik vorüberkommen, wird uns plötzlich unsere Fähigkeit bewußt, Gerüche wahrzunehmen.

In unserer modernen Welt bleiben olfaktorische Reaktionen meistens unbewußt. Sie können aber trotzdem unsere täglichen Entscheidungen stärker beeinflussen, als uns klar ist. Ob wir uns von einem bestimmten Geruch angezogen oder abgestoßen fühlen, kann damit zusammenhängen, daß wir mehr Information verarbeiten, als uns bewußt ist.

Die Kategorien-Kontroverse

Es gibt viele Kontroversen darüber, ob man wirklich behaupten kann, daß Menschen einen primären Modus im Sinne der obigen Kategorien bevorzugen. Ich glaube, Sie können es. Ein visueller Mensch kann die anderen Modi benutzen, doch ist ein Visueller eindeutig weniger gut als ein Auditiver in der Lage, beispielsweise die Feinheiten im Bereich der Geräusche und Klänge zu unterscheiden. Diese Unterscheidungsfähigkeit ergibt sich aus den Lebenserfahrungen eines Menschen, es ist keine ständige Begrenzung. Wenn sich das Lebensgefüge eines visuellen Menschen nicht so stark verändert, daß auch seine Realitätslandkarte davon betroffen ist, bleibt er ein visueller Typ.

Ein intelligenter Vater, der seine beiden Söhne ohne deren Mutter aufzog, gab den beiden schon früh den Rat: „Wenn ihr entscheiden müßt, ob ihr ja oder nein zu etwas sagt, dann sammelt alle Fakten und diskutiert sie mit jemandem, den ihr schätzt. Nachdem ihr all dies getan habt, müßt ihr die Sache riechen. Riecht sie gut, dann macht es. Wenn nicht, dann laßt es bleiben.“ Seine Söhne machen das immer noch so, weil es sich bewährt hat. Der Vater vermittelte den Söhnen intuitiv eine Entscheidungsstrategie, die bewußte und unbewußte Information berücksichtigte.

Menschen sind natürlich nie ausschließlich visuell oder auditiv oder kinästhetisch orientiert. Es hängt von der Situation, vom Kontext ab, welche Sinne benutzt werden. Selbst wenn Sie sich fast völlig auf visuelle Information verlassen – mit Ihrem gesamten bewußten Gewahrsein – registriert Ihr Unterbewußtsein trotzdem Geräusche und Gefühle.

Hin und wieder gebraucht jeder von uns fünf Sinne für bewußte Information.

Auf der Ebene des Bewußtseins bewegen wir uns in unterschiedlichen Situationen von einer Wahrnehmungstür zu einer anderen. Deshalb ist es nicht gut, Menschen als rein visuell, auditiv oder kinästhetisch zu klassifizieren. Manchmal ist dies nützlich, um sich für den Anfang sehr schnell ein Bild von jemandem machen zu können. Doch benutzen Menschen nie ein Sinnesorgan ausschließlich. Folglich stecken Sie sich nur selbst Grenzen, wenn Sie Menschen auf diese Weise kategorisieren. Generalisierungen sind nur dann nützlich, wenn Sie sich daran erinnern, daß Ausnahmen auch gültig sind.

Wahrnehmung, Erinnerung und Assoziation scheinen fast simultan zu geschehen.

Aufgrund der Zielsetzung, die wir in diesem Buch verfolgen, werden wir jedoch nicht allzu kritisch mit diesen Begriffen umgehen. Wenn ich sage, daß jemand ein „visueller" Typ ist, so meine ich damit, daß die betreffende Person in einer bestimmten Situation und in einem bestimmten Zusammenhang den visuellen Modus benutzt.

Bewußte Denkprozesse

Kommunikation umfaßt generell mehr visuelle, auditive oder kinästhetische Information als gustatorische oder olfaktorische. Den Geschmacks- und den Geruchssinn können wir für unsere Zwecke als Unterkategorien der kinästhetischen Erfahrung ansehen. Deshalb, und um die Dinge zu vereinfachen, werden wir uns jetzt auf diese drei Input- und Erinnerungskanäle konzentrieren.

Außerdem können wir diese drei Sinneskanäle noch weiter untergliedern in: *visuell extern*: die Tür, die wir öffnen, um die äußere Welt zu sehen; *visuell intern*: die Bilder, die in unserer Erinnerung oder Phantasie gespeichert sind; *auditiv extern*: die Tür, die wir öffnen, um Wörter und Geräusche von außen zu hören; *auditiv intern*: die Wörter, Gespräche und Geräusche (Klänge) in unserer Erinnerung oder Vorstellung; *kinästhetisch extern*: die Tür, die wir öffnen, um taktile Empfindungen an uns heranzulassen; und *kinästhetisch intern*: die Erinnerungen an taktile Empfindungen und an alle unseren übrigen Emotionen, sowohl an reale als auch an imaginäre, im gegenwärtigen Augenblick ebenso wie in der Vergangenheit. Unsere ganz persönliche Mischung all dieser Faktoren macht unser Denken und unsere Kommunikation aus.

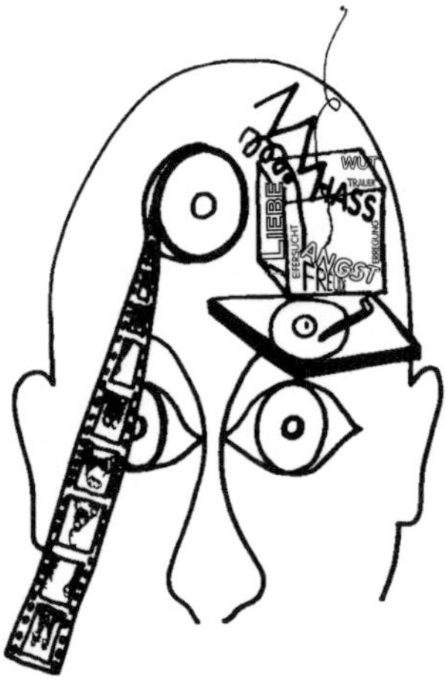

Unsere echten Erinnerungen sind ausgewählte Bilder, Geräusche (Klänge) und Gefühle, die wir so zurechtgestutzt haben, daß sie unseren Überzeugungen entsprechen und umgekehrt.

Eine der Schwierigkeiten mit der Tür-Metapher ist, daß das Öffnen und Schließen von Türen eine gewisse Zeit erfordert, selbst wenn es in der Vorstellung geschieht, wohingegen Wahrnehmung, Erinnerung und Assoziation fast simultan zu geschehen scheinen. Beispielsweise sehen Sie einen Basketball, der in Ihnen die Erinnerung an ein gewisses Gefühl von straffem Leder und einer runden Form weckt. Das Gefühl aktiviert das Erinnerungsbild vom ersten Korb, in den Sie jemals in Ihrem Leben einen Ball befördert haben, den Klang der Stimmen der Mitspieler und das Gefühl, das Sie in Reaktion auf das, was die anderen sagten, empfanden. All dies kann vor fünfzehn Jahren geschehen sein, doch der bloße Anblick des Basketballs kann es im Bruchteil einer Sekunde wieder in Erinnerung rufen.

Um Gedankenprozesse zu verstehen, müssen wir sie verlangsamen und jede ihrer Komponenten separat betrachten. Im Fall des Basketballs öffnete und schloß das Bewußtsein die Bildertür und dann die Tür für die Erinnerung an taktile Empfindungen. Anschließend spielte es einen alten Film mit Tonspur ab. Der Film hinterließ bei Ihnen ein Gefühl aus einer früheren Zeit. Was während des Films geschah, könnte ausschlaggebend dafür sein, welche Empfindungen Sie bis auf den heutigen Tag hinsichtlich Basketball haben.

Indem Sie Ihre eigenen Gedankenprozesse verlangsamen und registrieren, können Sie zu einem tieferen Verständnis Ihrer selbst

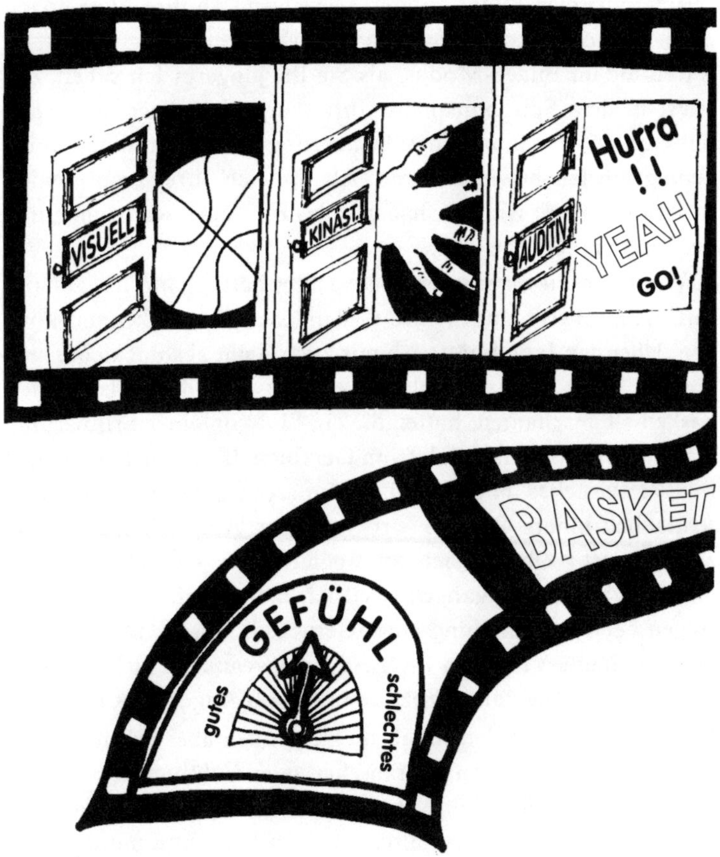

Erinnerungsfilme

und dessen gelangen, wie Sie auf die Welt, in der Sie leben, reagieren. Die Wörter, die Sie auswählen, um auf Ihre Welt zu reagieren, verstärken gewisse Wahrnehmungen und entfernen andere aus Ihrem Bewußtsein. Jeder von uns strukturiert die Welt, in der er lebt, auf andere Weise.

Welche Wahrnehmungen und welche Wörter Sie auswählen, trägt zur Struktur Ihrer Welt bei.

Einsichten in diesen Prozeß können wir erlangen, indem wir beobachten, wie sich beim Wahrnehmen und Denken unsere Augen bewegen. Augenbewegungen spiegeln auf systematische Weise, was das Gehirn tut. Augenbewegungen zeigen, ob Sie in einem bestimmten Augenblick ein visuelles, ein auditives oder ein kinästhetisches Repräsentationssystem benutzen.

Repräsentationssysteme und Augenbewegungen

Die Augenbewegungen eines Menschen zeigen an, ob der/die Betreffende innerlich Bilder kreiert, inneren Tonaufzeichnungen zuhört oder sich auf Gefühle konzentriert. Wenn Menschen sich beispielsweise an Bilder erinnern, bewegen sich ihre Augen nach oben. Wenn Sie unsere Basketball-Übung mitverfolgt haben, so waren Sie im Bilder-Modus, als Sie Ihr jüngeres Ich sahen, das selbst in dem Spiel mitspielte. Ihre Augen bewegten sich nach links unten, als Ihnen Ihre Erinnerung an die Stimmen Ihrer Teamgefährten bewußt wurde. Als Sie sich Ihrer emotionalen Reaktion bewußt wurden, haben sich Ihre Augen wahrscheinlich nach unten rechts bewegt.

Wenn ich dieses Szenario beobachtet hätte, hätte ich anhand Ihrer Augenbewegungen Ihre Gedankensequenz erkennen können. Über den Inhalt hätte ich mir zwar nicht absolut sicher sein können, doch hätte ich folgendes herausgefunden: Als Sie den Basketball anschauten, hatten Sie ein Bild von einer Erinnerung, gefolgt von Wörtern, gefolgt von Gefühlen. (Ein visuelles äußeres Bild, ein visuelles inneres Bild, ein inneres Geräusch [Klang] und schließlich innere Gefühle – so wäre der Weg, wie dies aufzuzeichnen ist.) Ob Sie sich an irgendwelche Gerüche erinnert hätten, wäre mir entgangen, weil ich nicht weiß, wie sich Ihre Augen bei Wahrnehmung eines Geruchs bewegen. Doch würde mir das simple Verfolgen Ihrer Augenbewegungen viel Information über Ihre mentalen Prozesse in diesem Augenblick liefern.

Die Augenbewegungen anderer Menschen sind wie Telex-Streifen ihrer laufenden Gedankenprozesse.

Sie kennen zwar den Inhalt nicht, können aber feststellen, ob jemand sich mit Bildern, Geräuschen oder Gefühlen beschäftigt, während er/sie sich eine Antwort überlegt. Dies ist vertrauliche Information, die nicht verfälscht werden kann und mit der man respektvoll und diskret umgehen muß. Wenn Sie wissen, welche inneren Prozesse jemand sich zunutze macht, können Sie Ihre verbalen Formulierungen so wählen, daß sie dem Repräsentationssystem der betreffenden Person entsprechen. Bestimmte Wörter verstehen visuelle Typen besser, wohingegen andere bei Auditiven und Kinästhetikern besser ankommen. Wenn Sie das, was Sie sagen, darauf abstimmen, ob Ihre Gesprächspartner Bilder, Geräusche (Klänge) oder Gefühle bevorzugen, wird man Sie für einen sehr verständnisvollen Menschen halten.

Wenn Sie versuchen, Information darüber, wie andere Menschen denken, zu deren Nachteil zu verwenden, wird es nicht funktionieren. Langfristig widersetzt sich das Eigeninteresse von Menschen jedem Manipulationsversuch.

Augenbewegungen

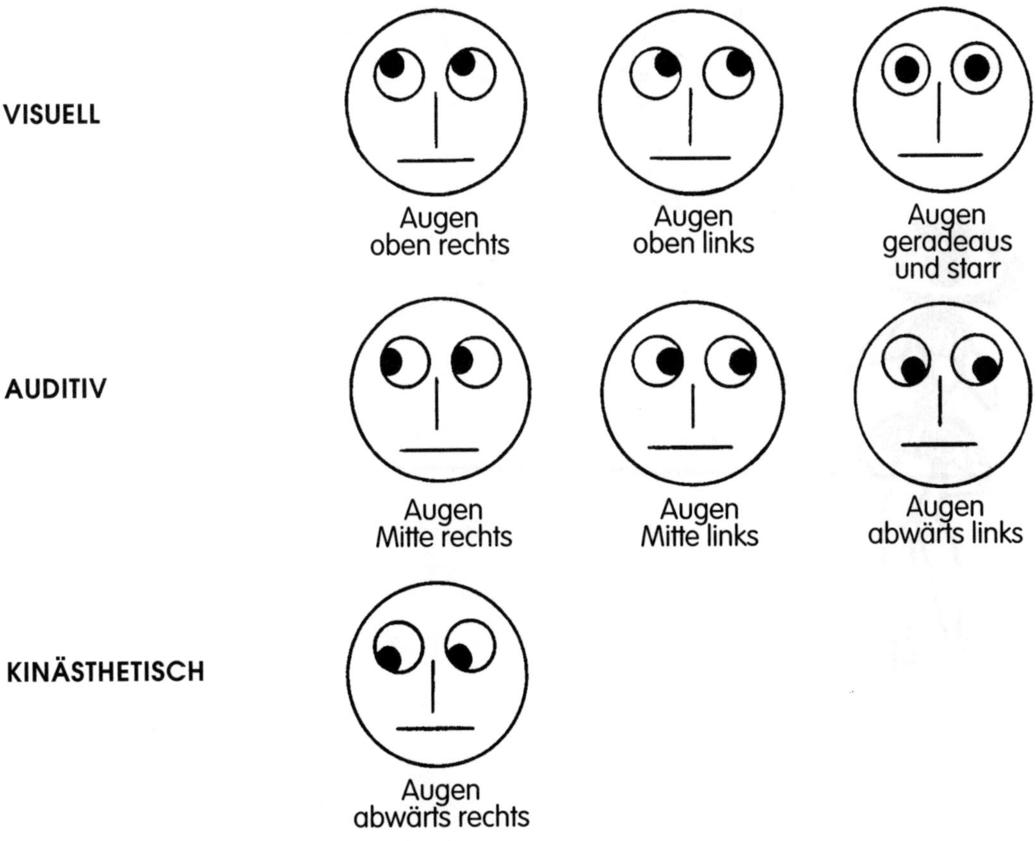

Der Visuelle

Bestimmte äußere Verhaltensweisen charakterisieren Menschen, die, aus welchem Grund auch immer, im visuellen Modus handeln. Visuelle Menschen greifen auf Erinnerungsbilder zurück, um aktuelle Ereignisse zu verstehen. Dies geht sehr schnell. Ihre Augen bewegen sich nach oben und schauen geradeaus auf einen Punkt ungefähr 50 Zentimeter vor ihrer Nase. Wenn Sie genau auf der besagten Stelle stehen, kann es passieren, daß Sie seine Erinnerungsbilder stören. Dies könnte ihn irritieren, denn es hält ihn buchstäblich vom Denken ab. Visuelle Typen sind auch irritiert, wenn andere ihren Blick fixieren und es ihnen so unmöglich machen, entweder aufwärts zu schauen oder ins Leere zu blicken.

Ein Visueller in einer Kunstgalerie

In den verbalen Äußerungen visuell orientierter Menschen herrschen Wörter des visuellen Bereichs vor. Beispiele hierfür sind „sehen“, „klar“ und „farbenfroh“. Visuelle benutzen Ausdrücke wie: „Ich sehe, was Sie meinen“ oder: „Ich bin im Bilde.“ Ihre Stimmen sind häufig sehr hoch und ein wenig atemlos, weil Visuelle in den oberen Teil des Brustkorbs hineinatmen. Sie leiden häufig unter Verspannungen im Nacken- und Schulterbereich, weil eine Anspannung dieser Körperregion ihnen manchmal ermöglicht, Bilder klarer zu sehen. Außerdem sprechen sie schneller als Menschen, die den auditiven oder den kinästhetischen Modus bevorzugen.

Wenn Visuelle sich keine Bilder machen, können sie nicht denken.

Visuelle Menschen erinnern sich differenzierter an Farben und Formen als auditive und kinästhetische. Oft hat die Farbe der Räumlichkeiten einen starken Einfluß auf sie sowie die Ordnung oder das Chaos der Gegenstände, die sie umgeben, wie auch Sonnenuntergänge und die Szenerie ihrer Umgebung.

Visuelle Menschen verirren sich selten. Wenn sie einmal an einem Ort gewesen sind, behalten sie die Umgebung in Erinnerung und finden dorthin zurück, insbesondere, wenn sie an einem ihnen bekannten Ausgangspunkt beginnen können. Sie speichern viele innere Fotografien. Und noch wichtiger ist, daß sie es gewöhnt sind, diese Fotos wieder aus dem Gedächtnis hervorzuholen. Sie wissen, wie sie ihren Erinnerungsspeicher durchsuchen.

Der Auditive

Menschen westlicher Kulturen benutzen den auditiven Modus weniger häufig als primäre Quelle für Informationen über die Welt, als dies bei den anderen beiden Modi der Fall ist. Musiker sind selbstverständlich Auditive. Das gleiche gilt für Radiosprecher. Auditive sind oft stolz auf ihre eigene Stimme, und das aus gutem Grund: Sie ist gewöhnlich wohlklingend. Für Auditive ist es wichtig, gut zu klingen. Ihre Stimme hat einen Rhythmus, der für sie selbst und andere angenehm ist.

Auditive befinden sich häufig in einem inneren Dialog mit sich selbst. Es fällt ihnen schwer, Entscheidungen zu treffen, weil ihre inneren Stimmen endlos diskutieren, ohne sich entscheiden zu können. Wenn Auditive – innerlich oder äußerlich – zu reden aufhören und statt dessen ein Gefühl prüfen würden, könnten sie eine Entscheidung treffen. Doch vertrauen Auditive Gefühlen oft nicht.

Ein Auditiver besucht ein Konzert

Ich hatte einmal einen Freund, der ein Auditiver war. Er redete sehr gerne. Eine simple Frage wie „Wie geht es dir?“ löste bei ihm einen Redeschwall aus, in dessen Verlauf er Voltaire, Marx und Mao Tsetung zitierte. Einmal erzählte er mir an einem Sonntagabend um fünf, er habe den ganzen Tag damit verbracht, innerlich darüber zu debattieren, ob er zur Küste fahren sollte, um dort zu Abend zu essen. Ich schlug ihm vor: „Mach dir ein Bild, wie du in einem Restaurant auf der Terrasse sitzt. Und jetzt, was fühlst du bei diesem Bild?“

Sein Gesicht hellte sich auf, und seine Augen weiteten sich. „Ich will dorthin“, sagte er und schaute wildentschlossen um sich. Doch dann warf er einen Blick auf die Uhr und sagte: „Oh verdammt! Es ist zu spät. Wenn wir ankommen, ist die Sonne schon untergegangen.“

Zumindest war es ihm gelungen, den inneren Dialog zu beenden.

Auditive haben die Tendenz, in der Mitte der Brust zu atmen, also tiefer als Visuelle. Dies gibt Auditiven genug Sauerstoff, um ein gleichmäßiges, rhythmisches Tempo aufrechterhalten zu können, also nicht ruckartig wie bei Visuellen oder mit Sprechpausen wie bei Kinästhetikern.

Auditive vertrauen nur Geräuschen, und die Geräusche verändern sich ständig.

Auditive benutzen Ausdrücke wie „Jetzt ist der Groschen gefallen“ und: „Ich höre, was Sie sagen.“ Wenn sie sich unverstanden fühlen, legen Sie eine Platte auf oder besuchen ein Konzert.

Augen Mitte rechts — Augen Mitte links — Augen abwärts links

Der Kinästhetiker

Augen rechts unten

Kinästhetiker atmen tief im Bauch, und ihre Stimme ist tiefer als die von Auditiven oder Visuellen. Die Pausen in ihren Gesprächen geben ihnen Zeit, ihre Gefühle zu überprüfen, zu spüren, was passiert. Sie entwickeln ein Gefühl für das Problem, entfernen den Stolperstein oder lösen einen Knoten. Sie lieben oder hassen und entwickeln warme, kalte oder lauwarme Gefühle zu fast allem. Echte Kinästhetiker sind gut im Bett, es sei denn, sie lassen sich von ihren eigenen Reaktionen so sehr mitreißen, daß sie ihre Partner vergessen.

Kinästhetiker bewegen sich viel.

Ein Kinästhetiker macht sich bettfertig

Der Zerebrale

Nachdem ich mich mit den vielen Arten von Reaktionen beschäftigt habe, die Menschen charakterisieren, komme ich zu dem Schluß, daß eine vierte Kategorie bestehen könnte: *die Zerebralen.* Hierzu zähle ich Menschen, die nicht auf unverarbeitete Wahrnehmungen reagieren, sondern auf die Etiketten, die sie jenen Wahrnehmungen zuordnen. Statt direkt zu reagieren, benennt ein Zerebraler seine Wahrnehmung und reagiert dann auf diese Bezeichnung. Wahrnehmungen und Reaktionen von Zerebralen sind durch einen dichten sprachlichen Filter voneinander getrennt. Wir alle benutzen an irgendeinem Punkt unseres Prozesses von Wahrnehmung + Denken ⇨ Kommunikation die Sprache, doch Zerebrale scheinen schon früh verbale Kategorien in diesen Prozeß einzuführen, und sie bedienen sich dieser sprachlichen Filter, um ihre Erfahrungen zu verdünnen.

Um zu wissen, was passiert, warten Zerebrale, bis in ihrem Denkprozeß das richtige Etikett auftaucht.

Zu dieser Gruppe zählen zerebral-visuelle, zerebral-auditive und zerebral-kinästhetische Menschen. Ihr gehören all jene an, die äußerlich kaum Veränderungen im Ausdruck und in der Haltung erkennen lassen und die scheinbar ausschließlich „in ihrem Kopf leben“.

Menschen, die intuitiv erkennen, daß die Sprache unsere Erfahrung verändert, reagieren unmittelbar auf die Erfahrung, bevor wir nach Wörtern suchen, um das Geschehene beschreiben zu können. Zerebrale scheinen ihren Erfahrungen nicht zu vertrauen. Statt dessen vertrauen Sie den Wörtern, die jene Erfahrungen beschreiben. Ihr Blick wirkt vorsichtig, weil sie nach einer perfekten Beschreibung suchen.

Welche Augenbewegungen kennzeichnen einen Zerebralen? Die Augenbewegungen von Menschen dieser Kategorie scheinen denjenigen der visuell, auditiv und kinästhetisch Orientierten zu entsprechen. Wenn Sie Schwierigkeiten damit haben, die Augenbewegungen eines Zerebralen zu erkennen, könnten Sie ihm eine Frage stellen wie: „Können Sie mir etwas über Ihre beste Erfahrung hiermit erzählen? Was war die interessanteste Erfahrung, die Sie je gemacht haben? Welcher war der schönste Tag Ihres Lebens?“ Fragen dieser Art lösen gewöhnlich eine Sequenz von Augenbewegungen aus, die Ihnen zusammen mit den Wörtern, die der Zerebrale wählt, einen Einblick in das von dieser Person bevorzugte Repräsentationssystem gewährt.

SPRACHE
DAS WORT

Sie können Zerebrale nicht an ihren Augenbewegungen erkennen, sondern an ihrem gesamten Verhalten.

Der Kontext

Wir alle wechseln je nach Zusammenhang von einem Sinnesmodus zu einem anderen über. Ein Geschäftsmann könnte im Büro überwiegend zerebral-visuell und zu Hause meist kinästhetisch sein. Gewöhnlich sind ihm seine auditiven Wahrnehmungen weitgehend unbewußt. Dies scheint für die meisten Menschen zu gelten. Wir bevorzugen einen bestimmten Modus, eine bestimmte Tür für unsere Wahrnehmungen. Manchmal benutzen wir eine zweite Tür, doch die dritte bleibt die meiste Zeit geschlossen.

Eine Möglichkeit, unser Leben zu bereichern, besteht darin, jene dritte Tür zu öffnen. Sie können sich vermutlich vorstellen, daß das Hinzufügen eines neuen Informationskanals zu Ihren täglichen Aktivitäten nützlich sein kann. Wenn Sie hinter allen Türen der Wahrnehmung nachschauen und an jeder so viel Information wie möglich sammeln, können Sie Ihre Entscheidungen auf verschiedene Arten von Information (neue Bilder, gespeicherte Bilder, neue und alte Geräusche und Klänge, neue und alte Gefühle) aufbauen. Eine neue Tür zu öffnen, verändert Ihr gewohntes Muster beim Zusammentragen von Informationen. Schon allein das ist ein wichtiger Schritt auf dem Weg zur Verbesserung Ihrer Wahrnehmungen.

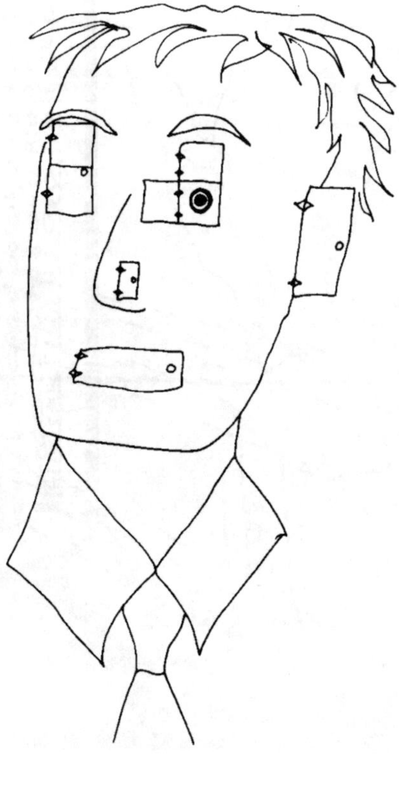

Zerebrale Menschen reagieren auf Wörter statt auf Empfindungen.

Das Abstimmen (*matching*) von Repräsentationssystemen

Wir leben in einer Welt, in der es viele eigenständige und/oder aufeinander bezogene Objekte und Menschen gibt. Doch wirkt niemand von uns direkt auf jene Welt ein. Wir gebrauchen unsere Augen, Ohren, Nase, Mund und Haut, um diese Welt wahrzunehmen, dann entscheiden wir, was mit diesen Wahrnehmungen anzufangen ist. Einige registrieren wir mit unserem Bewußtsein, andere nicht.

Diese Landkarte von 1538 wurde Mercator zugeschrieben, bevor ich sie abänderte. Die Originallandkarte von Oronce Fine basiert auf dem Konzept eines herzförmigen Entwurfs. Fines Idee wiederum basierte auf Johann Werners Projektion, doch Werners Projektion wurde von Bernardus Sylvanus im Jahre 1511 vorweggenommen. Unsere Landkarten der Realität werden von anderen beeinflußt und verändert, wie durch diese Karte illustriert.

Sobald wir die Objekte und Personen wahrgenommen und sie in unserem Gehirn kodiert haben, beeinflußt diese Kodierung oder Repräsentation der realen Welt unser Verhalten. Diese Landkarten-Erstellungs- oder Kodierungs-Werkzeuge unterscheiden sich von den Erfahrungen, welche sie repräsentieren: Die Erfahrungen werden in unserem Gehirn als Seh-, Hör-, Gefühls-, Geschmacks- und Geruchsempfindungen kodiert. Wir benutzen diese Repräsentationen, um der realen Welt einen Sinn zu geben, und dazu bedienen wir uns eines Prozesses, der Denken genannt wird.

Denken erzeugt die Wörter, die wir benutzen, nachdem wir unseren Wahrnehmungen einen Sinn gegeben haben. Es ist einfacher, andere Menschen in der Kommunikation zu beeinflussen,

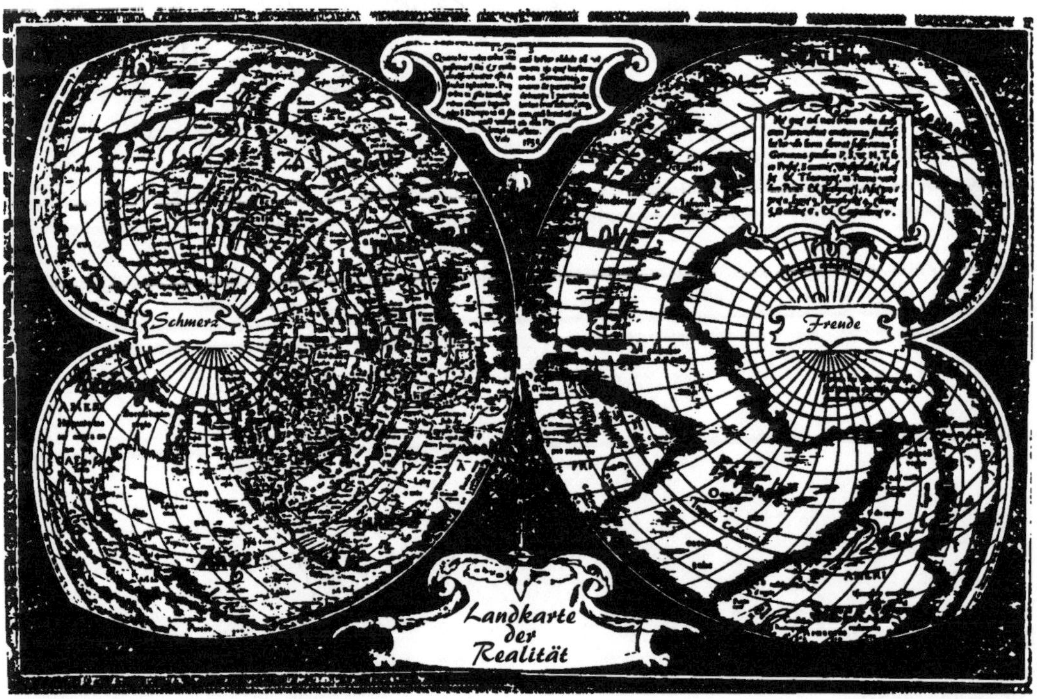

Landkarte der Realität

Wenn Sie Worte wählen, die zu dem bevorzugten Repräsentationssystem passen, wird sie/er diese Worte bedeutungsvoll finden.

wenn wir wissen, welches Repräsentationssystem sie in diesem Augenblick bevorzugen. Beispielsweise kann der einfache Satz „Ich sehe, was Sie meinen“ bei visuellen Menschen besonders wirksam sein. „Ich höre, was Sie sagen“ oder: „Der Groschen ist gefallen“ wird klar hörbar für einen Auditiven sein. „Ich begreife, was Sie meinen“ oder „Ich fühle mich gut dabei“ vermittelt einem Kinästhetiker am besten, daß Sie seine Position verstehen.

Übersetzungen können Wunder bewirken.

Kommunikation wird leichter, wenn Sie das, was Sie sagen wollen, in das von Ihrem Kommunikationspartner bevorzugte Repräsentationssystem übersetzen. Die übersetzte Information fügt sich problemlos in die mentalen Prozesse des anderen ein. Er oder sie braucht dieselben also nicht zuerst zu übersetzen, um sie zu verstehen. Vielleicht werden Sie feststellen, daß Menschen, die Ihnen auf Anhieb „liegen“, das gleiche Repräsentationssystem wie Sie selbst bevorzugen. Hingegen könnten Menschen, mit denen Sie häufig Konflikte haben, ganz einfach die gleiche Situation aus der Perspektive eines anderen Repräsentationssystems betrachten.

Einer meiner Studenten in New York saß einen ganzen Tag lang in einem Seminar, ohne davon überzeugt zu sein, daß das, worum es ging, für ihn von Nutzen sei. Am Abend des Tages erhielt er einen Anruf von einer Kollegin in Phoenix, mit der er in der Vergangenheit immer wieder Streitigkeiten hatte. Sie waren hinsichtlich der meisten Fragen unterschiedlicher Meinung. Er sagte, daß er gewöhnlich frustriert den Hörer auflegte. An diesem Abend sagte die Frau am anderen Ende der Leitung nach wenigen Minuten: „Ich kann mir einfach kein Bild machen.“ Sofort fiel ihm ein, daß dieser Ausdruck typisch für Visuelle war. Augenblicklich leuchtete in seinem Solarplexus eine riesige Glühbirne auf (er ist Kinästhet).

„Einen Augenblick mal", entgegnete er und holte seine Liste von visuellen Wörtern hervor. Mit den auf bildhaftes Erleben abzielenden Wörtern gelang es ihm zum ersten Mal, zu dieser Frau Rapport herzustellen, worauf eine Entscheidung folgte und er schließlich den Telefonhörer sanft auflegte.

Am folgenden Morgen kam er mit einer für ihn neuartigen, erwartungsvollen Haltung ins Seminar, bereit, alles zu lernen. Er hatte sich die im folgenden wiedergegebene Zuordnung von Wörtern zu den wichtigsten Repräsentationssystemen schon abgeschrieben und sie auf seinem Schreibtisch unmittelbar neben dem Telefon befestigt.

visuell	**auditiv**	**kinästhetisch**
Bild	Lied	berühren
klar	Note	anfassen
Fokus	Akzent	werfen
Perspektive	klingeln	erfühlen
sehen	brüllen	Schock
Blitz	knurren	rühren
hell	Ton	auffallen
Ausblick	singen	beeindrucken
Schauspiel	Klang	bewegen
Einblick	hören	Schlag
Vorschau	klarer Ton	tasten
kurzsichtig	sagen	Wirkung
wahrnehmen	schreien	Hieb
unterscheiden	klicken	klopfen
veranschaulichen	Störung	reiben
skizzieren	rasseln	zusammenstoßen
malen	fragen	zerschmettern
Wolke	Akkord	schärfen
klären	verstärken	berührbar
Grafik	harmonisieren	kriechen
herausputzen	Note (Musik)	reizen
zeigen	dämpfen	kitzeln
offenbaren	Stimme	verärgert
zur Schau stellen	komponieren	packen
abbilden	alarmieren	tragen
Bildschirm	kreischen	flach

Achten Sie, wenn Sie mit anderen sprechen, darauf, wohin sich deren Augen bewegen. Nach oben gerichtet oder entfokussiert bedeutet Bildersehen. Nach unten und rechts ist für Gefühle, und irgendeine andere Richtung ist für Geräusche oder Klänge. Dann hören Sie die Worte des anderen, stellen fest, welches sein bevorzugtes System ist und übersetzen Ihre eigene Art, die Welt wahrzunehmen, in die Art Ihres Gegenüber. Es ist die höfliche Art, andere zu verstehen und zu beeinflussen. Vergessen Sie nicht das Ziel Ihres Gegenüber während der Kommunikation, damit Sie beide das erreichen was Sie wollen.

Die folgende Übung, für die Sie Bleistift und Papier benötigen, wird Ihnen Aufschluß darüber geben, welches Repräsentationssystem Sie selbst bevorzugen, welches System Ihnen am zweitwichtigsten ist und welches Ihr Bewußtsein nicht besonders häufig zu Rate zieht. Es wird Ihnen schwierig erscheinen, das von Ihnen am wenigsten gebrauchte System zu übersetzen und anzupassen. Ich hoffe, daß Ihnen die Übung Freude macht. Die Zeit, die Sie damit zubringen, wird sich schon innerhalb von vierundzwanzig Stunden für Sie auszahlen.

BEISPIEL 1: Meine Zukunft ist ungewiß.

Match: (Entsprechung)

visuell: Wenn ich mir die Zukunft anschaue, so ist sie nicht klar.

Übersetzung:

auditiv: Ich kann mich in meine Zukunft nicht einstimmen.

kinästhetisch: Ich bekomme kein Gefühl dafür, was geschehen wird.

BEISPIEL 2: Sarah hört mir nicht zu.

Match:

auditiv: Sarah stellt sich taub, wenn ich mit ihr rede.

Übersetzung:

visuell: Sarah sieht mich nie, nicht einmal, wenn ich da bin.

kinästhetisch: Ich bekomme das Gefühl, daß Sarah mich ignoriert.

BEISPIEL 3: Mary ist montags, wenn der Bericht fällig ist, immer sehr aufgewühlt.

Match:

kinästhetisch: Mary ist montags immer sehr nervös und aufgeregt.

Übersetzung:

visuell: Mary kann sich montags, wenn der Bericht fällig ist, nicht konzentrieren.

auditiv: Montags, wenn der Bericht fällig ist, hört Mary viele Nebengeräusche.

Vervollständigen Sie die folgenden Beispiele, um Ihre Sensibilität für Repräsentationssysteme zu schulen. Diese Übung wird Ihnen bei zukünftigen Begegnungen sehr helfen, weil Sie dann schon vorbereitet sind, wenn Sie das nächste Mal etwas ähnliches hören.

Übung für den Umgang mit den Repräsentationssystemen

1. Mein Chef geht über mich hinweg, als wäre ich ein Fußabtreter.
   Match:
   Übersetzung:
   Übersetzung:

2. Ich habe das Gefühl, daß man mich nicht schätzt.
   Match:
   Übersetzung:
   Übersetzung:

3. Es fällt mir schwer, auf jenes Problem zurückzuschauen.
   Match:
   Übersetzung:
   Übersetzung:

4. Ich leite dieses Projekt von diesem Platz aus.
   Match:
   Übersetzung:
   Übersetzung:

5. Sie ist ein süßes Mädchen.
   Match:
   Übersetzung:
   Übersetzung:

6. Ich frage mich: „Wie bin ich nur in diese Sache hineingeraten?“
   Match:
   Übersetzung:
   Übersetzung:

7. Ich kann mir vorstellen, wie sie ist.
   Match:
   Übersetzung:
   Übersetzung:

8. Irgend etwas sagt mir, daß ich einen Fehler mache.
   Match:
   Übersetzung:
   Übersetzung:

9. Ich habe versucht zu begreifen, was mein Chef meint.
   Match:
   Übersetzung:
   Übersetzung:

10. Ich stoße immer wieder auf unerwartete Hindernisse.
    Match:
    Übersetzung:
    Übersetzung:

11. Joe malt ein deutliches Bild des bevorstehenden Desasters.
    Match:
    Übersetzung:
    Übersetzung:

12. Das riecht wie toter Fisch.
    Match:
    Übersetzung:
    Übersetzung:

Bevor wir den verzauberten Raum des Geistes und sein komplexes Gewebe verlassen, wollen wir die in diesem Kapitel erläuterten Konzepte noch einmal rekapitulieren.

Unsere Wahrnehmungen über die Welt werden im Gehirn kodiert. Gedanken, die diese Bilder, Geräusche (Klänge) und Gefühle benutzen, bestimmen unseren Kommunikationsprozeß. Unsere Augenbewegungen folgen bestimmten Mustern, je nachdem, ob wir Bilder, Geräusche oder Gefühle bevorzugen. Die Wörter, die wir für die Kommunikation auswählen, geben Aufschluß über das von uns bevorzugte Repräsentationssystem: visuelle, auditive oder kinästhetische. Indem wir unsere Gedanken mit den Wörtern zum Ausdruck bringen, die dem von unserem Kommunikationspartner bevorzugten Repräsentationssystem entsprechen, können wir Rapport und Verständnis verbessern.

Zeichnung von CEM:
© 1961
The New Yorker Magazine, Inc.

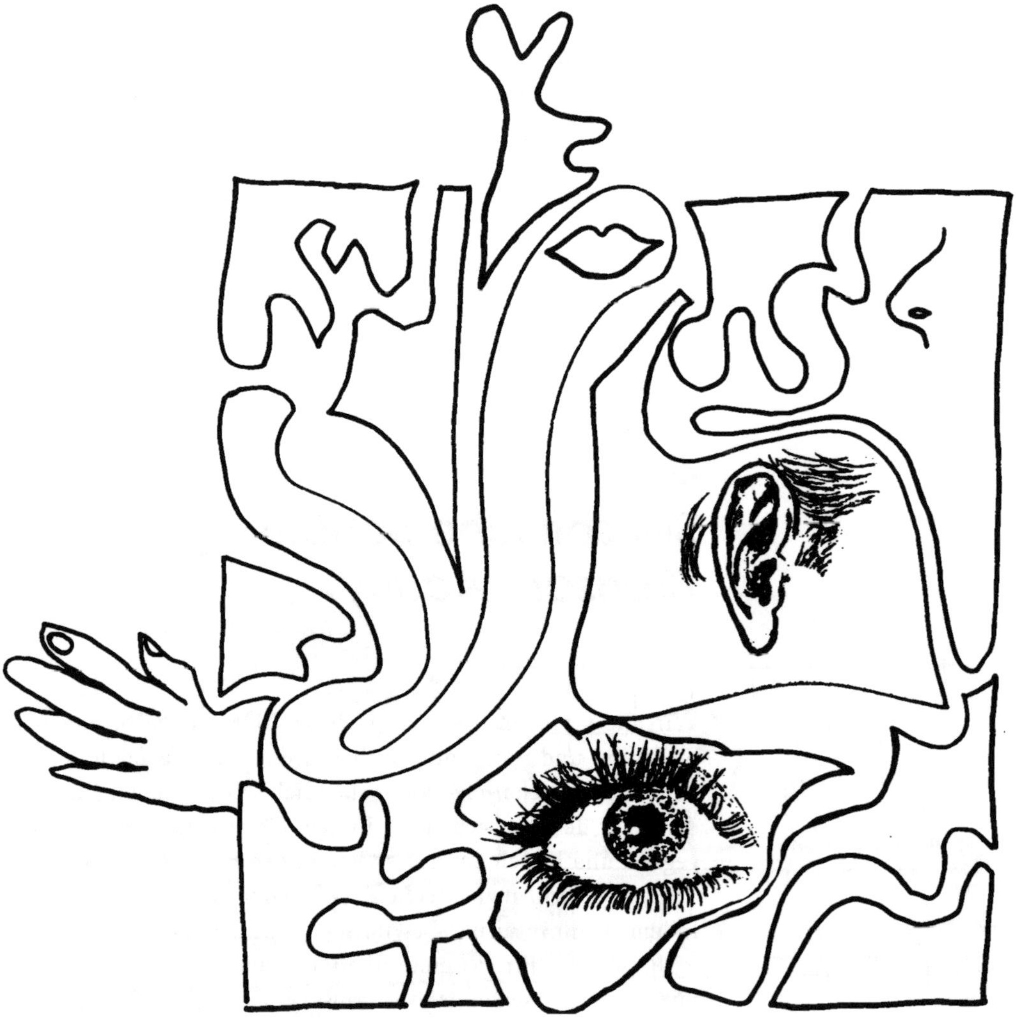

Realität ist nicht festgelegt.
Die Realität ist ein Puzzle,
das jeder von uns auf seine
Weise zusammensetzt. Das
Puzzle enthält unendlich viele
Möglichkeiten und Lösungen.

4
Sensorische Schärfe
(Sensory Acuity)

Wir alle verfügen über ein gewisses Maß an sensorischem Bewußtsein, und wir benutzen dieses, um uns Informationen über andere zu verschaffen. Wahrscheinlich sind Sie schon einmal auf dem Flur des Bürogebäudes, in dem Sie arbeiten, jemandem begegnet, und hatten dann das Gefühl, den Betreffenden an diesem Tag besser *nicht* anzusprechen, um ihn um einen Termin zu bitten. Indem Sie Ihr intuitives Bewußtsein gegenüber anderen erweitern, verbessern Sie Ihre Kommunikation. Außerdem können Sie dann mit größerer Genauigkeit voraussagen, wie Menschen auf bestimmte Mitteilungen reagieren. Sobald Sie eine gewisse Fähigkeit im Voraussagen entwickelt haben, können Sie überlegen, welche Wörter Sie benutzen müssen, um die Reaktionen hervorzurufen, die Ihnen am besten passen. Hier ein Beispiel:

Ich gab im Sommer eine Party in meinem Garten. Einer der Gäste brachte einen Freund mit, den ich nicht kannte. Dieser Freund schenkte mir, als er vorgestellt wurde, eine Flasche Wein.

Ich dankte ihm und beugte mich über einen Tisch, um die Flasche vorsichtig in einen Kübel mit Eis zu stellen, in dem sich bereits andere Wein- und Bierflaschen befanden. Als ich mich wieder aufrichtete, sah ich, daß der Gesichtsausdruck des Mannes sich stark verändert hatte. Sofort griff ich wieder in den Eiskübel, nahm die geschenkte Weinflasche heraus und sagte: „Nachdem ich mir nun das Etikett genauer angeschaut habe, ist mir klar geworden, daß dies ein ganz besonderer Wein ist, mit dem man nicht so umgehen sollte. Ich werde die Flasche in den Kühlschrank stellen, und wir können dann später entscheiden, ob wir sie zum Essen trinken wollen." Er sah aus, als ob er mir einen Kuß geben wollte und er war erleichtert, daß sein Geschenk entsprechend gewürdigt wurde.

Nachdem ich gesehen hatte, wie betroffen er war, weil ich sein Geschenk kaum beachtet hatte, war es mir nicht schwergefallen, eine Möglichkeit zu finden, um ihm einen Freude zu bereiten. Ich bin leider keine Weinkennerin, aber ich kann bewußte und unbewußte Reaktionen lesen.

Dieses Kapitel soll Ihnen helfen zu verstehen, wie man vom normalen sensorischen Bewußtsein zur sensorischen Schärfe gelangt. Schon im vorigen Kapitel wurde erwähnt, daß wir uns des sensorischen Feedbacks klarer bewußt werden können, indem wir mehr Wahrnehmungstüren öffnen. Die meisten Menschen öffnen eine Tür sehr selten (ein Sinn wird selten bewußt genutzt). Indem Sie Ihre Aufmerksamkeit auf den Sinn konzentrieren, den Sie am seltensten benutzen (visuell, auditiv oder kinästhetisch), können Sie Ihr Bewußtsein über die Information, die Sie durch diese Tür wahrnehmen, steigern. Sie können sich auf diese Weise einer völlig neuen Art von Information bewußt werden.

Unterbrechen Sie zuerst Ihre gewohnte Art, Informationen zu sammeln.

Sie wissen bereits, wie man jemandem direkt in die Augen schaut, um herauszufinden, ob der Betreffende ehrlich ist. Probieren Sie einmal etwas anderes aus. Statt den Worten zuzuhören, achten Sie darauf, wie jemand spricht. Achten Sie auf die Stimmlage und das Sprechtempo, und registrieren Sie Veränderungen, Muster und Betonungen.

Sie können sensorische Schärfe eine oder zwei Wochen lang täglich fünfzehn Minuten trainieren, indem Sie sich die Mühe machen, genau hinzuschauen und zuzuhören. Weil wir in unserer Kultur lernen, niemanden zu intensiv anzuschauen, sind wir oft nicht in der Lage, die vielen unbewußten Reaktionen zu sehen und zu hören. Diese Reaktionen unterliegen nicht der Kontrolle des Bewußtseins, doch für Ungeübte ist es auch nicht einfach, sie zu erkennen. Geben Sie sich selbst die Erlaubnis, während der nächsten drei Wochen andere anzustarren, wenn Sie zum Essen gehen oder bei der Arbeit: Starren Sie andere Menschen an. Wenn Sie sich dabei zu unwohl fühlen, so brechen Sie die Beobachtung ab, und suchen Sie sich jemand anderen aus. Die meisten Menschen

Veränderungen sind Reaktionen, und jede Veränderung, die im Laufe eines Kommunikationsprozesses bei einem der Beteiligten auftritt, ist ein wichtiger Hinweis.

werden dies ignorieren. Selbst wenn Leute denken, daß Sie etwas komisch sind, ist der Nutzen das wert.

Was werden Sie suchen? Veränderungen. Wenn bei der anderen Person irgendwelche Veränderungen zu erkennen sind, so bedeutet das, daß sie reagiert. *Unsere innere Reaktion reflektiert systematisch unser äußeres Verhalten.* Unsere Denkmuster, die Aktivität unserer Neuronen und Dendriten, verursachen ständig Reaktionen in unserem Gesicht und unserem Körper. Gedanken und Gefühle manifestieren sich in unserem äußeren Ausdruck und in Körperhaltungen. Die gleichen Gedanken lösen bei einer bestimmten Person stets die gleichen äußeren Reaktionen aus (*nicht* die gleichen Reaktionen wie bei anderen Menschen).

Die meisten von uns erkennen solche Reaktionen nicht, sofern es sich nicht um sehr gravierende Veränderungen handelt. Mißverständnisse sind häufig das Resultat einer unkorrekten Interpretation der wenigen Reaktionen, die wir sehen – die zusammengebissenen Zähne, das Erröten, die verschränkten Arme – und wir übersehen die subtileren Reaktionen des Muskeltonus, der Atemgeschwindigkeit, winzige Veränderungen im Bereich der Unterlippe und leichte Veränderungen der Hautfarbe.

Ich kann nicht auf meine eigene Erfahrung zurückgreifen, um zu entscheiden, was Ihre Veränderung für Sie bedeutet.

Veränderungen bei anderen Menschen zu interpretieren ist eine gefährliche Angelegenheit. Wir scheinen alle den Fehler zu machen. Das heißt, wir ordnen den Reaktionen Bedeutungen zu, die auf unseren eigenen Erfahrungen basieren. Wenn *ich* die Stirn runzle, so hat das eine Bedeutung. Wenn *Sie* dies tun, kann es etwas völlig anderes besagen.

Sechzehn Menschen, die sich in einem Raum befinden, haben sechzehn verschiedene Arten, die Wirklichkeit zu kodieren und zu reagieren. Wenn Sie einen Menschen lange genug und mit ausreichender sensorischer Schärfe beobachtet haben, können Sie erraten, was die Reaktionen des Betreffenden bedeuten. Sobald Sie genügend Information gesammelt haben, um die Bedeutung einer Reaktion zu erraten, sollten Sie Ihre Interpretation gemeinsam mit der anderen Person überprüfen. Andernfalls könnten Sie sich gewaltig irren. Gehen Sie bedächtig vor. Schauen Sie, hören Sie, und benutzen Sie Ihre Intuition. Interpretieren können Sie später. Dies ist wichtig, wenn Sie lernen wollen, auf neue Art zu sehen, zu hören und zu fühlen.

Innere Vorgänge kommen ständig in äußeren Reaktionen zum Ausdruck, zumindest in minimaler Weise.

Sie können Ihre Wahrnehmungsschärfe auch verbessern, indem Sie so tun, als würden Sie ein Fotoalbum von der Person, die Sie im Augenblick beobachten, zusammenstellen. Nehmen Sie imaginäre Fotos auf und speichern sie sehr schnell im Gedächtnis – Sie werden wissen, daß die Zahl der Fotos ausreicht, wenn Sie anfangen, Muster darin zu erkennen. Muster sind Wiederholungen, Unterschiede, Rhythmen und Veränderungen, z.B. wenn Ihr Gegenüber sich ängstlich fühlt, sein Körpergewicht verlagert und sich am Ohr zieht. Sein Gesicht könnte helle Flecken aufweisen. Sobald Sie solche Muster erkennen, können Sie damit beginnen, sich mit der Bedeutung derselben zu beschäftigen. Beispielsweise können Sie fragen: „Hatten Sie sich ängstlich gefühlt, als Sie sagten: »Danke, keinen Zucker«?" Innerlich können Sie hinzufügen: „Und Sie hatten helle Flecken auf dem Gesicht, und außerdem haben Sie Ihr Gewicht verlagert und sich am Ohr gezupft."

Unbewußte sichtbare Reaktionen

Wenn Sie anfangen, Dinge zu bemerken, die Sie vorher nie bemerkten, und wenn Sie es dann vermeiden, diese Veränderungen sofort zu interpretieren, werden Sie einen Riesenschritt weiter sein, andere Menschen auf integre Weise zu beeinflussen. Sensorische Schärfe ist die wichtigste und weitreichendste Fähigkeit, die Sie erlernen können. Hier sind die vier unbewußten Reaktionen, die Sie bei anderen beobachten können:

- Veränderungen der Hautfarbe
- winzige Muskelveränderungen
- Veränderungen der Unterlippe
- Veränderungen der Atmung

Den meisten Menschen fällt es leicht, diese Veränderungen zu erkennen, sobald man sie darauf hingewiesen hat. Da diese vier Reaktionen unbewußt sind, bleiben sie außerhalb der bewußten Wahrnehmung der Person und liefern gradlinige, unverwässerte Informationen.

Neben diesen vier physiologischen Veränderungen gibt es natürlich noch viele andere. Teile der Reaktionsmuster sind Gewichtsverlagerung, Kopfhaltung, Handbewegungen, Schultern, die sich auf und ab bewegen, und der Hals, der sich streckt.

Während des Erlernens einer schärferen Wahrnehmungsfähigkeit werden Sie die einfacheren, vordergründigen Reaktionen zuerst erkennen, bevor Sie die subtileren sehen. Wahrscheinlich werden Sie dann schon bald Lust bekommen, auch auf weniger offensichtliche Reaktionen zu achten. Der berühmte Hypnotherapeut Milton Erickson schaute auf Pulsveränderungen. Freunde von mir haben beobachtet, daß die blonden Haare auf meinen Armen hochstehen oder flach anliegen, je nachdem, in welchem emotionalen Zustand ich mich befinde. Und einer meiner Studenten berichtete, er habe seit vielen Jahren die Ohrläppchen von Menschen beobachtet. Ohrläppchen reagieren stark, sie zeigen

Unbewußte, sichtbare Reaktionen sind wahre Indikatoren für den emotionalen Zustand der Person.

Augenzugangshinweise = Hinweise auf Repräsentationssysteme

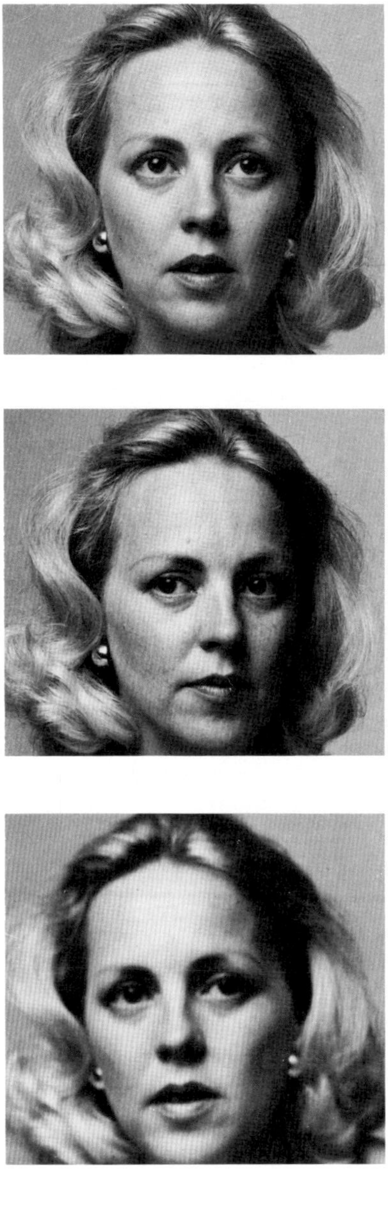

Rapport

Matching und Leading
zu einem rezeptiveren Zustand

Veränderung des Muskeltonus

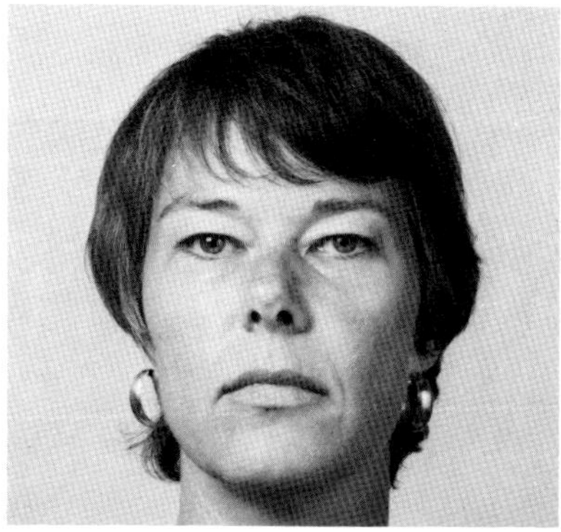

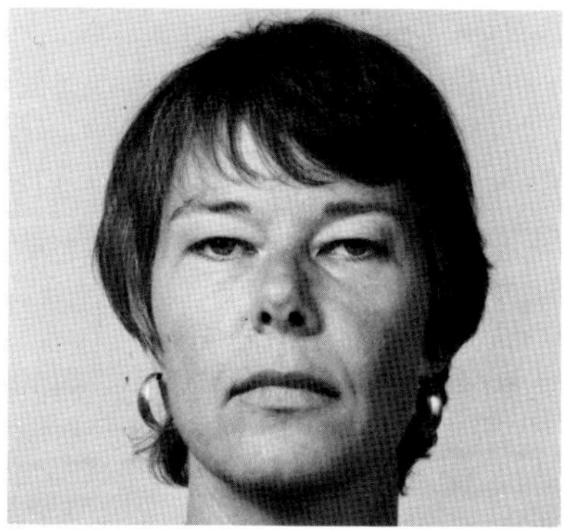

Plumpe Veränderungen sind leicht zu erkennen. Subtile Veränderungen hingegen sind schwieriger zu deuten, bis Sie Ihre Augen soweit trainiert haben, dies zu erkennen. Hier zwei Beispiele für Veränderungen des Muskeltonus. Sehen Sie, welche Unterschiede Sie bewußt erkennen, dann stellen Sie die spezifischen Bereiche auf der nächsten Seite fest.

Veränderungen der Hautfärbung

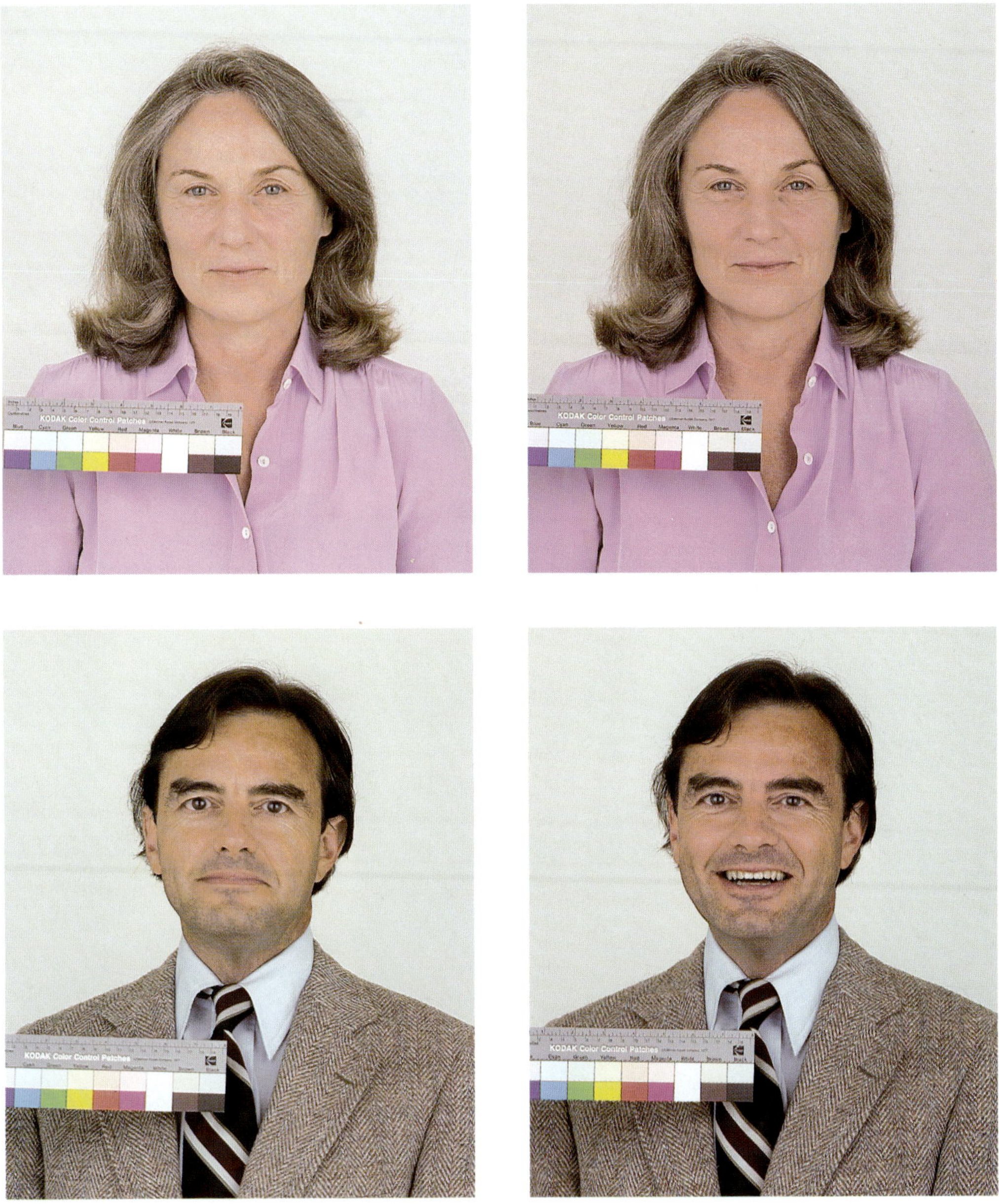

Veränderungen der Hautfärbung

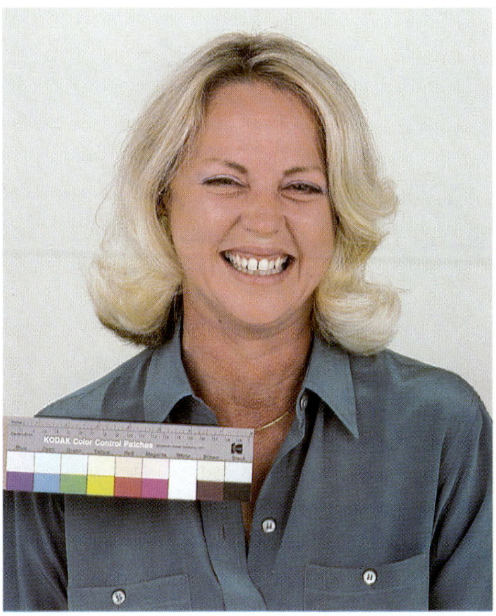

Diese Fotografien wurden unter Verwendung einer Nikon F3 mit Blitzgerät in einem Studio gemacht. Es wurde ein Kodachrome 25 Farbfilm und eine 105 mm-Linse verwendet.

Baron Wolman
Mill Valley, California

Veränderungen der Hautfärbung

Veränderungen des Muskeltonus

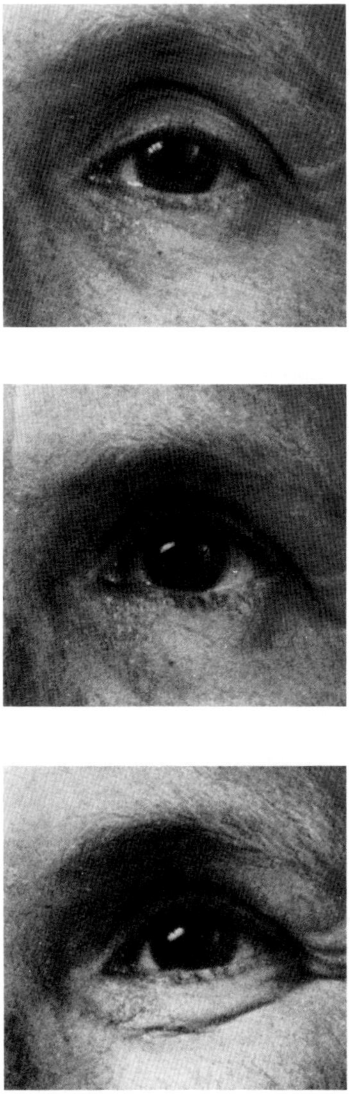

Die Veränderungen der Muskelspannung im Augenbereich liefern eine Unmenge von Informationen.

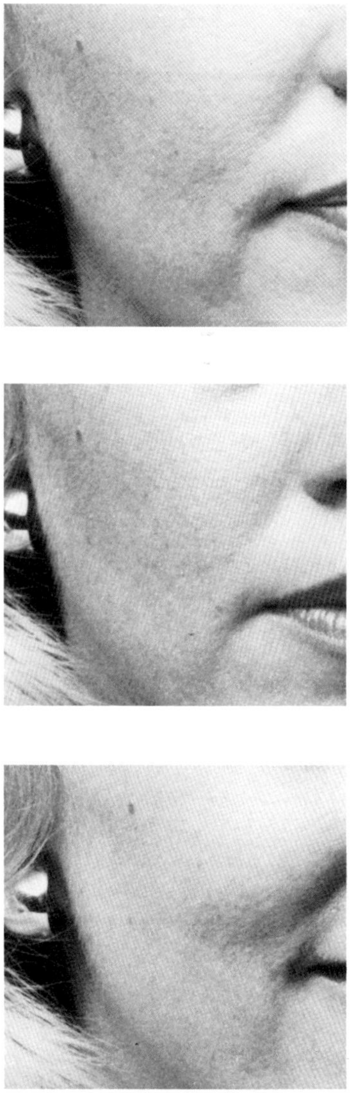

Sie können Hinweise an jedem sichtbaren Muskel entdecken. Achten Sie in diesem Beispiel auf Veränderungen im Tonus der Wangenmuskeln.

Veränderungen der Unterlippe

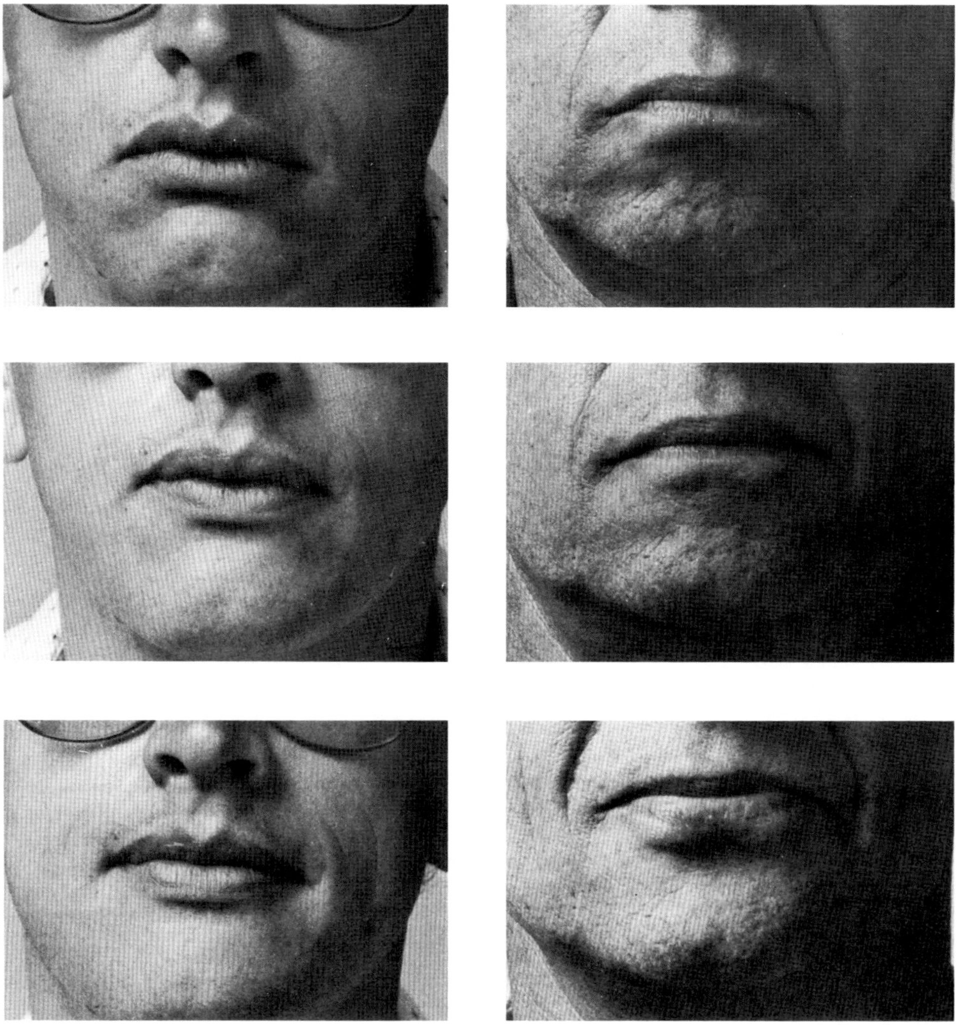

Veränderungen in der Größe, Form, Farbe und Spannung der Unterlippe können Ihnen wertvolle Informationen liefern, die Ihnen helfen, die inneren Zustände zu erkennen.

Farbveränderungen, Anspannungen und Entspannungen. Das schönste daran ist, niemand bemerkt was Sie beobachten.

Veränderungen der Hautfarbe

Als Picasso, Braque und andere Maler Gesichter in Form von Dreiecken, Quadraten und Kreisen malten, reagierten sie möglicherweise auf die verschiedenen Farben auf den Flächen des Gesichts. Sicherlich, diese Farben sind vorhanden. Sobald man einmal angefangen hat, sich damit zu beschäftigen, wird man sich wahrscheinlich fragen, warum man dieses riesige Farbspektrum nicht schon vorher bemerkt hat.

Wenn Sie selbst malen, sind Sie sich der subtilen Farbvariationen auf der Haut von Menschen wahrscheinlich bewußt, ganz gleich, ob die Betreffenden braun, schwarz, weiß, rot oder gelb sind. Als ich als Kind zum ersten Mal hörte, daß es Menschen mit unterschiedlicher Hautfarbe gibt, stellte ich mir vor, es gäbe in fernen Länder knallrote und zitronengelbe Gesichter. Schwarze und weiße Menschen kannte ich vom Sehen, doch alle übrigen Farben mußte ich mir mit meiner kindlichen Phantasie vorstellen. Wenn Sie Ihre Imagination mobilisieren, werden Sie bald blaue, grüne, graue, violette, rosafarbene und gelbe Töne in den Gesichtern der Menschen in Ihrer Umgebung erkennen.

Farbveränderungen werden Sie leichter erkennen, wenn Sie in Kontrasten denken. Vergleichen Sie die Farbe der Nase mit der Hautfarbe der Stirn. Welche von beiden ist intensiver pink? Vergleichen Sie die beiden Dreiecke in den äußeren Augenwinkeln mit dem Halbmond unter den Augen. Sobald Sie die Farbunterschiede der verschiedenen Gesichtsregionen erkennen, können Sie anfangen, auf Farbveränderungen zu achten. Erröten zu erkennen ist natürlich am leichtesten. Doch die Farbveränderungen, um die es uns hier geht, sind subtiler. Mit etwas Übung können Sie das Auftauchen und Verschwinden kleiner Farbflecken beobachten.

Nach erstaunlich kurzer Zeit werden Sie feststellen und kalibrieren können, welche Farbveränderungen bei welchen inneren Zuständen oder Prozessen auftreten. Vielleicht denken Sie dann etwas wie: „Ihre Stirn ist alabasterfarben mit einer Spur Grün am Haaransatz. Ihre Nase ist rosa und um die Nasenlöcher pink und grau. In den Mundwinkeln ist ihre Haut graugelb. Sie überlegt wahrscheinlich, ob sie zum Abendessen einen Apfelkuchen machen soll.“ Oder: „Sie wird meinen Vorschlag akzeptieren.“ Oder: „Sie wird in Kürze nach Paris fliegen. Das ist ihre Paris-Farbpalette.“

Paris ruft bei vielen Menschen eine starke, klar zu erkennende Reaktion hervor. Versuchen Sie einmal, bei einem Ihrer Freunde die Farbreaktion auf das Stichwort Paris herauszufinden. Oder besser noch, versuchen Sie es bei mehreren Freunden. Sie können über Paris sprechen, sie dafür begeistern, und dann auf das Thema Leverkusen überwechseln. Achten Sie auf Farbveränderungen. Da der Gesprächsinhalt unwichtig ist, können Sie sich völlig auf die Farbveränderungen konzentrieren. Nachdem Sie ein paar Farbveränderungen identifiziert haben, können Sie Ihre Aufmerksamkeit auf die Spannung und Entspannung der kleinen Muskeln im Mundbereich konzentrieren.

Subtile Verhaltensveränderungen sind Kommunikation.

Winzige Muskelveränderungen

Spannung und Entspannung spielen ständig auf den kleinen Muskeln des Gesichts. Diese Veränderungen sind am besten in den äußeren Augenwinkeln, um den Mund und am Unterkiefer zu erkennen. Manchmal wird auch die Nase „schärfer". Die Vertiefung einer Falte zwischen den Augen oder einer Vertikalfalte auf der Stirn kann ebenfalls auf eine innere Veränderung hindeuten.

Diese kleinen Muskelveränderungen sind individuell, ihre Bedeutung ist nicht universell. Mit ein wenig Übung und fachkundigem Feedback können Sie lernen, kleine Veränderungen im Gesicht zu erkennen und sie zum Kommunikationsverhalten des Betreffenden und zu Wahrnehmungen in Beziehung zu setzen. Später werden Sie lernen, Muskelspannungen und -entspannungen am gesamten Körper zu erkennen.

Veränderungen der Unterlippe

Schauen Sie sich während einer Interaktion die Unterlippe Ihres Kommunikationspartners an. Sammeln Sie so viele Fotografien wie möglich von dieser Unterlippe, dann können Sie beginnen, Muster zu erkennen: Wiederholungen, Unterschiede, Ähnlichkeiten und erhebliche Veränderungen der Größe, Form, Oberflächenbeschaffenheit und Bewegung sowie Zittern, Festigkeit, Färbung, Feuchtigkeit und Schwellung.

Die Unterlippe bewußt zu kontrollieren ist schwierig, wenn nicht gar unmöglich. Sie sehen in diesem Bereich also Signale, die unmittelbar aus dem Unbewußten der anderen Person stammen. Wenn Sie über genügend mentale Fotografien davon verfügen, können Sie lernen, diese Signale zutreffend zu interpretieren. Schon nach kurzer Zeit werden Sie bestimmte Fotos mit dem verbinden können, was die betreffende Person gleichzeitig sagt. Anschließend können Sie den Fotos Titel geben.

Veränderungen der Atmung

Sie können nicht wissen, was diese Veränderung bedeutet, solange Sie nicht das gesamte Muster kennen und solange Sie nicht ein bestimmtes Muster mit einem bestimmten inneren Zustand in Zusammenhang gebracht haben, beispielsweise mit Wut, Faszination, Neugier oder Ungeduld.

Wie bereits im Kapitel über Rapport erwähnt, ist das Wichtigste bezüglich der Atmung, daß man nicht verzweifeln sollte, wenn man die Auf- und Abbewegungen der Atmung in der Brust und im Bauchbereich nicht erkennen kann. Konzentrieren Sie sich dann auf die Silhouette der Schulter, und warten Sie geduldig. Dann werden Sie die Atembewegungen bald erkennen.

Menschen atmen hoch in die Brust, unten in die Brust, in die Taille und tief in den Bauch hinein. Sie atmen schnell, langsam, mittelschnell, mit Unterbrechungen und in verschiedenen Rhythmen. Wenn sich die Atmung während des Gespräches verändert, so ist eine physiologische Veränderung eingetreten. Denken Sie jedoch daran, daß dies von Person zu Person unterschiedlich ist. Eines ist jedoch sicher: Wenn der Rhythmus der Atmung oder der Bereich, in den ein Mensch hineinatmet, sich verändert, so hat sich irgend etwas für den Betreffenden verändert.

Wenn Sie lernen, scharf zu beobachten, werden Sie irgendwann die Antwort auf eine Frage, die Sie gestellt haben, schon wissen, bevor Ihr Gegenüber antworten kann. Und wenn Sie fünf Antworten richtig geraten haben, so haben Sie den ersten Schritt in Richtung *Kalibrieren* gemacht. Kalibrieren ist das Erkennen eines bestimmten Zustandes eines Menschen mit Hilfe nonverbaler Signale.

Kalibrieren ist der Schlüssel zur erfolgreichen Kommunikation.

Gleichzeitig lernen Sie übrigens auch, was Wahrsager in ihren Kristallkugeln sehen. Sie „sehen“ die korrekten Antworten auf ihre Vorhersagen in den Reaktionen ihrer Kunden auf das, was sie sagen, und sie verändern ihre magischen Offenbarungen dann so lange, bis sie ein „Ja“-Signal wahrnehmen. „Ich sehe eine dunkle ... nein, der Nebel lichtet sich ... ein dunkelblonder Mann ... nein, es ist eine Frau, die eine Hose trägt. Diese blonde Frau fährt in einem Auto ... nein, sie fährt auf einem Fahrrad! Ja, es ist ein Fahrrad.“

Jeder Mensch reagiert anders, deshalb sollten Sie Generalisierungen (Verallgemeinerungen) vermeiden. Üben Sie das Kalibrieren mit mindestens drei Personen, bevor Sie sich der nächsten Übung zuwenden.

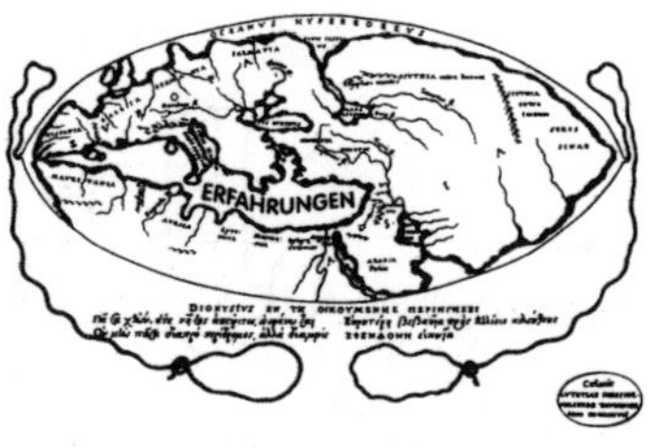

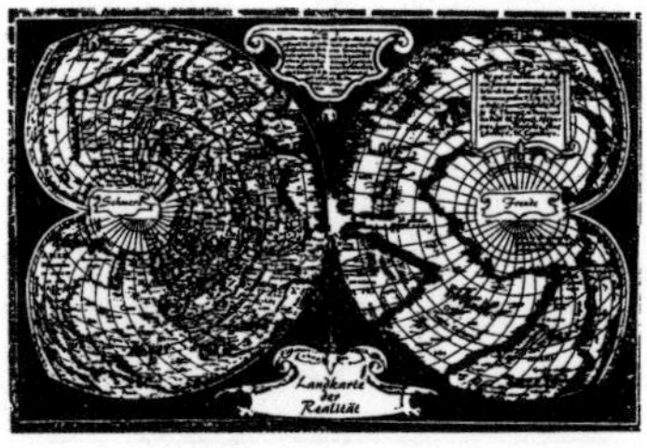

Sensorische Schärfe

Um sensorische Schärfe einfacher zu erkennen, probieren Sie die folgenden Übungen mit einem Freund aus. Wenn Sie sich während der nächsten Wochen Zeit für diese Übungen nehmen, werden Sie allmählich lernen, mehr zu sehen und zu hören, als Sie bisher für möglich gehalten haben. Sie werden wesentlich mehr darüber erfahren, was mit Ihren Freunden ebenso wie mit Ihren Feinden los ist. Wahrscheinlich werden Sie außerdem die Erfahrung machen, daß Ihre Feinde aufgrund der zusätzlichen Information freundlicher werden – sofern Sie dies wünschen. Und vielleicht fühlen Sie selbst sich auch freundlicher, wenn Ihre Wahrnehmungsfähigkeit sich steigert.

Übung 1:
Der lebendige Lügendetektor

Suchen Sie sich jemanden, der bereit ist, mit Ihnen zu spielen. Es ist besser, diese Übung mit jemandem auszuführen, den Sie nicht besonders gut kennen – eher mit einem entfernteren Bekannten als mit einem guten Freund, eher mit einem Arbeitskollegen als mit dem Ehepartner.

Sagen Sie dieser Person, Sie würden ihr eine Reihe Fragen stellen, die sie/er mit ja oder nein beantworten solle.

Stellen Sie drei Fragen, von denen Sie wissen, daß sie mit ja beantwortet werden. Wenn Ihr Partner beispielsweise John Smith heißt, verheiratet ist und mit seiner Frau Ethel und einem Hund, einem Pudel, in Anytown lebt, könnten Sie ihn fragen:

Ist Ihr Name John Smith?
Leben Sie in Anytown?
Sind Sie verheiratet?

Stellen Sie anschließend drei Fragen, von denen Sie wissen, daß sie mit nein beantwortet werden. Beispielsweise:

Ist Ihr Name Fred Perkins?
Heißt Ihre Frau Mildred?
Haben Sie vier Dalmatiner?

Ihre Aufgabe besteht darin, die Veränderungen im Gesichtsausdruck, in der Körperhaltung und in der Atmung zu beobachten, während Ihr Partner sich die Antworten überlegt. Achten Sie auf jede Art von unbewußten, aber sichtbaren Reaktionen auf die Ja-Fragen, merken Sie sich diese, und vergleichen Sie sie mit den Reaktionen bei der Beantwortung der Nein-Fragen. Achten Sie auch auf die Unterschiede in der Atmung, der Hautfarbe, der Unterlippe und auf minimale Muskelbewegungen.

Fahren Sie fort, abwechselnd Ja- und Nein-Fragen zu stellen, bis Sie sich sicher fühlen, den Unterschied in den Reaktionen dieser Person zu kennen. Wenn Sie sicher sind, diese Unterschiede benennen zu können, fangen Sie an, Fragen zu stellen, auf die Sie keine Antwort kennen, beispielsweise:

Haben Sie einen akademischen Titel?
Haben Sie mit Zwanzig langes Haar gehabt?
Wollten Sie schon immer einmal nach Istanbul?
Ist Ihre Mutter älter als Ihr Vater?
Haben Sie einmal ein Motorrad besessen?

„Erraten" Sie die Antworten mit Hilfe Ihrer neuentwickelten verfeinerten sensorischen Wahrnehmung. Überprüfen Sie sie anschließend.

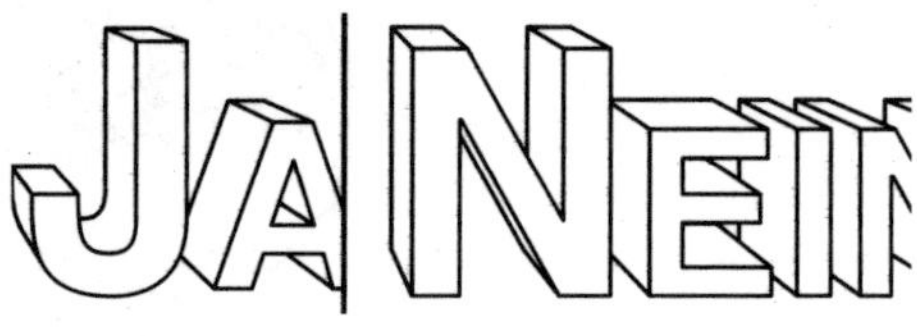

Übung 2:
Die verräterische Unterlippe

Verbringen Sie einen ganzen Tag damit, Unterlippen zu beobachten. An diesem Tag sollten Sie jede freie Minute damit verbringen. Konzentrieren Sie sich, wenn Sie mit jemandem reden, darauf, ob sich irgend etwas im Bereich der Unterlippe des Betreffenden verändert. Versuchen Sie nicht herauszufinden, was bestimmte Kombinationen von Einzelheiten bedeuten. Registrieren Sie nur Veränderungen: in der Größe, der Färbung und Form, der Ränder, ihre Schwellung oder Flachheit, ihre Dehnung sowie ob sie aufwärts- oder abwärtsgerichtet ist. Wenn Sie dieser merkwürdigen Beschäftigung eine Weile nachgehen, werden Sie bald winzige Veränderungen bemerken, die auf unbewußte Reaktionsmuster hinweisen.

Übung 3:
Die wilde Farbskala der Haut

Nehmen Sie sich einen Tag Urlaub, und versuchen Sie, *nicht* auf Unterlippen zu achten. Achten Sie nun auf Farben, die Ihnen noch nie zuvor aufgefallen sind. Tun Sie so, als wären Sie Picasso. Fangen Sie damit an, kleine Bereiche in Gesichtern zu betrachten, die Sie vorher schlicht und einfach für pink, cremefarben oder braun gehalten hatten. Mit der scharfen Wahrnehmungsfähigkeit eines Picasso werden Sie nun erkennen, daß diese Gesichter keineswegs nur eine Farbe haben. Gesichter weisen nicht nur Punkte und Flecken von Grau, Grün, Lavendel und Gelb auf, sondern die Farben verändern sich auch im Laufe eines Gesprächs. Tun Sie so, als wollten Sie ein Farbporträt von jedem Menschen malen, dem Sie begegnen. Welche Farben sehen Sie?

Wenn Sie am ersten Tag der Schulung des differenzierten Farbensehens zehn Farbflecken entdeckt haben, die Ihnen vorher entgangen sind, fahren Sie mit Übung 4 fort. Wenn Sie weniger als zehn bemerkt haben, sollten Sie noch einen weiteren Tag Picasso spielen.

Die Farbwahrnehmung zu verbessern ist manchmal schwierig. Manchmal hilft es, sich vorzustellen, welche Farben vorhanden sein könnten. In jedem Fall sollten Sie nach maximal drei Tagen als Picasso mit der nächsten Übung fortfahren.

Übung 4:
Winzige Muskelbewegungen

Jeder Mensch kann einen finsteren Blick und ein Lächeln erkennen. Doch winzige Veränderungen am Unterkiefer, in den Mundwinkeln und um die Augen zu erkennen, erfordert ein ausgeprägteres Beobachtungsvermögen, das man sich gezielt aneignen muß. Das Erlernen sensorischer Schärfe ist wie das Erlernen von Klavierspielen. Sie lernen jede Note, dann lernen Sie Sequenzen und Kombinationen, und schlußendlich nach vielem Üben werden Sie ein Pianist. Vielleicht reicht es, wenn Sie sich einen Tag lang auf die winzigen Muskelveränderungen konzentrieren, die ständig stattfinden, vielleicht brauchen Sie aber auch zwei Tage, um diese Art der Beobachtung so gut zu beherrschen, daß Sie sich dem nächsten Punkt, dem Erkennen von Veränderungen der Atmung, zuwenden können.

Übung 5:
Den Geist (spirit) beobachten

Die Griechen hielten den Atem und den Geist für ein und dasselbe. Man kann viel über das Wesen eines Menschen sagen, wenn man das Atemmuster des Betreffenden und dessen Veränderungen beobachtet. Beschäftigen Sie sich mindestens einen Tag lang intensiv mit der Atmung. Wenn Ihre Arbeitskollegen und -kolleginnen Anzüge tragen, müssen Sie sich beim Beobachten auf den oberen Rand der Schultern konzentrieren, der sich hebt und senkt. Viele Kleidungsstücke machen es schwieriger, das Atmen zu beobachten. Das sollte Sie jedoch nicht davon abhalten, sich zum Experten in der Atembeobachtung auszubilden, denn von dieser Fähigkeit werden Sie in den Rapport-Übungen sehr stark profitieren. Unsere Atmung sagt eine Menge über unsere Reaktion auf eine Situation aus.

Übung 6:
Abstimmen auf Klänge (Geräusche)

Eine gute Methode, mehr über die Stimmcharakteristik und die Bedeutung von Veränderungen in der Sprechgeschwindigkeit, im Klang und im Volumen der Stimme herauszufinden, besteht darin, Sendungen eines Radio- oder Fernsehsenders in einer Ihnen fremden Sprache zuzuhören. Da Sie die Sprache nicht verstehen, kann der Inhalt Sie nicht ablenken, und Sie können Ihre gesamte Aufmerksamkeit auf die Laute selbst richten. Achten Sie zunächst auf das Sprechtempo. Wie schnell oder wie langsam sprechen die Leute? Machen sie Pausen? Lange oder kurze? Regelmäßig oder unregelmäßig?

Nachdem Sie eine Zeitlang zugehört haben, beginnen Sie zu erraten, was das Tempo über den Inhalt aussagt. Achten Sie auf Tempoveränderungen, und versuchen Sie, die Gründe für diese Veränderungen herauszufinden. Ob Sie dabei richtig oder falsch liegen, spielt keine Rolle. Wichtig ist, daß Sie lernen, Veränderungen wahrzunehmen, die Sie zuvor überhört haben, und daß Ihnen klar wird, daß die Veränderungen im Kommunikationsprozeß eine bestimmte Bedeutung haben. Wenn Sie später beim Zusammensein mit Freunden üben, gezielt auf Stimmcharakteristika zu achten, können Sie überprüfen, ob Ihre Hypothesen über die Bedeutung bestimmter Veränderungen zutreffen und wie oft Sie mit Ihren Vermutungen richtig liegen.

Wenn Sie das Sprechtempo des Radio- oder Fernsehsprechers festgestellt haben, können Sie im gleichen Tempo irgendwelche Nonsens-Geräusche machen. Wenn Sie das Tempo haben, können Sie Ton- und Volumensveränderungen auch anpassen.

Wenn Sie zufrieden sind mit Ihrer Fähigkeit, Ton, Tempo und Volumen zu hören, können Sie mit der nächsten Übung beginnen.

Prüfen Sie nun Ihre neuerworbenen Fähigkeiten, Ton und Tempo eines Sprechers nachzuahmen, an einem Radio- oder Fernsehsender. Probieren Sie, ohne auf den Inhalt des Gesprochenen zu achten, Ihre neuen Fähigkeiten aus. Schon nach kurzer Zeit wird es Ihnen nicht mehr schwerfallen, den Inhalt zu registrieren und sich gleichzeitig durch Mitsummen auf das Tempo des Sprechers einzustellen. Das Ziel ist letztlich, Tempo und Tonlage nachzuahmen *und* auf den Inhalt zu achten, und zwar entweder gleichzeitig oder in schneller Folge. Das *ist* möglich, und es kann für Sie nur von Vorteil sein, es zu beherrschen.

Übung 7: Stimmlage anpassen

Diese Übung sollten Sie zusammen mit einem Freund ausführen, der oder die auch an der sensorischen Schärfe arbeiten möchte. Er/sie erzählt Ihnen eine 3-Minuten-Geschichte, die Sie sich anhören. Anschließend erzählen Sie die gleiche Geschichte im gleichen Ton, Tempo und Volumen, wie er/sie sie erzählte. Dabei ist der Inhalt weniger wichtig als die Anpassung im Klang.

Noch besser wäre, wenn eine dritte Person sich an dieser Übung beteiligen würde. Die dritte Person gibt Ihnen Feedback darüber, wie gut Ihre Anpassung ausfiel. Wenn eine dritte Person nicht zur Verfügung steht, können Sie beide viel lernen, indem Sie alternativ viel erzählen und anpassen. Fahren Sie so lange damit fort, bis Sie mit Ihrer Stimmanpassung zufrieden sind.

Falls Ihnen diese Übung anfangs als zu schwierig erscheint, können Sie die Geschichte auch erzählen, während Ihr Partner Ihnen den Hinterkopf zuwendet, so daß Sie sich nicht von seinem wechselnden Gesichtsausdruck abgelenkt fühlen. Eine weitere Möglichkeit, die Übung zu erleichtern, besteht darin, die Geschichte in unsinnigen Silben wiederzugeben oder einfach durch Summlaute, so daß Sie sich nicht um den Inhalt zu kümmern brauchen.

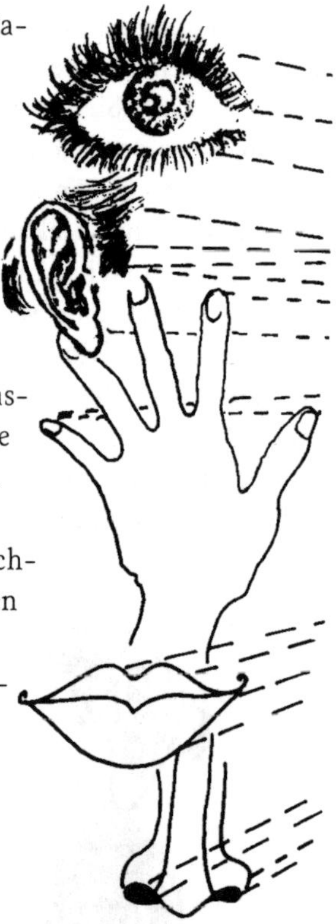

Ihr Ziel ist letztendlich, gleichzeitig den Inhalt aufzunehmen *und* Tempo, Ton und Stimmvolumen anzupassen.

Die Vorteile sensorischer Schärfe

Die verbesserte Fähigkeit, sensorische Veränderungen bei anderen zu beobachten, ermöglicht es Ihnen zu erkennen, wann Ihr Kommunikationspartner auf Sie und Ihre Ziele reagiert.

Warum die sensorische Wahrnehmungsfähigkeit entwickeln? Weil dies die Grundlage der Kommunikationskunst ist. Sie brauchen sensorische Schärfe, um Rapport herzustellen. Sie brauchen sie, um festzustellen, ob Sie den Rapport verloren haben. Sie benötigen sie, um die Wegzeichen zu lesen, die Sie zu Ihrem Ziel führen. Manche dieser Zeichen sagen Ihnen, daß Sie irgendwo einen Fehler gemacht haben und daß Sie, wenn Sie Ihr Ziel erreichen wollen, ein Stück zurück müssen. Erkennen zu können, daß Sie vom Weg abgekommen sind und eventuell im Graben landen, ist sehr nützlich, wenn Sie sich in einem schwierigen Kommunikationsprozeß befinden. Mit verschärfter Wahrnehmungsfähigkeit können Sie erkennen, daß Sie etwas tun müssen, um nicht im Graben zu landen.

Das Wunderbare an gesteigerter sensorischer Schärfe ist, daß Sie fast genauso schnell wie Ihr Partner wissen, ob sich irgend etwas geändert hat. Wenn diese Veränderung für das Dovetailing der Ziele nützlich ist, können Sie das, was die Veränderung herbeigeführt hat, verstärken. Ist die Veränderung hingegen nicht von Nutzen, so können Sie die unwillkürlichen Verhaltenssignale des Kommunikationspartners als Warnzeichen verstehen und daraufhin Ihr Verhalten in einer Weise abändern, die Ihren Intentionen dienlicher ist.

Bei der Kommunikation sollten Sie im bestmöglichen Zustand sein, um Ihre Ziele zu erreichen. Dies sollte auch für Ihren Gesprächspartner der Fall sein, so daß auch er/sie sein Ziel erreicht. Wenn Sie Ihre sensorische Schärfe entwickelt haben, können Sie diesen Zustand der Exzellenz erkennen und ihn auf Wunsch aktivieren, und Sie können auch lernen, jeden anderen Menschen in einen Zustand zu versetzen, der besser ist als derjenige, in dem sich der Betreffende zu Beginn der Begegnung befand.

Im anderen den Bestzustand wachzurufen, ist die höfliche Art zu kommunizieren.

Wir haben die Fähigkeiten, die zu kommunikativer Exzellenz hinführen, in kurze Abschnitte unterteilt, und wir haben die Übungen so strukturiert, daß Sie sie in Ihre Alltagsaktivitäten integrieren können. Doch werden Sie vermutlich mehr als drei Minuten pro Tag benötigen, um jede dieser Fähigkeiten zu erlernen. Der Lohn für diese Mühe stellt sich häufig sofort ein, und manchmal ist er so erstaunlich, daß er Sie dazu verführen könnte, Muster, die Sie ein Leben lang aufrechterhalten haben, zu durchbrechen, um Ihre Ziele zu erreichen. Wenn Sie immer das gleiche tun, werden Sie auch immer die gleichen alten Resultate erzielen. Versuchen Sie die neue Art zu sehen, die neue Art zu hören und erfreuen Sie sich Ihrer neuen Ziele.

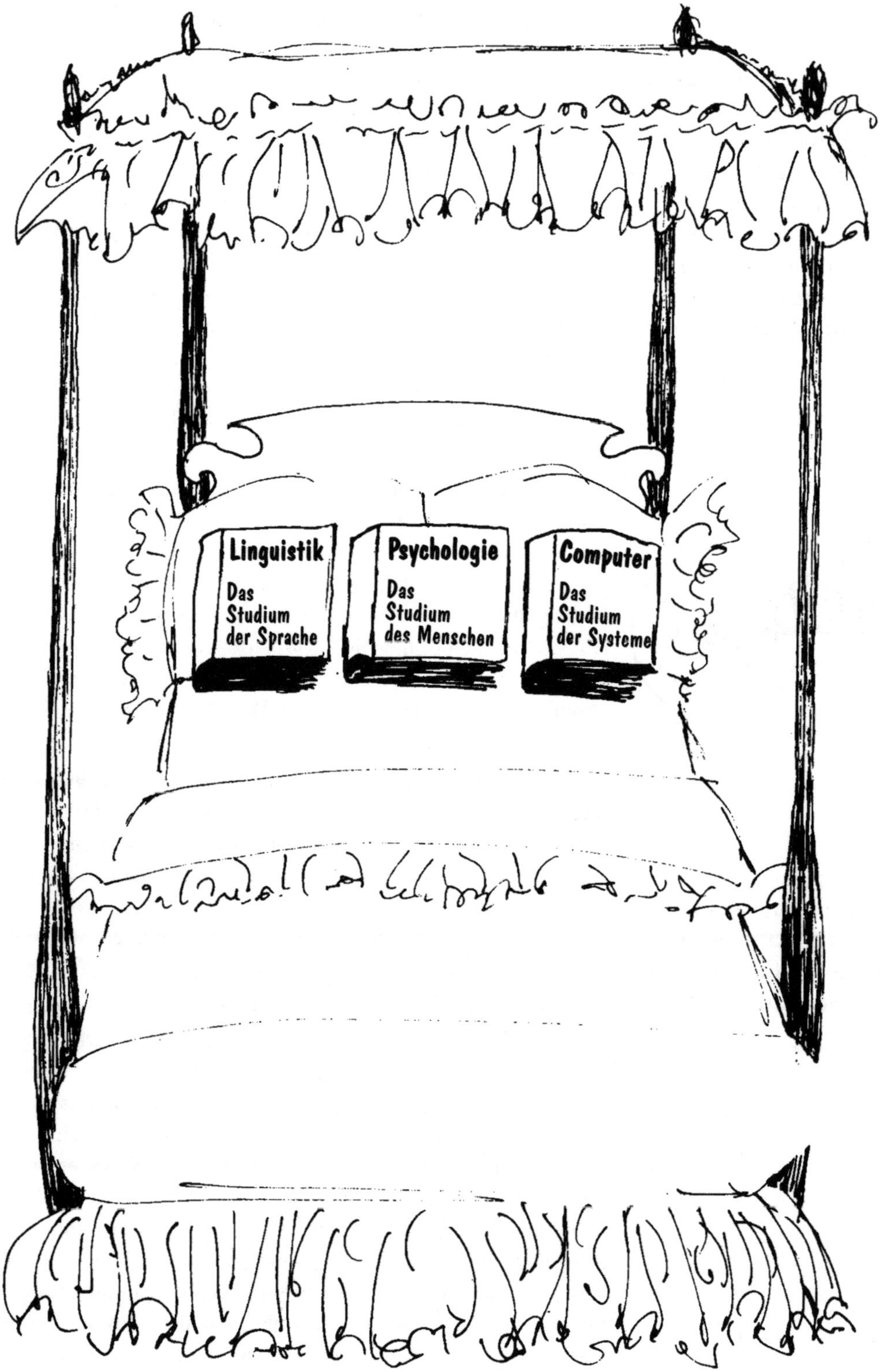
Linguistik
Das
Studium
der Sprache
Psychologie
Das
Studium
des Menschen
Computer
Das
Studium
der Systeme

5
Die fünf Finger-Pointer

Nun ist der Zeitpunkt gekommen, sich mit Wörtern und ihrer Bedeutung in einem bestimmten Kommunikationsprozeß zu beschäftigen. Die Wörter enthalten den *Inhalt* der Kommunikation. Bisher haben wir uns mit dem *Prozeß* der Kommunikation beschäftigt, nicht mit dem Inhalt. Der Inhalt ist nach Meinung linguistischer Experten wie Mehrabian und Birdwhistell viel unwichtiger als der Gesichtsausdruck, die Körperhaltung und die Stimmcharakteristik (Ton, Timbre, Tempo, Volumen). Dennoch ist der Inhalt wichtig und wir müssen verstehen, was unser Gesprächspartner sagt. Gegenseitiges Verstehen wird besonders wichtig in einem Business-Meeting, unabhängig davon, ob zwei oder zwanzig Personen daran teilnehmen. Im nächsten Kapitel werden Sie Möglichkeiten kennenlernen, die Dauer von Meetings zu verkürzen. Um diese Prozeduren einsetzen zu können, müssen Sie über jene fünf Fragen Bescheid wissen, die Pointer genannt werden.

Die Pointer sind von edler Herkunft.

Ihre Urgroßeltern sind Alfred Korzybski und Noam Chomsky. Korzybski wies uns darauf hin, daß die Landkarte oder die Beschreibung von etwas nicht mit dem Gebiet identisch ist, und daß das Wort nicht das *ist*, was es bezeichnet. Wir alle wissen, daß das

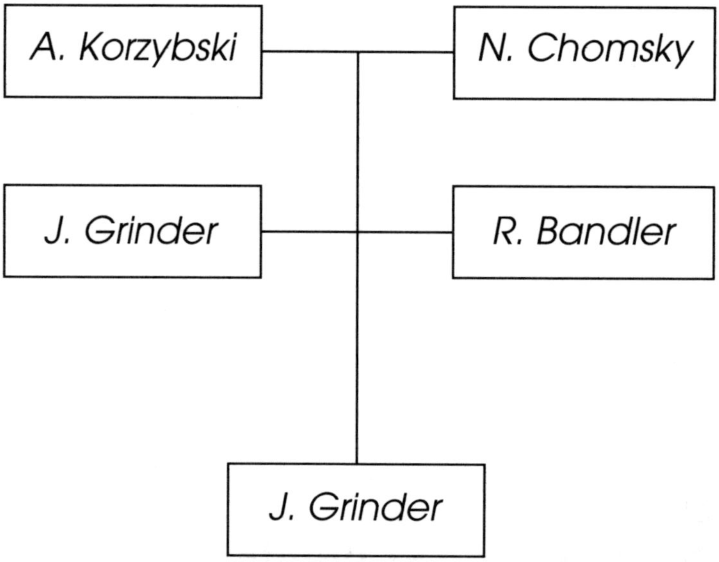

Wort Katze nicht das gleiche ist wie ein flauschiges weißes schnurrendes Kätzchen. Doch manchmal vergessen wir, daß das „Landkarten"-Wort Katze nicht ausreicht, um mit all den Panthern, Luchsen, Tigern und Löwen zurechtzukommen, die in dem betreffenden Gebiet wohnen könnten.

Chomsky steuerte den Gedanken bei, daß unzureichende mentale Landkarten der Wirklichkeit durch Funktionsstörungen unserer Wahrnehmungs- und Denkprozesse entstehen.

John Grinder und Richard Bandler wurden die Großeltern der Pointer, indem sie den Gedanken von Korzybski und Chomsky neue Erkenntnisse hinzufügten und das sogenannte Meta-Modell kreierten, um zu erklären, wie die Sprache ihre Funktion erfüllt. Die Erklärungen von Korzybski und Chomsky sind so komplex, daß sie in ihrer ursprünglichen Form kaum von praktischem Nutzen waren. Ihre Nutzung ermöglichte erst Bandlers und Grinders Meta-Modell. Ursprünglich füllte dieses Meta-Modell zwei Bücher, den ersten und zweiten Band von *Die Struktur der Magie*. John Grinder übernahm die Elternrolle der Pointer, indem er allein jene beiden Bücher auf fünf Fragen reduzierte.

Diese fünf Fragen, die Pointer, sind die nützlichsten Wortsequenzen, die Sie jemals erlernen werden.

Das ist eine starke Behauptung. Aber ich glaube, daß sie wahr ist. Wenn Sie herausfinden möchten, was ein anderer Mensch mit seiner Kommunikation tatsächlich meint und wie seine Denkprozesse sein Verhalten beeinflussen, sind diese fünf Fragen die Antwort.

Die ersten beiden Pointer klären die Bedeutung unspezifischer Substantive und Verben. Der dritte Pointer hinterfragt Regeln, die in Ausdrücken wie „sollte" und „sollte nicht" zum Ausdruck kommen. Beim vierten Pointer geht es um Generalisierungen (Verallgemeinerungen). Der fünfte, der „Komparator", klärt Situationen, in denen Vergleichswörtern der Bezug fehlt (beispielsweise „besser").

Syntonisches Lernen

Während Sie die fünf Pointer näher kennenlernen, möchte ich Sie mit einer neuen Art des Lernens bekannt machen, die Ihre drei wichtigsten Sinne einbezieht: Sehen, Hören und Fühlen. Der Prozeß des beschleunigten syntonischen Lernens basiert auf der Entdeckung, daß Menschen am besten lernen, wenn sie Erfahrungen assoziieren. Indem Sie die drei Hauptsinne einbeziehen, können Sie die Pointer schnell erlernen. Sie werden lernen, automatisch zu merken, wann ein Pointer nützlich sein könnte, und auch die adäquate Frage wird Ihnen automatisch einfallen, so wie beim Fahrrad- oder Autofahren.

Wenn Sie Tennis spielen, wissen Sie, wenn der Ball kommt, Sie ohne zu überlegen den Arm mit dem Schläger schwingen müssen. Dieses Wissen (Reflexe) scheint sich irgendwo in Ihrem Körper zu befinden. Wenn Sie die Übungen auf den folgenden Seiten durch-

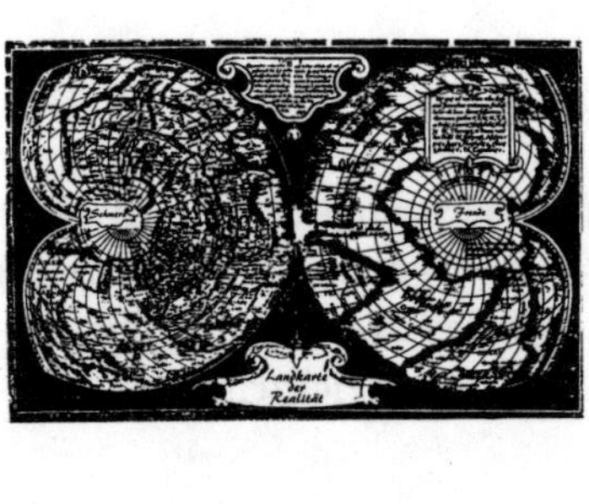

Landkarte der Wirklichkeit

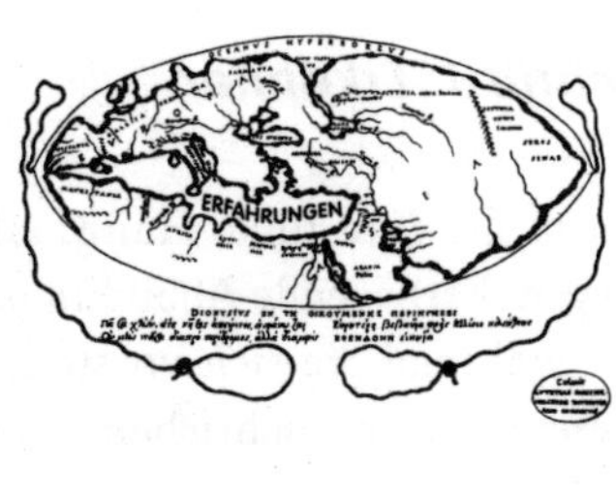

Andere Landkarte der Wirklichkeit

arbeiten, können Sie die neuerworbene Information über Pointer in Ihren Fingern lokalisieren. Ihre Finger können dann für Sie das Denken erledigen, ohne daß Sie den Kopf damit belasten. Automatische Reaktionen auf die Mysterien der Sprache werden Ihren Geist freihalten für andere Dinge, während Sie kommunizieren.

Pointer 1: Substantive

Der erste Pointer wird benutzt, um Substantive zu definieren. Wörterbücher definieren Substantive nie eindeutig. Sie erwecken nur den Eindruck, daß Wörter einen eindeutigen Sinn haben. Aufgrund der Art, wie unser Gehirn Informationen speichert, werden jene „eindeutigen" Bedeutungen durch die Erfahrungen, die wir in der Vergangenheit gemacht haben, und durch unsere Zukunftserwartungen verändert. Die Wortbedeutungen, die wir in Wörterbüchern finden, sind in der alltäglichen Konversation nur von sehr begrenztem Wert, denn jedes Substantiv hat im Grunde so viele Spezialbedeutungen, wie es Menschen gibt, die es benutzen.

Benutzen Sie Pointer 1 für unspezifische Substantive.

Wenn beispielsweise drei Menschen über „Produktivität" sprechen, so hat dieses Wort drei Bedeutungen. Der eine hat die Produktivitätszeiten im Sinn, der zweite die Menschen, die einbezogen sind, und der dritte die Produktionsmaschine. Wenn Sie also den Ausdruck „gesteigerte Produktivität" hören – oder „Jahresreingewinn" oder „Endergebnis" oder irgendein anderes unspezifisches Substantiv –, brauchen Sie Pointer Nummer 1, um klarzustellen, ob alle Beteiligten wissen, was ihre Gesprächspartner meinen, und daß alle Beteiligten im selben Augenblick denselben Sinn erkennen.

Pointer sind Fragen. Um zu erkennen, ob es ratsam ist, Pointer Nummer 1 anzuwenden, müssen Sie ein unspezifisches Substantiv erkennen können. Als erstes werden Sie Ihren Fingern beibringen, dies zu erkennen. Anschließend lernen Sie dann die Pointer-Fragen.

Schritt 1: Erkennen

Legen Sie Ihre linke Hand auf die Zeichnung der linken Hand (gegenüberliegende Abbildung). Heben Sie dann Ihren Zeigefinger an, während Sie sich vorstellen, daß das Wort „Substantiv" auf diesem Finger geschrieben steht. Sagen Sie gleichzeitig laut „Substantiv".

Erkennungshand

Der Daumen ist nicht gekennzeichnet. Dies soll darauf hinweisen, daß der 5. Pointer, der Komparator, relativ unbedeutend ist.

ERKENNUNGSHAND

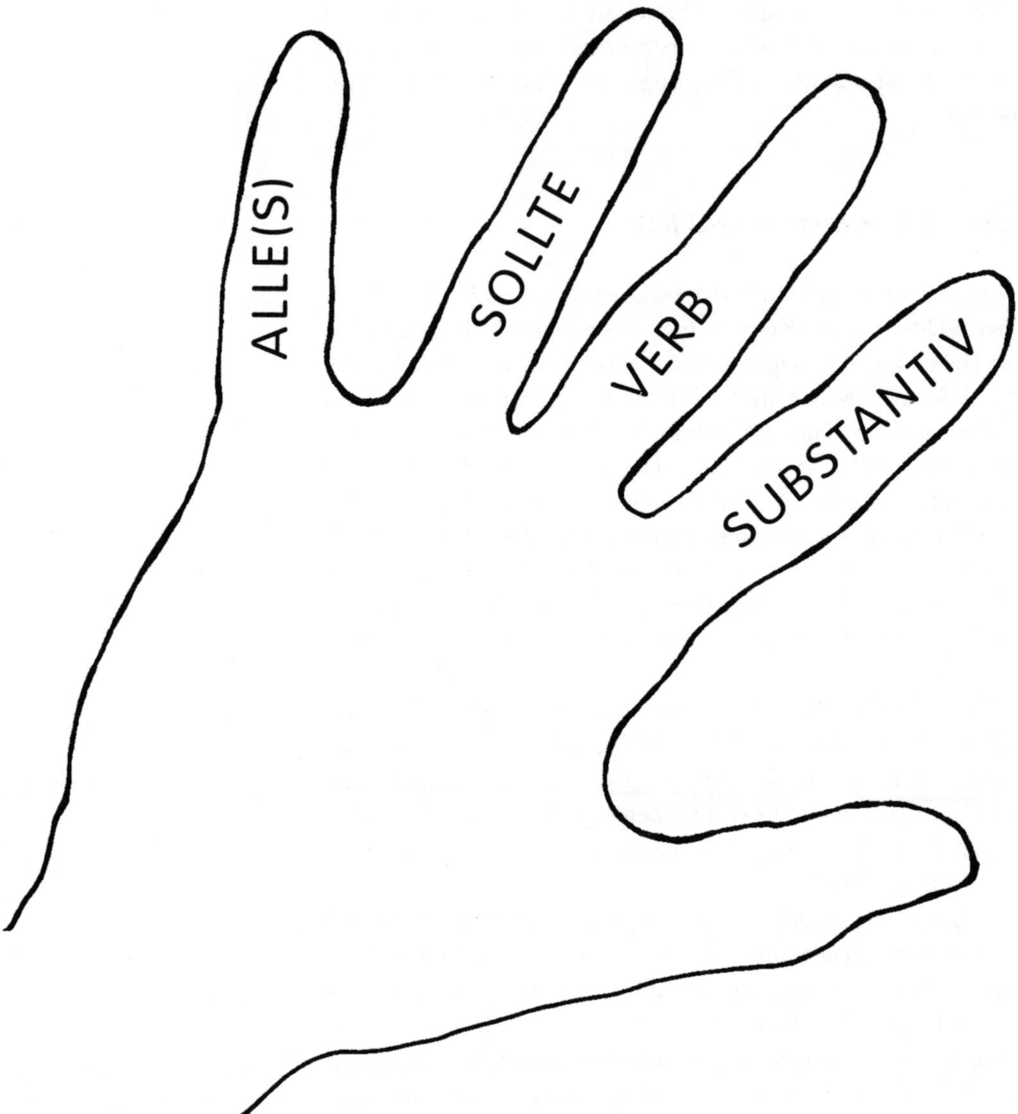

Wenn das zuviel für Sie ist – etwa so wie die Aufgabe, sich gleichzeitig den Bauch zu reiben und auf den Kopf zu klopfen –, dann lassen Sie das Hochheben, das Aussprechen des Worts und die bildliche Vorstellung einander in schneller Sequenz folgen. Wiederholen Sie dies dreimal.

Schritt 2: Reaktion

Legen Sie Ihre rechte Hand auf die Zeichnung einer rechten Hand. Heben Sie den Zeigefinger, während Sie die Frage „Was meinen Sie mit [Substantiv] genau?" aussprechen und sich gleichzeitig vorstellen, daß auf diesem Zeigefinger das Wort „Was?" geschrieben steht.

Schritt 3: Erkennen - Reaktion

Legen Sie nun beide Hände auf die Zeichnungen einer linken und einer rechten Hand. (Keine Sorge – niemand schaut Ihnen dabei zu.) Heben Sie den Zeigefinger der linken Hand, stellen Sie sich vor, daß auf diesem Finger „Substantiv" geschrieben steht, und wiederholen Sie dann die bereits beschriebene Sequenz, zuerst laut „Substantiv" auszusprechen, dann den rechten Zeigefinger zu heben und zu sagen: „Was genau meinen Sie mit [Substantiv]?", während Sie sich vorstellen, daß auf dem Zeigefinger „Was?" geschrieben steht. Meist reicht es, dies ein einziges Mal zu tun, um die Reiz-Reaktions-Verbindung in Ihrem Gehirn herzustellen. Ansonsten reichen mit großer Wahrscheinlichkeit drei Wiederholungen.

Wenn Sie dies wirklich automatisiert haben, entsteht folgende Sequenz des Geschehens: Ihr linker Zeigefinger zuckt, weil jemand in der Kommunikation ein unspezifisches Substantiv benutzt hat. Dann zuckt Ihr rechter Zeigefinger, und augenblicklich kommt Ihnen die Frage „Was spezifisch ist mit [Substantiv] gemeint?" in den Sinn.

Nehmen wir beispielsweise an, Ihre Sekretärin sagt: „Ich möchte einen neuen Job." Wenn Sie die soeben beschriebene Sequenz erlernt haben, werden Ihre Finger reagieren, und Sie werden fragen: „Welchen Job?"

Pointer-Hand

Ob Sie die Frage unmittelbar nach dem Auftauchen des unspezifischen Substantivs stellen oder ob Sie damit bis zu einem günstigeren Augenblick warten, hängt von den Umständen ab. Ihr gesunder Menschenverstand wird Ihnen sagen, wann der richtige

Der Daumen trägt keine Aufschrift. Dies soll die relative Unwichtigkeit des 5. Pointer – der Komparator – andeuten.

POINTER-HAND

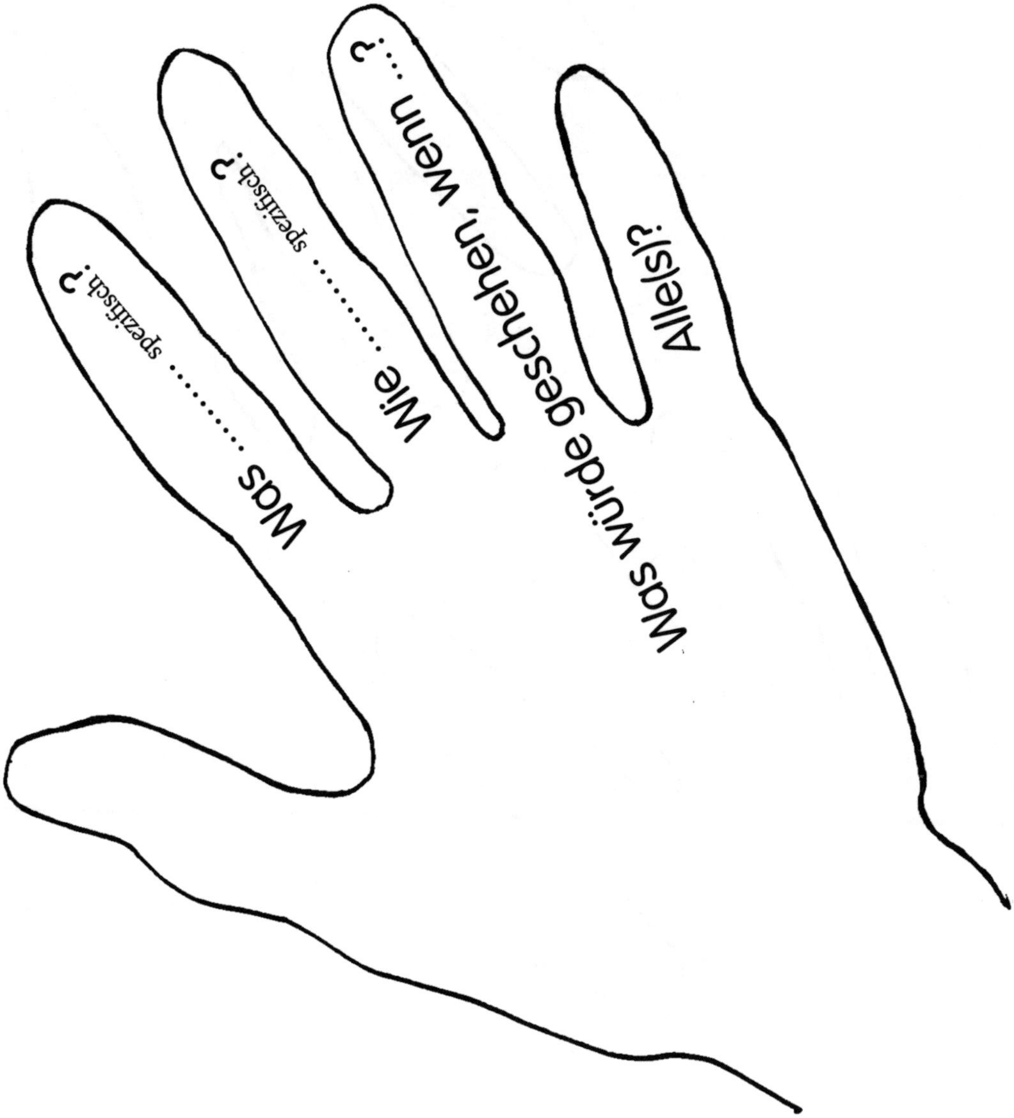

Augenblick gekommen ist. Wenn Sie sich entscheiden, ein wenig zu warten, so erinnern Sie sich daran, daß Sie nicht wissen, was dieses Substantiv für die andere Person bedeutet, und vergessen Sie nicht, in einem geeigneten Moment herauszufinden, welchen spezifischen Sinn dieses Wort für Ihren Gesprächspartner hat.

Selbst wenn Sie gut im Raten sind, sollten Sie sich nicht auf das Raten verlassen. Denken Sie daran, daß wir alle unterschiedliche Erfahrungen gemacht haben, die alle die Bedeutung dessen, was wir sagen, beeinflussen. Unsere Landkarten der Realität sind unterschiedlich. Die gleichen Wörter haben für verschiedene Menschen unterschiedliche Bedeutungen, und genau deshalb entstehen viele Kommunikationsprobleme. Wenn man die fünf Finger-Pointer oft und geschickt benutzt, kann man dadurch die Knoten der Kommunikation lösen.

Pointer 2: Verben

Der zweite Pointer wird bei Verben benutzt. Sobald das Fett von allen Substantiven abgeschält worden ist, sind die Verben an der Reihe. Um diesen Pointer für Verben schnell zu erlernen und zu automatisieren, nehmen Sie sich die Handabbildungen vor und verfahren nun mit den beiden Mittelfingern und den unspezifischen Verben genauso wie zuvor mit den unspezifischen Substantiven: Heben Sie den linken Mittelfinger mit dem Wort „Verb" hoch, stellen Sie dann die Frage „Wie spezifisch [Verb]?" Nachdem Sie dies dreimal wiederholt haben, haben Ihre Finger gelernt, die ersten beiden Pointer anzuwenden. Wenn nicht, fahren Sie mit dieser Sequenz ein paar Minuten lang fort, bis die neue Verbindung entstanden ist.

Benutzen Sie Pointer 2 bei unspezifischen Verben.

Hier ein Beispiel für den Verb-Pointer:

„Ich werde diesen Bericht bis zum Zwölften vorbereiten." Nachdem Ihr Finger ein- oder zweimal gezuckt hat, könnten Sie die Frage stellen: „Wie genau wollen Sie den Bericht vorbereiten?" Vielleicht stellen Sie sich einen mündlichen Bericht vor, und Ihr Angestellter hat vor, den Bericht mit Grafiken und farbigen Illustrationen auszuschmücken – wer weiß? Ihr Angestellter weiß es. Es ist besser, dies jetzt herauszufinden und nicht am Zwölften.

Die ersten beiden Pointer geben Aufschluß über spezifische Bedeutungen, die nur dem Sprecher bekannt sind. Die nächsten beiden Pointer dienen nicht dazu, „fette" Wörter in „schlanke" Wörter zu verwandeln, sondern es handelt sich dabei um Spotlighter, die Löcher, Lücken oder Störungen in Ihrem eigenen Denkprozeß oder in dem eines anderen Menschen sichtbar machen. Die meisten Menschen haben Denkgewohnheiten, die alles

Erkennungshand und Pointer-Hand

andere als optimal sind. Tilgungen, Verzerrungen und Generalisierungen sind Irrtümer auf unseren Landkarten der Realität, die uns oft daran hindern, Lösungen für Probleme zu finden. Oft sind diese Lösungen für andere sofort klar. Haben Sie schon einmal einem Freund ein Problem, das Sie hatten, geschildert, und diesem fiel dann auf Anhieb eine Lösungsmöglichkeit ein, an die Sie gar nicht gedacht hatten? Die nächsten beiden Pointer können Ihre Freunde auf genau diese Weise sein.

Pointer 3: Regeln

Sie brauchen einen freundlichen Pointer, wenn Sie auf ein „sollte“ oder ein „sollte nicht“, ein „muß“ oder „muß nicht“ oder auf ein „kann nicht“ stoßen. Diese Wörter, die in der Linguistik „Modaloperatoren“ heißen, weisen auf Regeln hin, die berechtigt sein können oder auch nicht. Regeln und Einschränkungen sind Zäune, mit denen wir unsere Handlungsmöglichkeiten einschränken. Außerhalb dieser Zäune – außerhalb unserer Wahrnehmungen – liegen andere Verhaltensmöglichkeiten, die wir ignorieren, sobald wir die vorgegebene Einschränkung akzeptiert haben. Die Regel wird zu einer so unumstößlichen Tatsache wie die, daß die Sonne im Osten aufgeht. Sie wird zu einem akzeptierten Bestandteil der Welt, auch wenn irgendein Vorgesetzter sie aufgrund einer im Jahre 1890 verfaßten Schrift eingeführt hat.

Geschriebene und ungeschriebene Regeln sollten immer wieder daraufhin überprüft werden, ob sie noch notwendig und angemessen sind. Ungültige Regeln verschwenden Zeit und Material, was Ihrer Firma Geld kostet. Bringen Sie also Ihrem Ringfinger auf die gleiche Weise bei, ein „sollte“ zu erkennen, wie Sie dem Zeige- und Mittelfinger beigebracht haben, auf unspezifische Wörter zu reagieren. Legen Sie erneut Ihre Hände auf die Abbildungen der rechten und linken Hand, und wiederholen Sie den Lernprozeß, den Sie schon bei den ersten beiden Pointern angewandt haben. Heben Sie einfach den Ringfinger, und sagen Sie innerlich dreimal „sollte“ und „sollte nicht“. Also: anheben, „soll-

Benutzen Sie Pointer 3 bei „sollte“, „sollte nicht“, „muß“, „muß nicht“, „darf“, „darf nicht“ und „kann“, „kann nicht“.

te, sollte nicht"; anheben, „sollte, sollte nicht"; anheben, „sollte, sollte nicht".

Die Pointer-Frage, die „Sollte"-Aussagen hinterfragt, lautet: „Was würde passieren, wenn Sie das *nicht* tun würden?" Die Pointer-Frage, die auf „sollte nicht" antwortet, lautet: „Was würde passieren, wenn Sie dies täten?" Bringen Sie diese Fragen nun mit dem automatischen Heben des Fingers in Verbindung. „Sollte" / „Was würde passieren, wenn Sie dies nicht täten?"

Sie haben nun die notwendigen Voraussetzungen, um sich mit einer der heimtückischsten Arten, wie wir unseren eigenen Aktionsradius einschränken, zu beschäftigen. „Sollte" und „darf nicht" sind rote Fahnen, die anzeigen, daß unser Denkprozeß unser Verhalten einschränkt auf eine Art, die sinnvoll sein kann oder auch nicht. Der dritte Pointer überprüft blitzschnell, ob eine Einschränkung berechtigt und sinnvoll ist. Er kann Ihnen und Freunden, denen Sie mit diesem Pointer zur Seite stehen, ungeahnte Möglichkeiten eröffnen.

Wenn wir die Regeln anderer Menschen und die Regeln, die wir selbst in unsere Realität eingebaut haben, in Frage stellen, eröffnen sich uns neue Möglichkeiten.

Ein Beispiel hierfür aus dem Management ist: „Wir müssen den Finanzbericht immer am Ersten herausbringen." Dritter Pointer: „Was würde passieren, wenn wir das *nicht* tun würden?"

Aber Vorsicht: Sie können die zwei letzten Pointer für eigene Gedankenprozesse anwenden, aber seien Sie sehr vorsichtig, wenn Sie sie auf etwas anwenden, das jemand anders gesagt hat. Beispielsweise könnte das folgende Gespräch Sie in Schwierigkeiten bringen:

„Sie können keine drei Wochen Urlaub machen."

„Was würde passieren, wenn ich es einfach tun würde?"

Denken Sie stets daran, sowohl Ihre kurzfristigen als auch Ihre langfristigen Ziele zu formulieren. Die obige Frage könnte Ihnen zu permanentem Urlaub verhelfen.

Wenn man den dritten Pointer umsichtig benutzt, so leistet er ausgezeichnete Dienste beim Kommunizieren von Zielen und hilft außerdem, unsere Möglichkeiten zu erweitern. Sie können sich nach einem Job umschauen, der Ihnen drei Wochen Urlaub erlaubt. Oder es gelingt Ihnen, Ihre Aktivitäten effizienter zu gestalten. Eine Sekretärin in einer Anwaltsfirma beschrieb Seiten auf der Schreibmaschine immer nur so weit, daß zwanzig Zeilen vom unteren Rand gezählt frei blieben. Sie war sehr tüchtig und wurde nach ein paar Jahren Büroleiterin und beaufsichtigte außerdem die Arbeit der Typistinnen. Diese übernahmen die merkwürdige Gewohnheit jener Frau und ließen auf jedem Blatt, das sie beschrieben, zwanzig Zeilen am unteren Rand frei. Zehn Jahre später fragte eine neugierige neue Typistin, warum alle Dokumente einen so großen unteren Randbereich hätten. Niemand wußte es. Schließlich fragte jemand die Büroleiterin. Sie lachte und sagte: „Ach, vor zehn Jahren kopierte unsere Maschine keine Seiten im ‚Legal'-Format."

Die Ringfinger-Pointer-Frage für diese Situation wäre: „Was würde passieren, wenn wir die ganze Seite vollschreiben würden?"

Hier folgen weitere Beispiele dafür, wie der dritte Pointer benutzt werden kann. „In unserem Betrieb ist es üblich, daß wir morgens um 8 Uhr an dieser Zeituhr ein-checken, um 12 Uhr wieder aus-checken, dann um 13 Uhr wieder ein, und um 17 Uhr aus." – „Üblich in diesem Betrieb" ist ein Synonym für „sollte". Was würde passieren, wenn wir es *nicht* täten? Wenn die Mitarbeiter nicht wie Maschinen behandelt würden, könnte sich die Produktion verbessern. Die Produktivität könnte sich auch verschlechtern. Doch stellen Sie sich diese Fragen nicht, so bleiben diese Möglichkeiten unerforscht.

Und nun noch eine letzte „anerkannte Wahrheit": „Um in der Wirtschaft erfolgreich sein zu können, muß man ein College besucht haben." Was würde passieren, wenn man dies nicht täte? Ich kenne jemanden, der in den Jahren, in denen seine Eltern ihn zum College schicken wollten, mit Immobilien Millionen von Dollar verdient hat. Heute „erzieht" er sich selbst im Luxus.

Wie jedes machtvolle Werkzeug ist der dritte Pointer gefährlich, wenn man ihn falsch einsetzt. Als die Pointer noch Meta-Modell genannt wurden, hielt einer der Urheber dieses Modells, John Grinder, an der University of California in Santa Cruz einen Kurs in Linguistik ab. Die Klasse hatte Gerüchte vernommen bezüglich dieser Werkzeuge und bat um eine spezielle Präsentation, um diese zu erlernen. Am folgenden Freitag lehrte Dr. Grinder über das Meta-Modell, das zu neu für den Lehrplan war. Er warnte die Studenten jedoch, diese Fragen seien so wirksam und mit sehr viel Sensibilität bei anderen anzuwenden.

Doch die Studenten nahmen diese Warnung nicht ernst. Als sie am nächsten Montag wieder zum Kurs erschienen, waren sie niedergeschlagen, deprimiert und verzweifelt. Im Laufe des Wochenendes hatten Sie das Gelernte an ihren Freunden und Verwandten ausprobiert und hatten fast alle, die in ihrem Leben eine wichtige Rolle spielten, verärgert.

***Weichmacher:* Ich frage mich ... Ich bin neugierig ... Wären Sie bereit ...**

Diese Fragen werden wie Lanzen oder wie die verbalen Attakken in einem Kreuzverhör gezielt „abgeschossen". Die meisten Menschen mögen es nicht, wenn man sie bloßstellt in der Beschränktheit ihres Denkens. Benutzen Sie die Pointer mit Rapport und achten Sie auf die Reaktion Ihres Gegenüber. Halten Sie sofort inne, wenn Sie merken, daß Ihr Kommunikationspartner wütend wird – es sei denn, Sie sind bereit, sich mit seiner Wut auseinander zu setzen. Wenn das Ihr Ziel ist, sind die Pointer das ideale Werkzeug. Wenn Sie Ihren Vorgesetzten und Ihren Job behalten möchten, sollten Sie „Weichmacher"-Formulierungen hinzufügen wie:

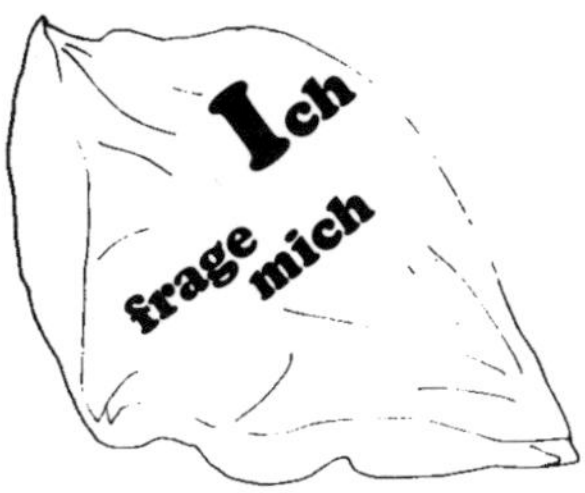

„Ich frage mich, was im einzelnen Sie mit ------ meinen."

„Ich bin neugierig auf ------."

„Wären Sie bereit, mir zu erklären, wie genau ------."

Anschließend sollten Sie sorgfältig beobachten, welche Reaktionen der Pointer bei Ihrem Kommunikationspartner hervorruft. Und vergessen Sie nie, den Rapport aufrecht zu erhalten. Ohne Rapport wird keine Kommunikation jemals völlig erfolgreich sein.

Pointer 4: Generalisierungen

Der vierte Pointer dient dazu, den Irrtum der *Generalisierung* aufzudecken. Generalisierung (Verallgemeinerung) ist im Grunde ein normaler und nützlicher Denkprozeß, der es uns ermöglicht, Türen zu öffnen und Türklinken zu betätigen, ohne dabei jedesmal darüber nachdenken zu müssen. Sobald wir einmal wissen, wofür eine Tür da ist und wie man eine Türklinke betätigt, verallgemeinern wir diese Information. Wir übertragen sie auf alle Türen und öffnen diese ohne nachzudenken. Unser Körper, unsere Hände haben gelernt, wie man mit Türen umgeht, und diese Information verallgemeinerten wir. Es ist selbstverständlich, daß wir Verallgemeinerungen brauchen, um in dieser Welt bestehen zu können. Es wäre sehr lästig, wenn wir jedesmal beim Öffnen einer Tür neu lernen müßten, wie das geht.

Andererseits können inadäquate Verallgemeinerungen oder Generalisierungen unser Verhalten auf unnötige und schmerzhafte Art und Weise einschränken. Wir generalisieren, wenn wir eine oder mehrere Erfahrungen mit etwas gemacht haben, und ziehen dann daraus den Schluß, daß alle zukünftigen ähnlichen Erfahrungen jenem Szenario entsprechen werden. Wenn wir beispielsweise drei Vorgesetzte erlebt haben, die starrsinnig und streng waren, könnten wir zu dem Schluß kommen, daß alle Vorgesetzten so sind, und das könnte uns Kopfschmerzen bereiten. Ganz gleich wie viele flexible und freundliche Vorgesetzte wir kennenlernen, wird uns der Anblick eines Chefs immer in Angst versetzen.

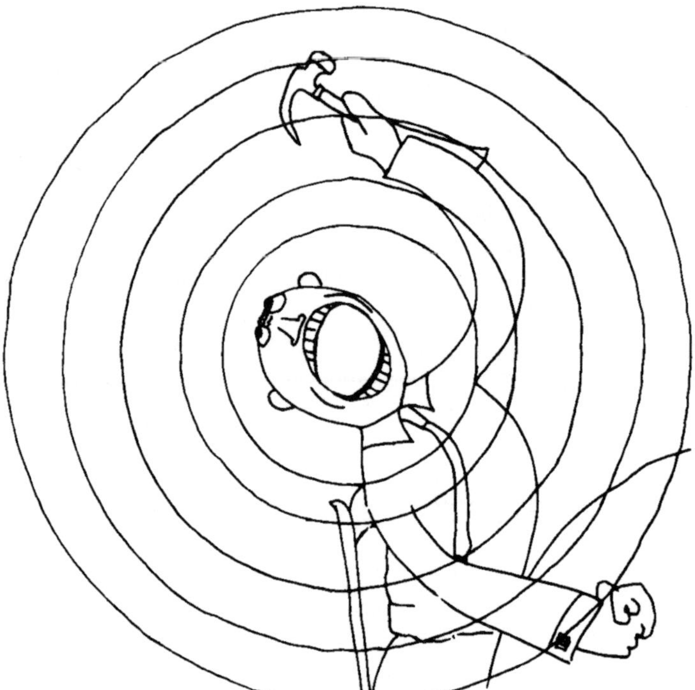

Generalisierung: Alle Chefs sind schwierig, wenn nicht unmöglich.

Ein solcher Generalisierungsprozeß kann beispielsweise auch eingeleitet werden, wenn die Firma Mitarbeiter entläßt und wir plötzlich ohne Arbeit dastehen. Die Generalisierung könnte uns davon abhalten, einen neuen Job anzunehmen, aus Angst, wieder entlassen zu werden.

Unsere Generalisierungen verzerren häufig unsere Landkarten der Realität und hindern uns daran, Unterscheidungen zu machen – dieser freundliche Vorgesetzte oder jene wachsende Firma –, die uns in jeder Situation mehr Wahlmöglichkeiten geben könnten.

Eine Generalisierung kann auch eine beängstigende Erfahrung so stark übertreiben, daß wir uns vom gesamten Universum und allen seinen Bewohnern verfolgt fühlen. Natürlich ist das eine Extremreaktion. Häufiger sind Reaktionen wie: „Ich finde keine Arbeit, wo man mich anerkennt." Oder: „Mir ist Sozialhilfe lieber, als das Risiko einer Entlassung."

Der Pointer des kleinen Fingers kann einem Menschen helfen, wieder mit der aktuellen Erfahrung in Kontakt zu treten, indem er den Denkprozeß mit Details anreichert. Die Fülle der sensorischen Informationen erweitert aufgrund des Bewußtseins die Zahl der Möglichkeiten, die eventuell nicht verfügbar wären in einer Verallgemeinerung.

Wörter wie „alle", „jeder" und „immer" sollten Sie auf Generalisierungen aufmerksam machen. Im Grunde verbergen sich hinter diesen Wörtern Lügen. Nur wenige Generalisierungen gelten wirklich immer. Wenn wir verallgemeinern, ignorieren wir, daß es zu jeder Regel Ausnahmen gibt. Und in diesen Ausnahmen stecken die übersehenen Verhaltensmöglichkeiten.

Generalisierung: Alle Männer küssen und lügen.

Generalisierung: Alle Frauen sind bereit; manche muß man heiraten.

Generalisierungen sind immer einschränkend. Immer? Nicht immer. Die Generalisierungen „alle“, „jeder“ und „immer“ können Auswege aus Problemen versperren, die ungeprüfte und unbemerkte Lösungsmöglichkeiten enthalten.

„Nie“ ist eine andere Generalisierung, die einschränkt. Bei einer Äußerung wie „Wir befördern Frauen nie auf die Senior-Stufe“ sollten sich bei Ihnen mehrere Finger heben. Ihr Ringfinger könnte sich bewegen, und eine innere Stimme könnte fragen: „Was würde denn passieren, wenn Sie das täten?“ Die obige verallgemeinernde Aussage über Frauen enthält einen impliziten Modaloperator: „Frauen *sollten nicht* die Senior-Stufe erreichen.“ Wir haben es hier mit zwei Mängeln des Denkprozesses zu tun, nämlich mit einem „sollte nicht“ und gleichzeitig mit einer Generalisierung. So etwas verzerrt die Realität gravierend.

Benutzen Sie den Pointer 4 bei „alle“, „jeder“, „immer“, „nie“, „sie sagen“, „jedermann“ und „irgend jemand“.

Wenn Sie sich entschließen, auf die Generalisierung einzugehen, dann antworten Sie einfach mit einem fragenden Ton in der Stimme: „Nie?“

Auch ein unspezifisches „sie“ deutet häufig auf eine Generalisierung hin: „Sie sagen, Sekretärinnen dürfen keine Hosen am Arbeitsplatz tragen.“ Oder: „Sie sagen, seine Assistenten halten es nicht lange bei ihm aus.“ Herauszufinden, wer „sie“ sind, oder die Generalisierung selbst zu überprüfen, kann sehr aufschlußreich sein. „Sie“ kann jeder dahergelaufene Kaffeeverkäufer sein, der letzte Woche hier vorbeikam.

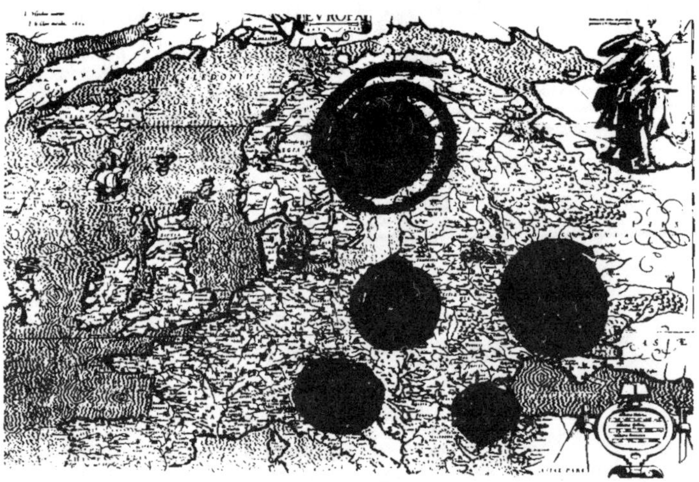

Pointer klären die schwarzen Flecken in den Landkarten der Realität.

Der Lernprozeß für den kleinen Finger ist:

Linke Hand	Rechte Hand		
Sagen Sie zu sich selbst	**Aktion**	**Sagen Sie**	**Sehen Sie auf dem Finger**
„Alle"	Finger heben:	„Alle?"	Imaginäres Wort Alle
„Immer"	Finger heben:	„Immer?"	Imaginäres Wort Immer
„Jeder"	Finger heben:	„Jeder?"	Imaginäres Wort Jeder
„Nie"	Finger heben:	„Nie?"	Imaginäres Wort Nie
„Sie"	Finger heben:	„Sie? Wer sind ‚Sie'?"	Imaginäres Wort Sie

Pointer 5: Komparatoren

Benutzen Sie den Pointer 5 bei Komparatoren (z.B. „besser", „leichter"), denen der Bezug fehlt.

Der fünfte und letzte Pointer wird bei Komparatoren wie „besser", „schlechter", „leichter" usw. benutzt, denen kein konkreter Bezug zugeordnet ist. Dieser Pointer ist nicht so nützlich wie die übrigen vier, doch manchmal fördert auch er nützliche Informationen zu Tage. Denken Sie daran, einen Pointer nur dann einzusetzen, wenn die unterschlagene Information für Ihr eigenes Ziel oder für das Ihres Kommunikationspartners von Bedeutung ist. Wenn Sie Dinge hören wie: „Es ist besser, dies zu tun", sollten Sie vielleicht fragen: „Besser als was?" – aber nur, wenn diese Frage Ihnen Informationen liefert, die Sie brauchen. Oft sind unspezifische Komparatoren Hinweise auf Störungen im Denkprozeß. Andererseits muß es nicht nötig sein, sich um solche Störungen zu kümmern.

Ein anderer häufig benutzter Satz, der den Gebrauch des fünften Pointers notwendig machen könnte, lautet: „Er ist der beste Mann für diesen Job." Sie könnten fragen: „Der beste innerhalb welcher Gruppe von Männern?" oder Sie entschließen sich, dies zu ignorieren. Manche Leute sind der Meinung, der beste Mann für einen Job sei eine Frau.

Ihr linker Daumen erkennt Komparatoren wie „besser", denen der Bezug fehlt. Anschließend erinnert sich Ihr rechter Daumen daran, die Frage „Besser als was?" zu stellen. Nehmen Sie sich die Abbildungen der beiden Hände wieder vor, legen Sie Ihre Hände darauf, und stellen Sie sich dann vor, auf Ihrem linken Daumen stünde das Wort „besser", und auf dem rechten stünde die Reaktion. Verwenden Sie den gleichen Lernprozeß wie bei den anderen Fingern. Sobald Sie dies tun, hat Ihr Körper die Information aufgenommen, und Ihr Bewußtsein kann sich mit anderen Dingen beschäftigen.

Die Verwendung der Pointer wird empfohlen bei Wörtern, die wichtig für Ihr eigenes Ziel sind oder für das Ihres Kommunikationspartners, mit dem Sie verhandeln. Wenn die Bedeutung des Gesprochenen für Sie nicht von Bedeutung ist, dann ist dies kein Grund, die Benutzung der Pointer zu unterlassen. Bewahren Sie sie für Wörter auf, die für Ihr Ziel wichtig sind. Wenn Sie ein fettes, abstraktes Wort sehen, das wichtig ist, benötigen Sie ganz eindeutig einen Pointer. Manchmal erfordern auch schlanke, konkrete Wörter Pointer. Ob das Wort spezifisch ist oder einer näheren Klärung bedarf, hängt vom Zusammenhang ab.

Werden Sie sich zuerst über die spezifische Bedeutung der Substantive klar. Dadurch sparen Sie die meiste Zeit.

Jedesmal, wenn Sie Ziele in Einklang bringen, müssen Sie wissen, was die Substantive und Verben Ihres Gesprächspartners ihm bedeuten. Nachdem Sie die genaue Bedeutung für Substantive in Ihrer Kommunikation kennen, nehmen Sie den zweiten Pointer, um die spezifische Bedeutung aller Verben herauszufinden, die wichtig für Ihre Ziele sind.

Bevor wir uns unserem nächsten Thema zuwenden, möchte ich kurz eine historische Tragödie schildern, die mit nur einem einzigen Pointer hätte vermieden werden können.

„Forward, the Light Brigade!“
Was there a man dismay'd?
Not tho' the soldiers knew
Someone had blunder'd.
Theirs not to make reply,
Theirs not to reason why,
Theirs but to do and die.
...
Into the jaws of death
Into the mouth of hell
Rode the six hundred.

Alfred Lord Tennyson
in *Charge of the Light Brigade*

Ich war neugierig herauszufinden, wie die wirkliche Botschaft gelautet hatte, die dieses militärische Desaster herbeiführte. Nachdem ich einige Nachforschungen angestellt hatte, stieß ich auf die Botschaft, die tatsächlich übermittelt worden war. Die Uneindeutigkeit dieser Botschaft in einer so brisanten Situation hätte die Anwendung eines Pointers erfordert. Wäre die entscheidende Frage gestellt worden, so wäre die gesamte Schlacht anders verlaufen.

Die Botschaft	**Der Pointer**
Lord Ragland wünscht, daß die Kavallerie rasch zur Front vorrückt.	Zu welcher Front genau?
Folgt dem Feind. Versucht zu verhindern, daß der Feind seine Kanonen mitnimmt.	
Berittene Artillerie kann als Begleitung eingesetzt werden.	
Französische Kavallerie befindet sich auf der linken Seite. Unverzüglich ausführen!	

Während fast alles in dieser Botschaft nicht eindeutig war, war die Crux der Unklarheit „die Front". „Welche Front genau?" wäre der einzig benötigte Pointer, der das Leben von 478 Soldaten vor dem Tod gerettet hätte. Lord Raglan stand auf einem Hügel, von dem aus er die Schlacht überschauen konnte, und er kannte die Position seiner Leute ebenso wie die der Russen. Die Russen befanden sich auf drei Seiten. Es gab also nicht *eine* Front, sondern *drei.* In der Hitze des Gefechts machte sich Raglan nicht klar, daß seine Leute, die sich unten am Fuße des Berges befanden, nicht wußten, wo der Feind stand. Ihm ging es darum, die russischen Kanonen zu erbeuten, doch durch seine ungenaue Formulierung schickte er die *Light Brigade* in die falsche Richtung.

Jeder, der an einer Schlacht – oder an einer Konferenz – teilnehmen muß, braucht die fünf Pointer, um zu überleben und zu gewinnen. Kommunikationsfehler im Unternehmensalltag schicken zwar gewöhnlich niemanden in den Tod, doch können sie eine Menge Hoffnungen, Träume und Ziele „sterben" lassen. Nachdem Sie nun alle fünf Pointer kennengelernt haben, stehen Ihnen die neuesten und gleichzeitig am leichtesten einzusetzenden linguistischen Werkzeuge zur Verfügung, um die Bedeutungen, die andere Menschen mit bestimmten Wörtern verbinden, herauszufinden. Fortan wird Ihnen die Wörterlawine, die in Besprechungen und Konferenzen auf Sie niedergeht, keinen Schrecken mehr einjagen können, denn nun verfügen Sie neben den Fähigkeiten, Rapport herzustellen, mit Repräsentationssystemen richtig umzugehen und sensorische Schärfe zu entwickeln und zu nutzen, zusätzlich über die Pointer.

Wenn Sie sich vorstellen, daß jeder Mensch eine geheimnisvolle eigene Sprache spricht, die zwar wie Ihre eigene klingt, in der die Wörter jedoch völlig andere Bedeutungen haben, dann haben Sie einen riesigen Schritt in Richtung Kommunikation gemacht. Ich habe einmal einen Bericht über ein Kind gelesen, das in einer Botschaft der Schweiz aufwuchs, deren Personal viele verschiedene Sprachen benutzte. Dieses Kind glaubte lange, jeder Erwachsene spräche seine eigene Sprache.

Das Kind hatte recht. Jeder von uns hat eine individuelle Sprache, die auf unseren Erfahrungen basiert. Die Individualsprachen klingen zwar gleich, doch die Bedeutungen, die jeder einzelne von uns den Lauten und Wörtern gibt, sind nicht identisch. Unsere Erfahrungen färben die Bedeutung der Wörter, die wir benutzen, in einem solchen Maße, daß sehr häufig Mißverständnisse entstehen. Mißverständnisse sind im Geschäftsleben ein wichtiges Thema, da sie viel Zeit und Geld kosten. Haben Sie schon einmal einem Untergebenen oder einem Gleichgestellten ein Projekt erklärt, um dann ein paar Wochen später feststellen zu müssen, daß die betreffende Person aus einer völlig anderen Perspektive heraus an diesem Projekt arbeitete als Sie selbst? Den meisten unter uns ist dies mehr als einmal passiert. Wenn wir die Wörter, die andere benutzen, wirklich so verstehen wie sie, so erspart uns das viel Zeit, Mühe und Geld. Die Pointer wurden entwickelt, um wichtige Informationen aufzudecken hinsichtlich der Denkprozesse unserer Gesprächspartner. Sie könnten plötzlich die Sprache herausfordern und sie nützlicher finden, als Sie dies jemals für möglich gehalten hatten.

Jetzt sind Sie bereit, eine Sitzung zu planen, die zum Erfolg führt.

"So herum muß sie stehen, du Idiot!"

von Gahan Wilson,
ursprünglich erschienen in
The Magazine of Fantasy and Science Fiction

6
Wie man Besprechungen organisiert

Geschäftsbesprechungen ähneln wilden Tieren, die Zeit fressen. Minuten und Stunden werden verschlungen, zermalmt, und weg sind sie. Diskussionen, Empfehlungen, Konflikte, Resolutionen, Festlegung der Tagesordnung, Prioritätensetzung und Zukunftspläne sind wichtig, doch sind alle Beteiligten übereinstimmend der Meinung, daß Geschäftsbesprechungen kürzer und produktiver sein könnten.

Manche Firmen versuchen, die Zeit für Besprechungen zu reduzieren, indem sie die Zeitspanne von vornherein beschränken oder indem sie informelle Gespräche oder monatliche Meetings einführen. Die Lösungen haben einen begrenzten Erfolg – keine dieser Lösungen sprechen das Entscheidende von Meetings an, nämlich Gruppenkommunikation für ein Ziel. Die Besprechungszeit einzuschränken ähnelt dem Versuch, ein Basketballspiel durch Verkürzung der Spielzeit zu gewinnen.

Pegasus

„Einen Augenblick mal, meine Besprechungen sind doch gar nicht *so* schlecht“, werden Sie nun vielleicht einwenden: „Ich habe mir ein paar nützliche Methoden angeeignet, Besprechungen zu leiten.“ Zweifellos verfügen Sie als erfolgreicher Geschäftsmann oder Geschäftsfrau über gewisse Fähigkeiten, Besprechungen zu leiten. Mein Ziel ist es, jene Fähigkeiten noch zu verbessern, indem ich ihnen Pegasus hinzufüge. Dies ist ein Akronym für die sieben Syntonic-Besprechungs-Prozeduren. Pegasus ist bei Besprechungen mit nur einem Gesprächspartner ebenso nützlich wie bei Konferenzen mit zweihundert Teilnehmern. Ob Sie mit Ihrem Ehepartner zusammen in kürzerer Zeit und mit mehr Freude entscheiden wollen, wo Sie Ihren Urlaub verbringen, oder ob der Vorstand Ihrer Firma zusammen mit den Aktionären über die Firmenpolitik entscheiden will, Pegasus stellt Ihnen bei Besprechungen jeder Art seine Flügel zur Verfügung, die Ihnen helfen, die Ziele, die Sie anstreben, zu erreichen.

Viele Geschäftsbesprechungen enden ohne Ergebnis. Vier Anwälte trafen sich sieben Jahre lang von 7.15 bis 8.15 Uhr zum Frühstück. Sie sollten bei diesen Gesprächen Strategien festlegen, Verfahrensweisen analysieren, sich um die Einstellung weiterer Anwälte und Rechtshelfer kümmern, Prioritäten festlegen und Empfehlungen für den Manager ihrer Anwaltskanzleien erarbeiten. Sieben Jahre lang diskutierten und beklagten sie sich über die Firmenpolitik ihrer Kanzlei. Nicht ein einziges Mal versuchten sie, gemeinschaftlich irgend etwas zu verändern oder auch nur Dinge offiziell zu bemängeln. Die Gruppe traf keinerlei Entscheidungen. Während der Besprechungen wurde immer nur geredet und geklagt, obschon sie sich dessen nicht bewußt waren. Ihr Verhalten spiegelte ihr Ziel. Verhalten ist Information höchster

Ordnung. Wenn die Anwälte gewußt hätten, daß dies das Sitzungsziel war, hätten sie zu Hause frühstücken und sich bei ihren Ehepartnern beklagen können.

Wir alle haben schon solche fruchtlosen Besprechungen durchgestanden. Was läßt sich dagegen tun? Die Pegasus-Prozeduren für Besprechungen sind als Antwort auf diese Frage gedacht. Ich persönlich garantiere dafür. Wenn Sie sie anwenden und damit keinen Erfolg haben, dann schreiben Sie mir.

Sie kennen bereits die schwierigste und komplizierteste Fähigkeit, die hilft, die Besprechungszeit zu verkürzen und die Qualität Ihrer Ergebnisse zu verbessern: die Fähigkeit, Ergebnisse in Ziele (outcome)* zu verwandeln. Dazu benötigt man die fünf Ziel-Werkzeuge:

a. Streben Sie ein spezifisches Resultat an.
b. Seien Sie positiv.
c. Sehen, hören und fühlen Sie sensorische Informationen.
d. Dovetailing – bringen Sie Ihre eigenen Wünsche mit denen Ihrer Kommunikationspartner in Einklang.
e. Definieren Sie kurz- und langfristige Objekte.

Abgesehen von der Beherrschung dieser Fähigkeiten müssen Sie in der Lage sein, Rapport herzustellen, Repräsentationssysteme zu erkennen, klarzusehen und hellhörig zu sein und die fünf Pointer zu benutzen. In diesem Kapitel werden Sie weitere Werkzeuge speziell für die Probleme, die bei Besprechungen auftreten können, kennenlernen.

Vor einer Besprechung müssen Sie drei Dinge tun. Zuerst müssen Sie sich über das eigene Ziel klarwerden. Als zweites sollten Sie wissen, wann Sie Ihr Ziel erreicht haben (in Form von gesehener, gehörter oder gefühlter Information). Drittens entscheiden, wer an der Sitzung teilnimmt.

Checkliste zur Vorbereitung einer Besprechung:
1. Ziel
2. Evidenz
3. Zwei-Drittel-Regel

Die Teilnehmerliste ist wichtig. Die „Zwei-Drittel-Regel" beinhaltet, daß jede Person, die an der Besprechung teilnimmt, über die Informationen verfügen muß, die notwendig sind, um über zwei von drei Punkten der Tagesordnung zu entscheiden. Wenn neun Punkte auf der Tagesordnung stehen, muß jeder Teilnehmer über mindestens sechs Tagesordnungspunkte sehr gut informiert sein. (Wenn ein Teilnehmer für nur zwei der neun Punkte erforderlich ist, sollten Sie wegen jener zwei Punkte vielleicht eine

* Outcome = Ziel, weil in dem Buch die Zielscheiben immer wiederkehren in dem Sinn, das Ziel darzustellen, und dies ist auch der Sinn des gesamten Buches.

gesonderte Besprechung mit einer anderen Teilnehmergruppe ansetzen.) Dies ist keine absolut unumstößliche Regel, sondern eher ein Anhaltspunkt. Prüfen Sie verschiedenartige Zusammensetzungen und entscheiden Sie dann, welche für Sie in Frage kommen. Wenn Sie Teilnehmer auswählen, die für die anstehende Aufgabe wichtig und nützlich sind, schränken Sie dadurch die Besprechungszeit ein.

Die Umgebung – Raum, Tisch, Stühle, Beleuchtung, Temperatur usw. – sind ebenfalls wichtige Faktoren zum Sitzungserfolg. Sie sollten imstande sein zu entscheiden, was die optimale Umgebung ist, um das zu erreichen, was Sie möchten. (Ich mag die Geschichte über den Geschäftsmann, der anläßlich einer Unternehmensprüfung alle seine Unterlagen in Pappkartons verpackte und drei Tage lang nicht badete. Er ist Jogger, und die Prüfung war kurz. Die meisten seiner Pappkartons blieben ungeöffnet.) Da ich Ihnen zutraue, die Umgebung nach Ihren Vorstellungen zu gestalten, werden wir uns nun mit der Vorgehensweise bei der Besprechung selbst beschäftigen.

Ich möchte zunächst Sie daran erinnern, daß sich ein Prozeß darauf konzentriert, *wie* man etwas macht. Wie schon Michael Doyle und David Straus in ihrem Buch *How to Make Meetings Work* bemerkt haben: Wenn Sie Kaugummi kauen, dann ist das Kauen der Prozeß, und der Gummi ist der Inhalt*. Die im folgenden empfohlenen Vorgehensweisen eignen sich für jede Besprechung, ganz gleich, um welches Thema es dabei geht und wie viele Personen daran teilnehmen.

Nun bricht der Tag der ersten Besprechung an, in der Sie die Syntonic-Verfahren anwenden werden. Wenn möglich, seien Sie die erste Person im Sitzungszimmer. Dies gibt Ihnen die Möglichkeit, jeden schon beim Eintreffen zu begrüßen und gleichzeitig zu

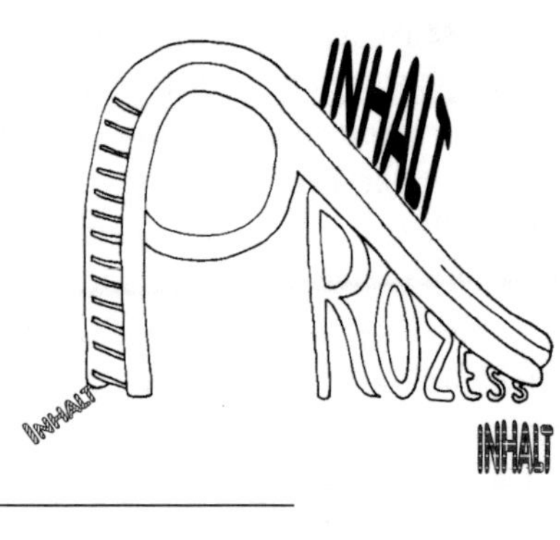

Inhalt und Prozeß

* New York, Jove Publications, 1976, S. 25.

prüfen, ob wirklich alle mit allen verfügbaren Ressourcen gekommen sind. Allein die Tatsache, daß der Körper eines Menschen anwesend ist, bedeutet nicht unbedingt, daß die Anwesenheit für die Besprechung von Nutzen sein wird.

Nehmen wir an, daß Jim, als er sich auf den Weg zu der Besprechung machen wollte, noch von seinem wichtigsten Kunden angerufen wurde und dieser einen Jahresvertrag stornierte. Die Krise wird den größten Teil seines Bewußtseins und einen Teil seines Unterbewußtseins in Anspruch nehmen, und somit könnte Jim Ihnen zu dieser Zeit für diese Besprechung nicht nützlich sein.

Sie brauchen Ihre Mitarbeiter in einem guten und hohen Zustand der Kreativität. Wie können Sie dies sicherstellen? Zunächst müssen Sie feststellen, ob sie sich in einem optimalen Zustand befinden. Wenn Sie trainiert haben, den Gesichtsausdruck und die Körperhaltung Ihrer Mitarbeiter zu deuten, erkennen Sie sofort, ob jemand zu Beginn einer Besprechung nicht auf einen optimalen Zugang zu seinen Ressourcen fokussiert ist. Ein paar gezielte Fragen wie „Was ist los?“ oder „Sind Sie abgelenkt?“ können Ihnen die Information geben, daß diese Person besser woanders sein sollte. Und wenn ja, können Sie den Betreffenden vielleicht von der Teilnahme an der Besprechung freistellen oder die Besprechung kurz halten. Eine erfolgreiche Besprechung hängt von jedem Beteiligten ab und ob er mit Körper und Geist dabei ist.

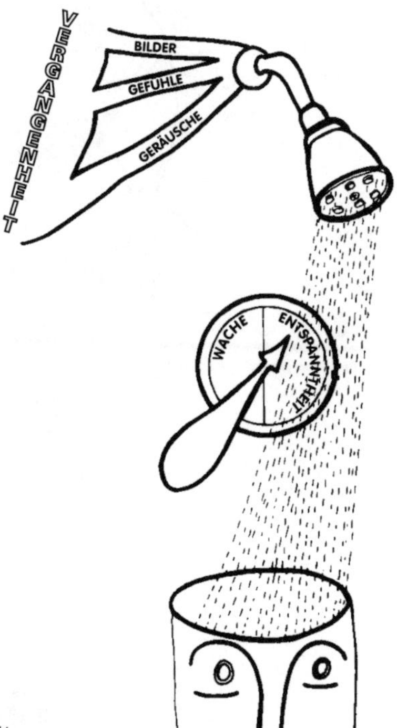

SynTonics

Wache Entspanntheit ist die Voraussetzung für einen Ressource-Zustand der Flexibilität.

Während Sie den Augenblick der Begrüßung nutzen, um herauszufinden, in welchem Zustand sich die einzelnen Teilnehmer befinden, stellen Sie gleichzeitig Rapport her. Rapport ist ein weiterer Grund dafür, jede Person bei der Ankunft zu begrüßen.

Nachdem Sie Rapport hergestellt haben, ist die Zeit für PEGASUS gekommen: die sieben Verfahrensweisen, Ihre Sitzung im richtigen Fahrwasser zu halten und Ihre Ziele zu erreichen. Diese sieben Verfahren sind:

P*resent Outcomes*	Ziele präsentieren;
E*xplain Evidence*	Evidenz erklären;
G*ain Agreement on Outcomes*	Übereinstimmung hinsichtlich der Ziele;
A*ctivate Sensory Acuity*	sensorische Schärfe aktivieren;
S*ummarize each Major Decision*	jede wichtige Entscheidung zusammenfassen;
U*se the Relevancy Challenge*	die Relevanzprüfung anwenden;
S*ummarize the Next Step*	den nächsten Schritt zusammenfassen (am Ende der Besprechung).

Present Outcomes
Ziele präsentieren

Die beste Art, die von Ihnen angestrebten Ziele der Besprechung zu präsentieren, ist, sie aufzuschreiben, so daß alle Teilnehmer visuell daran erinnert werden, warum er/sie in der Sitzung sind. Um die gesetzten Ziele darzustellen, eignen sich am besten eine Tafel oder ein Flip-Chart. Das Ziel steckt den Rahmen für alle Diskussionen ab und fokussiert die Aufmerksamkeit der Beteiligten.

Evidenz erklären

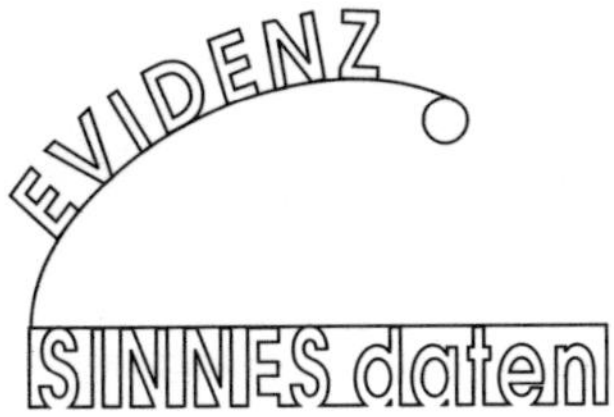

Die Evidenz-Prozedur gibt den Teilnehmern Kriterien für eine erfolgreiche Besprechung. Woran werden sie erkennen, daß die Besprechung erfolgreich war? Was werden sie als Evidenz sehen, hören und fühlen, wenn das angestrebte Ziel erreicht worden ist?

Der Generaldirektor könnte beispielsweise sein Ziel und sein Evidenz-Zeichen auf folgende Weise vorstellen: „Bei dieser Besprechung wollen wir über die Herstellung und die Verkaufserwartungen für sechs neue Software-Produkte, die im nächsten Jahr veröffentlicht werden sollen, diskutieren. In meinen Augen ist die Besprechung erfolgreich verlaufen, wenn es uns gelingt, die Budget-Erfordernisse für Herstellung und Verkauf zu definieren, den Zeitrahmen für die ersten 4.000 Einheiten festzulegen und festzustellen, ob Neueinstellungen erforderlich sind, um den gesteckten Zeitrahmen einhalten zu können." Auf das Flip-Chart schreibt er:

BUDGET
HERSTELLUNG
VERKAUF
ZEIT FÜR 4.000 EINHEITEN
PERSONAL?

In diesem Beispiel wären die Feststellung des notwendigen Budgets, die Festlegung des Zeitrahmens und die Entscheidung über etwaige Neueinstellungen die Evidenz dafür, daß die Besprechung zu einem erfolgreichen Abschluß gekommen ist. Es würde folgendermaßen aussehen:

BUDGET: $ 750.000
HERSTELLUNG: 500.000
VERKAUF: 250.000
ZEITAUFWAND FÜR 4.000 EINHEITEN: 3 MONATE
PERSONALBEDARF: JA

Am Ende kann jeder die Budget-Zahlen, den Zeitaufwand und das Ja oder Nein hinsichtlich zusätzlichen Personals sehen. Sie können die Zustimmungen hören und sich mit den Entscheidungen zufrieden fühlen. Wenn dies erreicht ist, war die Besprechung erfolgreich. Doch bis dahin sind noch einige Zwischenschritte zu bewältigen.

Gain Agreement on Outcomes
Übereinstimmung hinsichtlich der Ziele

Dieser Schritt ist entscheidend für die Effektivität der Sitzungsabläufe. Prüfen Sie mit jedem Sitzungsteilnehmer, einen nach dem anderen, um zu sehen, ob er/sie wirklich einverstanden ist mit den gesetzten Zielen. Diese Zustimmung läßt sich durch einen Blick feststellen und durch eine verbale Reaktion jedes einzelnen bestätigen. Sie benötigen eine visuelle und auditive Bestätigung jedes Teilnehmers, daß er oder sie mit den Zielen einverstanden ist.

Sobald Sie Übereinstimmung hinsichtlich der Ziele festgestellt haben, können Sie die Besprechung in die Richtung weiterführen, die Sie wünschen. Ausflüge in irrelevante Bereiche kosten Zeit. Wenn allen Anwesenden das angestrebte Ziel klar ist und jeder öffentlich erklärt hat, Informationen und Lösungen zu unterstützen, die zu jenem Ziel führen, so wird alles andere unwichtig und kann deshalb schnell abgehandelt werden. Dazu zählen auch „geheime" Absichten – Absichten eines oder mehrerer Teilnehmer, die dem definierten Ziel der Besprechung zuwiderlaufen.

Wenn alle Teilnehmer öffentlich bestätigen, daß sie das Ziel unterstützen, werden alle anderen Themen und geheimen Nebenabsichten unwichtig und lassen sich deshalb einfach abhandeln.

Wenn irgend jemand etwas gegen das Ziel einzuwenden hat, sollten Sie dies gleich zu Anfang klären. Sind die Teilnehmer sich nicht über die Zielrichtung ihrer Bemühungen einig, so kann es passieren, daß Sie plötzlich in Toronto landen, obwohl Sie nach Miami wollten. Um während dieser *Gain Agreement*-Prozedur Meinungsverschiedenheiten oder insgeheime anderweitige Absichten erkennen zu können, benötigen Sie Ihre sensorische Schärfe.

Aktivierung sensorischer Schärfe

Sensorische Schärfe ist überall nützlich, doch insbesondere bei turbulenten Geschäftsbesprechungen. Mit jedem Schritt müssen Sie das sensorische Bewußtsein einsetzen, um zu sehen und zu hören, ob die Vorgehensweisen wie gewünscht verlaufen.

Benutzen Sie die sensorische Schärfe, um Inkongruenz festzustellen. Kongruenz ist weiter vorn in diesem Buch als die Übereinstimmung aller Teile einer Persönlichkeit definiert worden. Inkongruenz ist ein Mangel an Einklang eines oder mehrerer

Teile der Persönlichkeit. Inkongruenzen entstehen, wenn jemand insgeheim andere Absichten verfolgt.

Sensorische Schärfe macht Sie auf die Inkongruenz anderer aufmerksam. Inkongruenz macht verbale Zustimmung über Ziele zunichte. Inkongruenz liegt vor, wenn ein Teilnehmer „ja" sagt und gleichzeitig verneinend den Kopf schüttelt. Auch das Vor- und Zurück oder das Hin- und Herbewegen eines Stifts kann ein Nein-Signal sein, selbst wenn jemand gleichzeitig mit dem Kopf bejahend nickt. Wenn der Mund lächelt, die Augen aber stahlhart wirken, kann dies ein Zeichen für Inkongruenz sein, muß es aber nicht.

Es kann notwendig sein, Inkongruenzen zu erforschen oder auch nicht. Wann Sie Inkongruenz untersuchen sollten, müssen Sie selbst entscheiden, denn Sie leiten ja die Besprechung. Machen Sie sich bei einem Anzeichen für Inkongruenz eine mentale Notiz mit einem Fragezeichen. Halten Sie anschließend nach anderweitigem sensorischem Feedback Ausschau, oder sprechen Sie den betreffenden Teilnehmer direkt an. Die Gesamtsituation wird Ihnen zeigen, wie Sie sich am besten verhalten. Manchmal ist die beste Art des Umgangs mit geheimen Absichten, sie für das Ziel irrelevant zu machen. Manchmal ist Konfrontation angesagt. Wenn Sie den Verlauf einer Besprechung wirklich steuern, können Sie entscheiden.

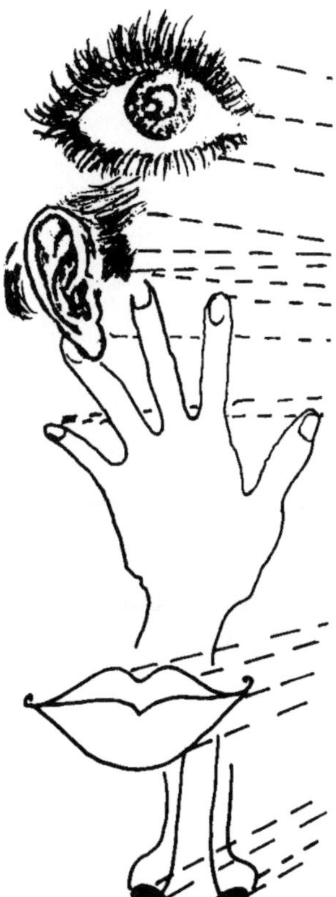

Beruht die Inkongruenz auf versteckten Zielsetzungen, so werden diese an irgendeinem Punkt zum Vorschein kommen. Vielleicht können Sie im Verlauf der Besprechung mit verschiedenen Mitteln darauf einwirken. Sie können sich aber auch sofort mit der Inkongruenz auseinandersetzen, indem Sie beispielsweise sagen: „Sie scheinen sich für dieses Ziel nicht erwärmen zu können. Sind Sie mit anderen Vorstellungen zu dieser Sitzung gekommen?"

Die Antwort wird Ihnen Aufschluß darüber geben, was Sie im Interesse Ihrer Ziele als nächstes tun sollten.

Summarize each Major Decision
Zusammenfassung jeder wichtigen Entscheidung

Wenn Sie im Verlaufe des Gesprächs jede wichtige Entscheidung zusammenfassen, helfen Sie den Teilnehmern, den Überblick zu behalten und die jeweilige Situation zum angestrebten Ziel in Beziehung zu setzen.

Die für die Zusammenfassung gewählten Wörter können als Beeinflussungsmechanismen fungieren. Der Psychologe George A. Miller hat gesagt: „Der stärkste Stimulus zur Veränderung des Geisteszustandes von Menschen ist weder eine Chemikalie noch

ein Baseball-Schläger, sondern ein Wort."* Indem Sie Wörter wählen, die den Zielen und Repräsentationssystemen der Teilnehmer kongruent sind, können Sie diese auf die von Ihnen angestrebten Ziele fokussieren und sich ihre Zustimmung sichern.

Überprüfen Sie bei jeder Ihrer Zusammenfassungen die Reaktionen der einzelnen Teilnehmer. Achten Sie auf Anzeichen für kongruente Zustimmung, für leichte Ablehnung und für Inkongruenz. Nehmen Sie jegliche Opposition oder Anzeichen eines sich zusammenbrauenden Sturmes wahr. Wenn Sie sich potentieller Opposition und ihres Ursprungs bewußt sind und wenn Sie begründete Hypothesen über Lösungsmöglichkeiten entwickeln, kann Ihnen das einen erheblichen Vorteil verschaffen, denn dies gibt Ihnen Zeit, sich auf die Auseinandersetzung mit Meinungsverschiedenheiten vorzubereiten.

Hier eine kurze Ergebniszusammenfassung eines CEO: „James macht sich Sorgen über die Zahl der fehlerhaften Generatoren des Modells 7118. Wir haben dieses Jahr 3.456 davon verkauft, und 247 sind wegen Reparatur zurückgekommen. Mir persönlich gibt diese Zahl auch zu denken. Wir sind hier zusammengekommen, um den Grund für die Ausfälle herauszufinden und um zu entscheiden, was jetzt zu tun ist.

Über die möglichen Ursachen sind wir uns einig. Erstens scheint die Maschine Nr. 12 die Ursache gewesen zu sein. Diese Maschine ist mittlerweile repariert. Anschließend haben wir uns auf vier neue Prüfprozeduren geeinigt. Das ist der aktuelle Stand. Jetzt müssen wir entscheiden, wie wir die zurückgesandten Generatoren am besten reparieren."

Während dieser Zusammenfassung überprüfte der CEO den Gesichts- und Körperausdruck der Besprechungsteilnehmer daraufhin, ob sie Zustimmung, Kongruenz, Inkongruenz oder Ablehnung ausstrahlten.

Use the Relevancy Challenge
Die Relevanzprüfung anwenden

Überprüfen Sie die Information, nicht die Person.

Die Relevanzprüfung ist die Frage: *Inwiefern ist dies relevant?* Die Prüfung ist nur dann sinnvoll, wenn sie angemessen ist und wenn zuvor alle Schritte abgeschlossen sind, die notwendig sind, damit alle Teilnehmer mit dem angestrebten Ziel einverstanden sind. Wenn Sie die Relevanzfrage konsequent immer wieder stellen,

* George A. Miller in einem Interview mit Elizabeth Hall in „Giving Away Psychology in the '80s", *Psychology Today*, Januar 1980, S. 41.

wird jedem Teilnehmer schnell klar werden, welche Information relevant ist und welche nicht.

Die Relevanzprüfung ist von mehrfachen psychologischem Nutzen. Eine einfache Frage kann sowohl besonders höflich als auch sehr gereizt gestellt werden, je nach den Erfordernissen der Situation. Wenn die Person, die die Information unterbreitet, imstande ist, deren Relevanz zu etablieren, dann ist die Information gestattet. Ist diese Relevanz nicht klar, so wird die Information nicht akzeptiert, und so bleibt das Sitzungsziel erhalten.

Das Geheimnis ist, nicht die Person anzugreifen, sondern nur die Information. Somit können Sie nicht der Günstlingswirtschaft beschuldigt werden. Ihre Entscheidungen sind nicht persönlichkeitsbezogen, sondern basieren nur auf Relevanz. Schon bald wird die Relevanzprüfung eine Funktion übernehmen, die dem erhobenen Zeigefinger des Lehrers ähnelt. Sie bringt die Teilnehmer dazu, das, was sie vorbringen wollen, zuvor selbst einer Relevanzprüfung zu unterziehen. Da die Relevanzprüfung diese disziplinierende Nebenwirkung hat, dürfen Sie nicht vergessen, Rapport aufrechtzuerhalten.

Wenn ein oder zwei Teilnehmer sich schwer damit tun, nur relevante Information vorzutragen, können Sie die Relevanzfrage allmählich mit einem strenger werdenden Unterton stellen. Wenn dadurch Sitzungen kürzer und effektiver werden, lernen die Teilnehmer, die Relevanzprüfung zu würdigen.

Sie können beim Stellen der Relevanzfrage auch auf das schriftlich festgehaltene Ziel verweisen. Nachdem Sie das zwei- oder dreimal getan haben, brauchen Sie mit Sicherheit nur noch die Frage nach der Relevanz zu stellen. Dieser nonverbale Reiz-Reaktions-Mechanismus ist hochwirksam und beschleunigt das Relevanz-Training.

Die Relevanz-Frage ist die angemessene Antwort auf alle Vorschläge, denen ein Hintergedanke zugrunde liegt. Wenn der Vorschlag nicht relevant ist, wird er nicht zugelassen. Einfaches Verweisen auf das schriftlich festgehaltene Ziel entzieht Hintergedanken und anderen irrelevanten Vorschlägen schnell den Boden. Wenn die irrelevanten Faktoren ausgeschaltet sind, sind Ziele leichter zu erreichen.

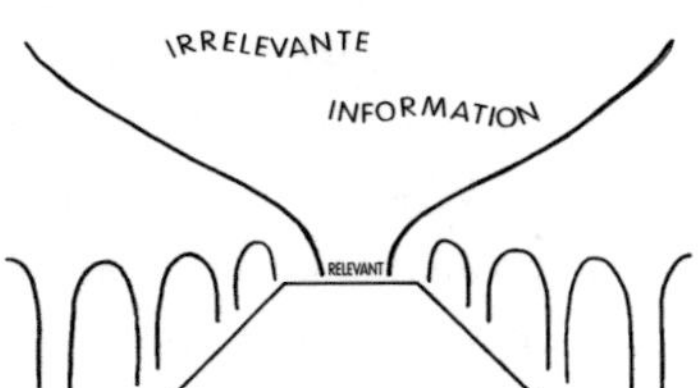

Summarize the Next Step
Zusammenfassung des nächsten Schrittes

Nächster Schritt

Sie haben Ihre Ziele erreicht. Die Besprechung ist fast abgeschlossen. Doch zuerst müssen Sie die wichtigsten Entscheidungen der Sitzung zusammenfassen, das endgültige Ziel und den nächsten Schritt, der von der Gruppe oder einzelnen Teilnehmern gemacht werden muß. In einzelnen Fällen müssen Sie exakte Termine für die nächsten Schritte festlegen.

Zur Anwendung der PEGASUS-Prozeduren sind gewisse Feinabstimmungen erforderlich. Denken Sie daran, nachdem Sie der Gruppe Ihr Ziel präsentiert haben, daß für dieses Ziel gewisse Informationen erforderlich sind, die im Augenblick nicht verfügbar sind. Vertagen Sie in diesem Fall die Besprechung auf einen Zeitpunkt, zu dem diese Informationen vorliegen. Sie haben dann zwar Ihr ursprüngliches Ziel nicht erreicht, können die Besprechung aber dennoch als erfolgreich bezeichnen, weil Sie so weit gekommen sind, wie es angesichts der Situation möglich war – ohne Zeit zu verschwenden.

In manchen Sitzungen müssen Sie Ihr Ziel abändern. Sich dessen bewußt zu sein ist an sich von großem Wert. Ted Graske, ein leitender Angestellter von American Express, hat mir erzählt, er sei einmal zu einer Besprechung nach Denver geschickt worden, um zu erklären, wie sie einen prompten Ausgleich von Spesenkonten erreichen könnten. Nach einer halben Stunde war ihm klar, daß die fünfzehn Anwesenden starke Ressentiments bezüglich des Themas Spesenkonto hatten und daß sie deshalb nicht in der Lage waren, ihre Aufmerksamkeit auf die neue Verfahrensweise zu konzentrieren. Daraufhin riß er die Flip-Chart-Seite, auf der sein Ziel stand, ab, und schrieb auf das nächste Blatt: „Beschwerden an die Hauptverwaltung bezüglich des Umgangs mit Ausgabenkonten.“ Dann setzte er das Gespräch mit diesem neuen Thema fort. Die Besprechung war insofern sehr erfolgreich, als er viele Beschwerden sammeln konnte. Ted wußte, daß die Moral der Angestellten von AMEX wichtiger war als die Verfahrensweisen. Einige Wochen später reiste er erneut nach Denver, um seinen ursprünglichen Auftrag auszuführen, und tatsächlich waren die Teilnehmer der Besprechung nun aufgeschlossener.

Ich habe die PEGASUS-Prozeduren unter anderem auch einer Computerbedienerin in einem Forschungszentrum für Bibliotheken beigebracht. Innerhalb eines Monats gelang es dieser Frau, die Besprechungen innerhalb der Firma auf Minimalzeit zu reduzieren und die Ziele dieser Treffen zu maximieren. Nach zwei Monaten schaute der Direktor der Firma zu ihr hinüber, wenn irgend jemand während einer Besprechung vom Thema abkam. Daraufhin stellte sie jeweils sehr höflich die Relevanz-Frage. Wenn Sie die Sitzung leiten, brauchen Sie außer PEGASUS (wozu auch sensorische Schärfe und die Relevanzfrage gehören) nur die Fähigkeiten, Ziele zu setzen, Rapport und Pointers. Um jedoch eine Sitzung zu beherrschen, benötigen Sie noch ein paar zusätzliche Fähigkeiten.

Wie man in einer Sitzung die Gesprächsführung übernimmt

Als erstes ist es ein Risiko, eine Sitzung von jemand anderem zu übernehmen. Wie groß dieses Risiko ist, hängt von vielen Faktoren ab, doch sollten der mögliche Gewinn das Risiko, das Sie eingehen, in jedem Fall rechtfertigen. Planen Sie etwaige Mißerfolge ein. Was wäre das Schlimmste, was passieren könnte? Wenn Sie sich dazu entschließen, hierzu einige Hinweise.

Wenn Sie sich entschließen, die Leitung einer Besprechung zu übernehmen, die jemand anders einberufen hat, gibt es verschiedene Möglichkeiten, dies zu tun, von denen einige riskanter sind als andere. Vielleicht finden Sie unter den anschließend beschriebenen Möglichkeiten eine, die Ihren Bedürfnissen entspricht.

- Sie können sagen: „Ich verstehe nicht, warum wir hier sind?" Dabei schauen Sie den Leiter der Sitzung an. Dies könnte das Ziel klarstellen. Sie können basierend auf diesem Ziel Relevanzfragen stellen.
- Sie können die irrelevanten Diskussionen so weit ausufern lassen, daß schließlich jemand anders die Gruppe wieder zum ursprünglichen Ziel oder Thema zurückführt. Wenn die Besprechung einberufen wurde, um den Preis für einen Kubikmeter Sand festzulegen, und Sie sprechen plötzlich darüber, daß Ihre Kinder Sand über Ihren neuen Teppich gestreut haben, dann könnte jemand anders dies zum Anlaß nehmen, das Gespräch wieder auf das ursprüngliche Thema zurückzulenken. Anschließend könnten Sie dann fragen: „Was genau versuchen wir hier zu erreichen?"
- Wenn die Irrelevanz in einer Besprechung so groß und das Ziel so ungreifbar ist, daß Sie der Verzweiflung nahe sind, können Sie aufstehen, Ihren Stuhl abrupt umdrehen oder umstoßen, die Position im Raum wechseln und dann ruhig fragen: „Ist als Ziel dieser Besprechung vorgesehen, Ihr [bevorzugtes Ziel] zu definieren?" Durch Ihr Verhalten werden Sie alle Anwesenden aus ihren Gedanken und Erwartungen herausreißen. Dies bezeichnet man als *Pattern-Unterbrechung*. Es ist so, als hätten Sie die inneren Tonbänder der Teilnehmer angehalten oder den Stromstecker herausgezogen. Für einen Augenblick werden sie zugänglich für Ihre Vorschläge sein, sie werden überrascht, verwirrt und unbequem genug sein, um einen Ausweg zu suchen. Wenn Sie einen in ihrem Sinne akzeptablen Vorschlag unterbreiten, werden sie wahrscheinlich zustimmen. Behalten Sie jedoch die Ziele der Teilnehmer im Auge, sonst funktioniert dies nicht. Erklären Sie weder den umgestoßenen Stuhl noch Ihre Bewegung, sondern tun Sie einfach so, als sei nichts Ungewöhnliches geschehen.

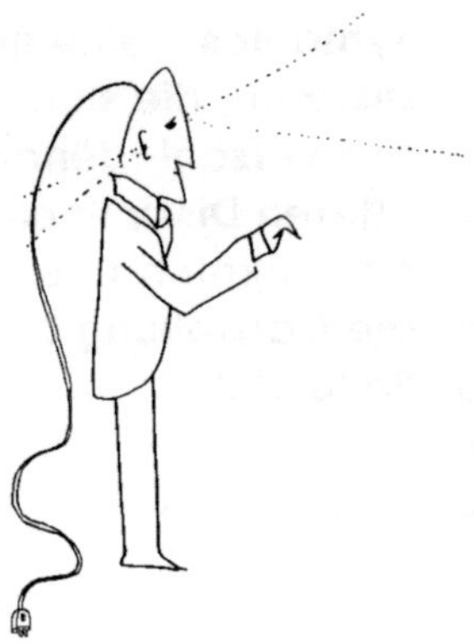

Pattern-Unterbrechungen ziehen den Stromstecker.

- Ein Computer-Ingenieur hat mir von folgender Variante der Pattern-Unterbrechung berichtet. Zwei Abteilungsleiter hatten während einer Besprechung einen Konflikt. Sie schrien einander an und beschuldigten sich gegenseitig, stritten ab, bewirkten jedoch nichts. Der Ingenieur stand ruhig auf und verschwand. Dies war eine Pattern-Unterbrechung. Allerdings ohne einen Vorschlag seinerseits, was als nächstes zu tun wäre. Obschon Pattern-Unterbrechungen am effektivsten sind, wenn Sie dableiben und Vorschläge machen, erreichte der Ingenieur durch sein Weggehen sein Ziel. Die beiden Abteilungsleiter riefen eine neue Sitzung für einen späteren Zeitpunkt ein. In der Zwischenzeit suchten beide ihn auf und entschuldigten sich wegen ihres Verhaltens. Die nächste Besprechung verlief ohne Störungen.
- Wenn Sie es satt haben mit diesen Sitzungsprozeduren, dem Chaos und dem irrelevanten Gerede, könnten Sie auf Ihre Uhr schauen und laut sagen: „Ich habe noch fünf Minuten für diese Sitzung. Was hatten Sie erhofft zu erreichen?“
- Sie können anbieten, für jemand anders die Sitzung zu leiten, wenn dieser sehr beschäftigt oder außerhalb ist. Benutzen Sie die Besprechung, um anderen die Vorgehensweisen zu demonstrieren, die Ihnen helfen könnten, zukünftige Sitzungen auf dem richtigen Gleis zu halten.
- Führen Sie durch Ihr Verhalten gutes Sitzungsbenehmen vor. Wenn Sie die Prozeduren bei den Teilen der Besprechung anwenden, die Sie beeinflussen – beispielsweise wenn Sie einen Bericht über Ihre Abteilung präsentieren –, werden die Teilnehmer anfangen, von Ihnen zu lernen. Das ist zwar langwieriger, aber wirksam. Es ist schwierig, unproduktiv zu bleiben, wenn produktives Verhalten gezeigt wird. Jedoch gibt es Leute, die sich dem Lernen widersetzen.
- Sie können eine Zusammenfassung des bereits Besprochenen machen und dadurch dem Gespräch eine Ihnen genehme Richtung geben.

Noch zwei weitere Dinge sind nützlich, um Besprechungen präziser zu führen. Als erstes braucht eine erfolgreiche Sitzung eine feine Balance zwischen Struktur und Freiheit. Die PEGASUS-Prozeduren wurden entworfen, um in möglichst kurzer Zeit Ihre Ziele zu erreichen. Außerdem benötigen Sie etwas strukturierte Freiheit, um Kreativität zu entfalten. Sobald die Verfahrensweisen akzeptiert sind, werden sich die Sitzungen schnell aufs Ziel hin entwickeln. Wenn Sie wollen, können Sie etwas Zeit und Raum für Brainstorming, für das Spielen mit zukünftigen Möglichkeiten oder für den kreativen freien Fluß von Ideen vorsehen. Man sollte nicht vergessen, daß die Balance zwischen Freiheit und Struktur sich mit der Zeit verschieben kann.

Syntonics – eine neue Disziplin, die sich aus verschiedenen älteren Disziplinen entwickelt hat. Siehe die Darstellung auf Seite 127.

Ist PEGASUS erst einmal zu einem akzeptierten Bestandteil Ihrer Besprechungen geworden, werden Ihre Mitarbeiter diesen Treffen mit Freude entgegensehen. Sie werden wissen, wann Sie relevante Informationen beigesteuert haben, was Sie in der Sitzung bewirkt haben und was der nächste Schritt ist.

PEGASUS strebt in Richtung Relevanz

Syntonics-Theorie

Organisation und neue Erkenntnisse: ....John Grinder und Richard Bandler

PSYCHOLOGIE Sigmund Freud Pawlows Reiz-Reaktions-Theorie	LINGUISTIK	COMPUTER-WISSENSCHAFT MATHEMATIK	ANDERE MÖGLICHE QUELLEN und/oder ÜBERSCHNEI-DUNGEN

FRITZ PERLS	VIRGINIA SATIR	MILTON ERICKSON	ALFRED KORZYBSKI	NOAM CHOMSKY	
Gestalt Wahrneh-mung Verantwor-tung Wahl Paradox Verhalten Bedürfnisse Werte Kongruenz	Familien als Systeme Repräsenta-tionssysteme Matching Prädikate Feedback	Erreichen des Unterbewußt-seins Metapher Hervorheben von Wörtern Humor Wortspiele Rätsel Paradoxe	Landkarten der Realität Wir kodieren unsere Realität und erschaffen so unsere Rea-lität. Unsere Ko-dierung weist Mängel auf.	Oberflächen-struktur Tiefenstruktur Unzureichende & inadäquate Landkarten entstehen durch Mängel in der Wahrnehmung und im Denken. Gedachte Vor-urteile werden durch die Sprache offen-bart.	Aufteilung Arten zu denken Abstraktions-ebenen --- Zen & andere östliche Reli-gionen und Philosophien Roberto Assagioli Systemanalyse-Theorie Kybernetik Andere

WEITERE ANWENDUNGEN:........................... Judith DeLozier, Leslie Cameron-Bandler, Robert Dilts, David Gordon, Lynne Conwell, Michael Lebeau, Norma und Phil Barreta.

SYNTONICS FÜR BUSINESS-KOMMUNIKATION:.............. LEFT BRAIN ORGANISATION: Robert Hill

SYNTONICS FÜR BUSINESS-KOMMUNIKATION:............ **Betonung** auf INTEGRITÄT und ORGANISATION DER RECHTEN GEHIRNHÄLFTE: Genie Z. Laborde

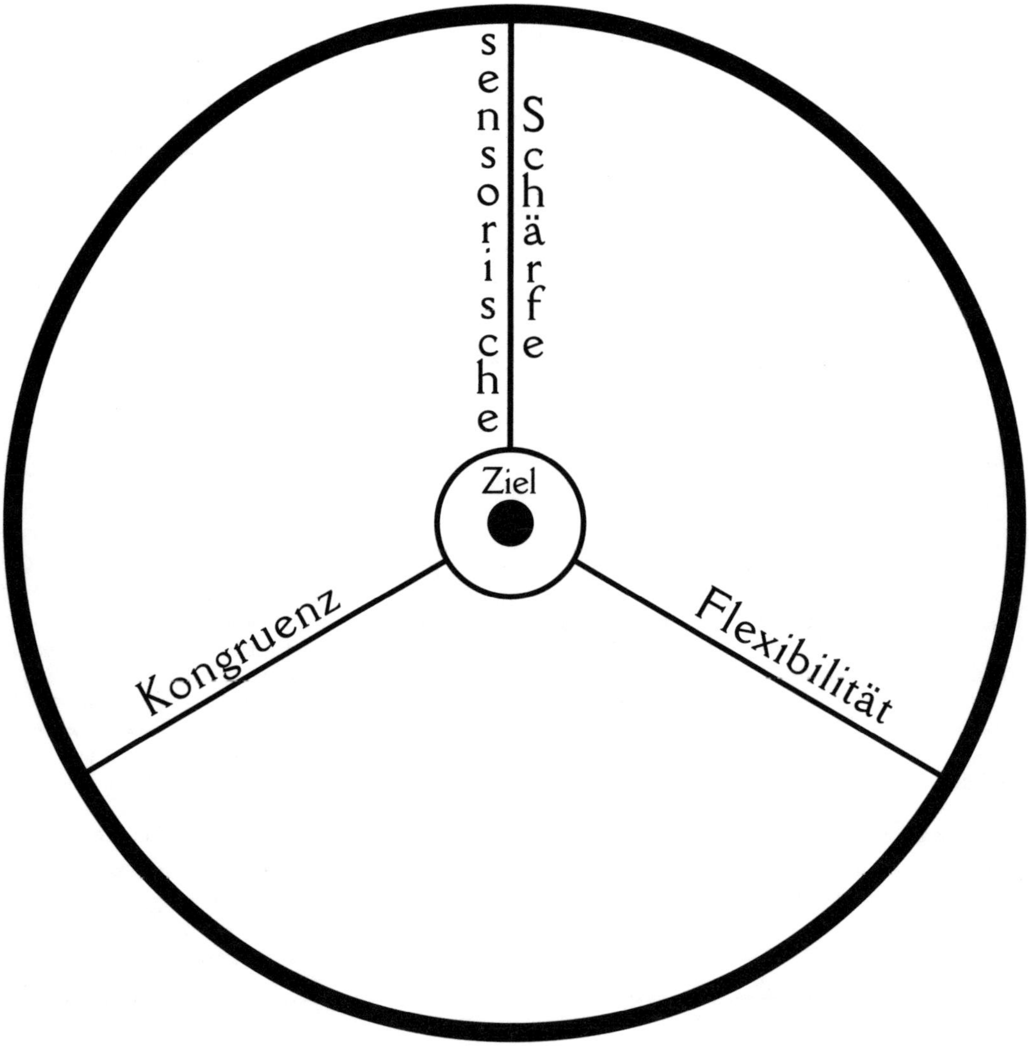

Wenn das, was Sie tun, nicht klappt, vegessen Sie den Inhalt und überprüfen Sie dies.

7 Flexibilität

Nachdem Sie wissen, wie man ein Ziel festlegt, Rapport herstellt, sensorische Schärfe einsetzt und die Pointer benutzt, ist es nun an der Zeit, sich mit den subtileren Aspekten des Verhaltens zu beschäftigen, insbesondere dort, wo Verhalten die Kommunikation beeinflußt. Verhalten ist ein wichtiger Bestandteil des Kommunikationsprozesses. Wenn Sie Ihrem Arbeitgeber gegenüber beteuern, die Firma sei Ihnen sehr wichtig, aber jeden Morgen zu spät zur Arbeit kommen – was hat dann einen höheren Stellenwert: Ihre Worte oder Ihr Verhalten? Haben Sie schon einmal erlebt, daß jemand etwas zu Ihnen gesagt hat und dann das Gegenteil tut? Was zählt mehr, Worte oder Verhaltensweisen?

Die hochwertigste Information in der Kommunikation ist die Verhaltensweise. Linguisten wie Witherspoon, Birdwhistell, Mehrabian, Bandler und Grinder sind der Ansicht, daß nonverbale Reaktionen im Kommunikationsprozeß gewöhnlich signifikanter sind als verbale Äußerungen.

Kommunikation umfaßt alle Verhaltensweisen von zwei oder mehr Personen innerhalb des Kommunikationsprozesses. Kommunikation sind auch die Verhaltensmuster: die Wiederholungen, die Rhythmen, die Variationen und die Polaritätswechsel *(polarity shifts)*, zu denen es im Laufe der Interaktion kommt.

In einem Kommunikationsprozeß agiert keiner der Beteiligten in einem Vakuum. Ständig finden Feedback- und Feed-forward-Prozesse statt. Jede Aktion, jedes Verhalten und jedes Wort beeinflußt die andere Person. Die Interaktion zwischen Menschen ist der geheimnisvolle und vieldeutige Teil des Kommunikationsprozesses. Es ist so, als würde der wichtigste Teil der Kommunikation in der Mitte stattfinden, dort, wo Verhalten und die Worte der einen Person auf das Verhalten und die Worte der anderen Person treffen und sich durch diese Begegnung verändern. Zu erkennen, wie Ihre Worte in diesem Zwischenbereich den Sinn verändern, ist der Schlüssel zu guter Kommunikation.

Was geht im Inneren der anderen Person vor sich? Versteht sie Sie, oder gibt sie Ihren Worten einen völlig anderen Sinn? Wenn wir dachten, wir hätten die gleiche Meinung, beweist unser späteres Verhalten oft, daß wir uns doch nicht einig waren. Wir waren in einer tiefen Disharmonie.

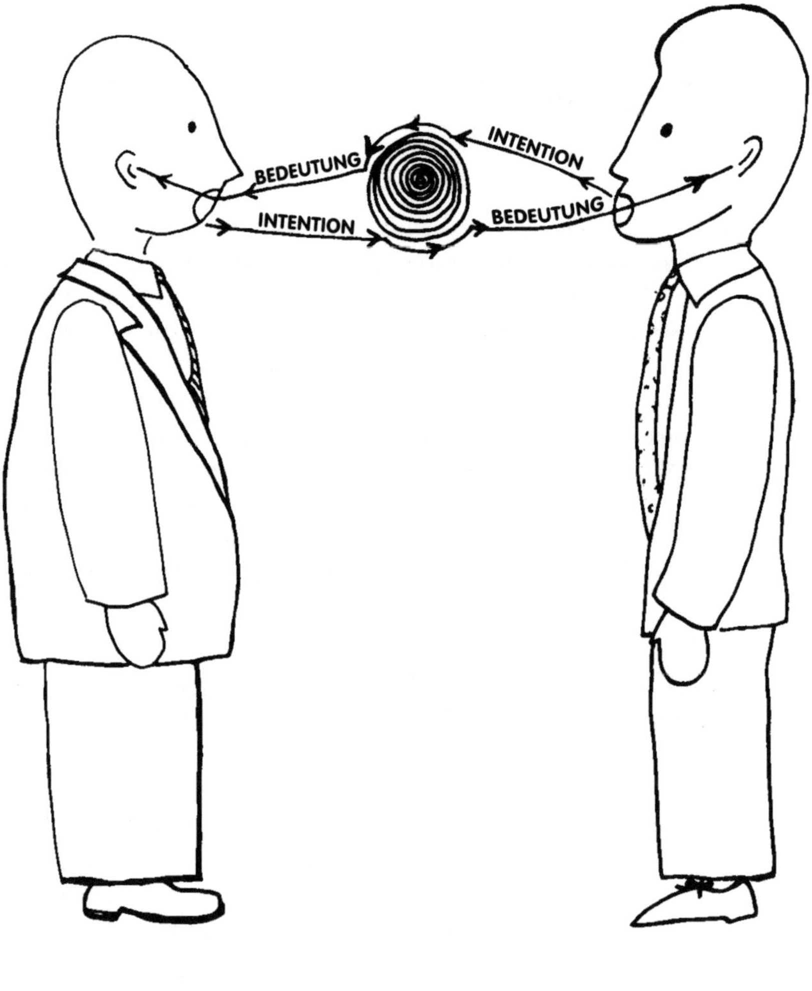

Black Box

Die Bedeutung jeder Kommunikation ist die Reaktion.

Bedeutung ist Reaktion / Verhalten

Sie entscheiden über Ihre eigene Intention, aber erfolgreich in der Kommunikation werden Sie nur sein, wenn es Ihnen gelingt, Ihre Intention der anderen Person zu vermitteln. Die andere Person entscheidet über die Bedeutung. Sie können mit Hilfe Ihrer sensorischen Schärfe feststellen, ob Ihre Botschaft korrekt aufgenommen worden ist. Sie können wachsam gegenüber Anzeichen dafür sein, daß Ihre Intention nicht aufgenommen wurde und daß Sie etwas anderes tun oder sagen müssen.

Um die Fähigkeit, die eigene Vorgehensweise zu verändern, geht es in diesem Kapitel. Es gibt Menschen, die ihr Verhalten auch dann nicht ändern, wenn sie merken, daß die Kommunikation sich nicht ihren Wünschen gemäß entwickelt. Sie tun und sagen einfach immer das gleiche – nur lauter. Wir alle wissen intuitiv, daß Verhaltensweisen im Kommunikationsprozeß „lauter" sind als Worte. Doch übersehen wir häufig wichtige Verhaltensweisen, die uns klar sagen, was in der Wahrnehmung und im Denken der anderen Person vor sich geht. Wahrscheinlich sind Sie mittlerweile in der Lage, mit Hilfe Ihrer sensorischen Schärfe zu erkennen, was die andere Person denkt oder meint. Als nächstes können Sie Ihr Verhalten so abwandeln, daß Sie die Reaktion hervorrufen, die Sie möchten.

Flexibilität bedeutet, daß man in der kommunikativen Interaktion Wahlmöglichkeiten hat. In *Neue Wege der Kurzzeit-Therapie* schreiben Bandler und Grinder, wenn ein Mensch nur eine einzige Verhaltensmöglichkeit habe, so sei er ein Roboter, wenn er zwei Möglichkeiten habe, befinde er sich in einem Dilemma, und wenn er drei Möglichkeiten habe, so habe er Flexibilität. Fünf Möglichkeiten sind noch besser. Wenn Sie flexibel genug sind, können Sie Ihr Verhalten korrigieren, um die Reaktion hervorzurufen, die Sie wünschen. Wenn Sie nur eine Art zum Reagieren auf ein Signal haben, werden Sie nicht imstande sein, Ihr Verhalten so zu verändern, daß es die Resultate bringt, die Sie wünschen.

Feedback-Schleife

Kommunikation ist ein rundlaufendes Feedback-System, in dem Reaktionen weitere Reaktionen hervorrufen. Verhaltensweisen rufen andere Verhaltensweisen hervor. Worte rufen Worte hervor. Flexibilität bedeutet, Sie können die Information benutzen, die durch dieses Feedbacksystem offengelegt wurde. Flexibilität in der Kommunikation ist wie Navigieren eines Flugzeugs. Flugzeuge, die nicht mit kostspieligen Navigationshilfen ausgestattet sind, fliegen auch heute noch im Zickzack, weil der Pilot die Flugrichtung ständig aufgrund von Funksignalen korrigieren muß. Ebenso muß der Kommunikations-„Pilot" seine Aktivitäten

Wenn Sie die Reaktion, die Sie wünschen, nicht bekommen, dann gehen Sie einen anderen Weg. Seien Sie flexibel.

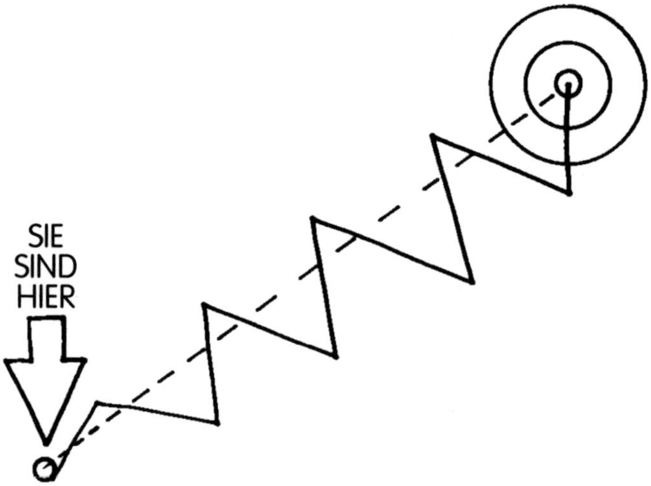

anhand der Signale des Kommunikationspartners korrigieren. Ein Landeanflug im Zickzack mit Korrekturen ist oft die kürzeste Route zu Ihrem Ziel.

Flexibilität beim Festlegen von Zielen ist ein weiterer wichtiger Bestandteil des Kommunikationsprozesses. Sind Sie schon einmal jemandem begegnet, der ein Ziel hatte, das der Mühe nicht wert war? Jemandem, der auch dann noch dieses Ziel verfolgte, als immer klarer wurde, daß das Ziel völlig unsinnig war? Dies ist nur ein Beispiel für Inflexibilität.

Flexibel zu sein bedeutet, daß man in der Lage ist, auf Veränderung zu reagieren und anpassungsfähig zu sein. Im Kommunikationsprozeß können Sie flexibel sein in Worten, im Denken, in Wahrnehmungen und im Verhalten. Die Pointer ermutigen zu Flexibilität in Worten. Sensorische Schärfe fördert die Flexibilität der Wahrnehmung. In diesem Kapitel nun geht es hauptsächlich um Flexibilität im Verhalten. Flexibles Verhalten ist das „Sesam-öffne-dich“ zu blockierten Zielen.

Flexibilität vereinfacht

Wenn Flexibilität so erstrebenswert ist, warum sind dann die meisten von uns so unflexibel? Und vor allem: Warum sind wir heute nicht mehr flexibel, so wie früher?

Kleine Kinder sind im großen und ganzen flexibel. Wenn Sie einem Kind das Spielzeug wegnehmen, spielt es mit seinen Zehen

Polaritätsreaktion

Polaritätsveränderung: Wechsel von Ja zu Nein oder von Schwarz zu Weiß.

oder mit den Autoschlüsseln oder mit einem Stück Schnur. Kinder verlieren ihre Flexibilität gewöhnlich, wenn sie älter werden. Drei normale Bestandteile des Erwachsenwerdens scheinen sich negativ auf die Flexibilität auszuwirken. Sich dieser natürlichen Tendenzen bewußt zu sein kann sich positiv auf Ihre Flexibilität auswirken.

1. *Wir mögen es, gemocht zu werden.* Während wir aufwachsen und mit unserer Familie und mit Freunden interagieren, lernen wir, daß bestimmte Verhaltensweisen das Wohlwollen anderer hervorrufen. Diese Verhaltensweisen wiederholen wir dann gewöhnlich, bis sie schließlich zu festen Gewohnheiten werden. Wenn die Verhaltensgewohnheiten uns das gaben, was wir wollten, nämlich Zustimmung, haben wir die Tendenz, darauf zurückzugreifen. Wenn diese Verhaltensweisen nicht mehr das bringen, was wir wollen, sind wir enttäuscht, wissen aber nicht, wie wir dies ändern können.
2. *Wir haben Freude an unseren Polaritätsreaktionen.* Im Alter von zwei Jahren und später noch einmal vom zehnten Lebensjahr ab erforschen wir, wie es ist, *nicht* zu tun, was unsere Familie und unsere Freunde von uns erwarten. Wir wissen sehr wohl, was sie wollen, und wir tun das Gegenteil. Auf diese Weise erforschen wir, was Mißbilligung beinhaltet. Manche von uns kommen von solchen Antireaktionen nicht los. Wir gewöhnen uns so sehr daran, genau das Gegenteil dessen zu tun, was von uns erwartet wird, daß wir unsere eigene Unflexibilität nicht bemerken. Es ist ebenso einschränkend, eine Polaritätsreaktion zu erzwingen, wie es einschränkend ist, von Zustimmung abhängig zu sein.
3. *Wir meinen, daß wir mit unserem Verhalten identisch seien.* Dieses dritte Phänomen ergibt sich aus den ersten beiden und wirkt sich am destruktivsten auf die Flexibilität aus. Flexibilität ist leicht zu erreichen, wenn Sie sich aus diesem Irrtum befreit haben. Sie und Ihr Verhalten sind keineswegs ein und dasselbe. Wenn das so wäre, dann wären Sie, sobald Sie etwas Dummes täten, selbst ebenfalls dumm. Und wenn Sie dann etwas Intelligentes täten, so wären Sie intelligent. Wie aber können Sie gleichzeitig dumm und intelligent sein?

Sie und ich sind nicht zugleich dumm und klug, sondern wir können uns auf beide Weisen *verhalten.* Wir sind nicht mit unseren Handlungen identisch. Dies erscheint auf den ersten Blick einleuchtend, doch identifizieren sich viele Menschen so stark mit ihren Verhaltensweisen, daß sie dumme Verhaltensweisen bei sich selbst nicht erkennen. Sie meinen, wenn sie ein dummes Verhalten zugeben würden, daß sie dumm wären. Tatsächlich wirkt es jedoch manchmal erleichternd zuzugeben: „Das war sicher nicht besonders klug, aber ich kann daraus lernen." Sobald Sie sich selbst nur leicht von Ihrem Verhalten trennen, haben Sie viel mehr Möglichkeiten.

Wir sind nicht unser Verhalten. Wir sind für unser Verhalten verantwortlich, aber unsere Verhaltensweisen sind nicht mit uns identisch.

Mir persönlich gefällt die Vorstellung, daß meine Verhaltensweisen mich in einem bestimmten Augenblick spiegeln. Verhaltensweisen sind wie Kleider, die ich an- oder ausziehen kann. Manchmal wachse ich aus Kleidern heraus, und manchmal verändert sich mein Geschmack in puncto Kleidung. Kleider, die mir früher einmal gut gepaßt haben, passen plötzlich nicht mehr. Ähnliches gilt für Verhaltensweisen. So wie meine Kleider mich im gegenwärtigen Augenblick spiegeln, tun dies auch meine Verhaltensweisen.

Wenn ich mich verändere, kann auch mein Verhalten sich ändern. Ich habe viele intelligente Menschen auf wohlmeinende Ratschläge anderer antworten hören: „Oh, das könnte ich niemals tun. Das wäre dann nicht ich." Natürlich wären Sie nicht *das*. *Das* wäre nur ein neues Verhalten, das Sie ausprobieren würden, um festzustellen, ob es besser paßt als ein altes.

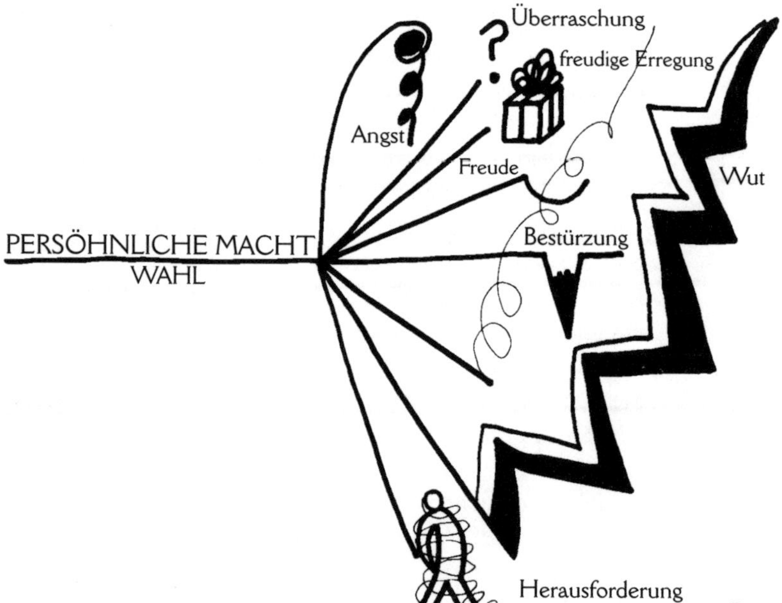

Persönliche Macht beruht auf der Möglichkeit zu wählen.

FlexibiLität

Alte Verhaltensweisen haben den Vorzug, daß sie uns vertraut sind. Selbst wenn sie uns nicht helfen, unser jetziges Ziel zu erreichen, sind sie doch bequem wie alte Kleider. Neue Verhaltensweisen auszuprobieren ist immer riskant. Wer weiß, was passieren wird?

Genau so ist es. Niemand weiß, was passieren wird. Fest steht nur, daß unsere Mitmenschen anders reagieren werden als vorher. Und genau das ist natürlich der beste Grund dafür, neue Verhaltensweisen auszuprobieren – bei anderen neuartige Reaktionen hervorzurufen, bis schließlich die Reaktion eintritt, die Sie hervorrufen wollten.

Nicht, daß Sie meinen, ich wollte Sie überreden, Gesetze zu übertreten oder gegen Ihre eigene Integrität zu handeln. Es geht mir um einfache Verhaltensänderungen wie beispielsweise, daß Sie Ihre Frau küssen, bevor sie Sie küßt. Sie würden staunen, wenn Sie wüßten, zu welchen Dingen die Leute nicht fähig sind, sich zu überwinden. Eine gelangweilte und deprimierte Hausfrau, die ihre Funktion als Mutter erfüllt hatte, erzählte mir: „Ich konnte mir doch nicht einfach eine Arbeit suchen. Wer hätte dann den Abwasch gemacht? Ich bin nun einmal Hausfrau. Und Hausfrauen bleiben zu Hause."

Diese arme Frau hatte sich mit ihrer Hausfrauenrolle identifiziert. In ihrer Weltanschauung haben Hausfrauen gewisse Verhaltensweisen und andere nicht. Wenn sie sich eine Arbeit gesucht hätte, wer wäre sie dann gewesen? Jemand anders. Sie war in einem Teufelskreis gefangen, einem Reiz-Reaktionsmuster, das ihre Ehe und ihr gesamtes Leben ruinierte.

Die Nachteile von Flexibilität

Flexibilität hat auch Nachteile. Diese müssen nicht unbedingt schreckliche Konsequenzen haben, aber vielleicht ist es trotzdem besser, darauf vorbereitet zu sein.

1. Freunde und Familie werden Sie drängen, daß Sie so bleiben, wie Sie „immer schon" waren. Es könnte für sie unbequem sein, wenn Sie sich ändern.
2. Es ist einfacher, Ihr gewöhnliches Verhalten beizubehalten.
3. Sie könnten in eine Identitätskrise geraten. Wer bin ich? Wenn ich nicht mit meinem Verhalten identisch bin, wer bin ich dann? Sie sind die Person, die entscheidet, wie Sie sich verhalten möchten. Vielleicht ist Ihnen sogar klar, daß Sie nicht mit Ihrem Verhalten identisch sind, doch glauben Sie vielleicht, daß Ihre Verhaltensweisen in sich konsistent,

also nicht widersprüchlich, sein sollten. (Sie sollten wissen, daß Konsistenz der Totenstarre ähnelt.)

4. Sie könnten sich selbst überraschen.

Reiz-Reaktionen sind ein Weg wie wir lernen.

Die Vorteile von Flexibilität

Die Reiz-Reaktions-Funktion des Gehirns erzeugt Gewohnheiten.

1. Sie sind besser in der Lage, die Reaktionen hervorzurufen, die Sie hervorrufen wollen. Wenn Sie durch Ihr Tun nicht die Reaktionen hervorrufen, die Sie sich wünschen, können Sie Ihr Verhalten so verändern, daß das gewünschte Ziel eintritt. Der ganze Sinn, flexibel in Ihrem Verhalten zu sein, ist, daß Sie Ihr Verhalten solange verändern können, bis Sie die gewünschte Reaktion hervorrufen.
2. Sie können Ihre Verhaltensweisen einsetzen, um andere Menschen zu verändern. Unser Verhalten ist nicht mit uns identisch, doch es beeinflußt die Menschen in unserer Umgebung. Wir sollten mindestens so oft darüber nachdenken, unsere Verhaltensweisen zu verändern, wie wir unsere Kleider wechseln. Hin und wieder den Verhaltens-„Kleiderschrank" durchzusehen und ein paar neue Modelle hinzuzufügen, könnte zu außergewöhnlichen Veränderungen führen. Menschen tendieren dazu, immer das gleiche zu tun, sobald ein Reiz-Reaktionsmuster entstanden ist. Dasselbe Tun wird dieselben Reaktionen hervorrufen. Wenn Sie sich verändern, so verändert sich das Verhalten Ihres Gegenüber auch.

   Hierzu ein Beispiel. Eine Klientin fragte mich, wie sie sich verhalten könne, wenn ihr Chef sie anschreie. Gewöhnlich wurde sie dann wütend oder heulte. Ich schlug vor, sie solle sich vorstellen, daß sie am Meer spazierenginge und dieser wütende Mann irgendwo in der Ferne seine Wut „ausagiere". Dies erlaubt ihr, ruhig zu bleiben.

   Zum Streiten sind immer Zwei erforderlich. Wenn nun Einer irgend etwas an dem gewohnten Muster abändert, muß auch die andere Seite ihr Verhalten ändern, wenn sie nicht in einer inkongruenten Reaktion steckenbleiben will. Wer als erster aus dem negativen und schädlichen Muster ausbricht, das nicht zum angestrebten Ziel führt, bringt seine persönliche Macht zur Geltung.
3. Ihre persönliche Macht wird wachsen. Gewisse Menschen spüren den Mangel an Authenzität, wenn Sie nicht dem ersten Gefühl nachgeben. Verschiedene Emotionen in Betracht zu ziehen gibt Ihnen Wahlmöglichkeiten. (Ist die zweite oder dritte Emotion weniger authentisch oder weni-

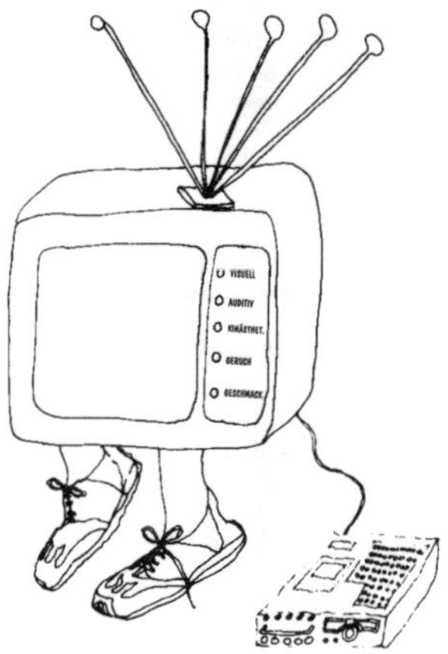

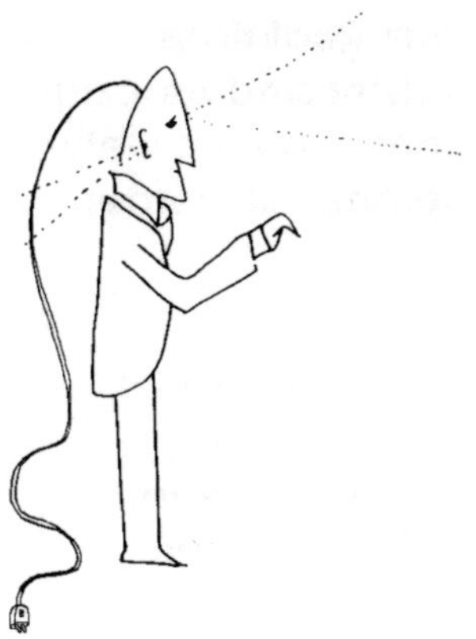

Flexibilität

ger ehrlich als die erste?) Das Potential für stärkere Reaktionen liegt in der Erweiterung der Wahlmöglichkeiten. Vielleicht ist die zweite oder dritte Möglichkeit nützlicher, wenn Sie bestimmte Ziele erreichen wollen. Wenn Ihr Ziel authentisch ist, sollten Sie vielleicht besser unter mehreren authentischen Reaktionen wählen, statt wie ein authentischer Roboter zu handeln.

4. Sie können Talente, Neigungen, Attraktionen und Leidenschaften entdecken, die Sie in Ihrem alten Reiz-Reaktions-Trott gar nicht bemerkt hätten.
5. Andere Menschen werden sich von Ihrer vielseitigen Persönlichkeit angezogen fühlen.
6. Das Leben wird für Sie zu einem Abenteuer werden.

Wie können Sie Flexibilität zu einem Bestandteil Ihres Lebens machen? Mit der Flexibilität ist es wie mit jeder anderen Fähigkeit. Sie müssen sich darin üben, um gut darin zu sein. Die beste Art, sich darin zu üben, ist, daß Sie Ihre Gewohnheiten unterbrechen und etwas anderes tun. Da Körper und Geist eine Einheit bilden, können Sie Ihre geistige Flexibilität verbessern, indem Sie Ihren Körper lockern. Alle Muskeln Ihres Körpers haben gelernt, auf Ihre alten Reaktionsmuster zu reagieren. Nicht nur Ihr Gehirn lernt, Angst zu haben, sondern auch Ihre Schultern und Ihr Magen. Ihr Mund kennt die Angstreaktion ebenfalls. Lockern Sie diese rigiden, erstarrten Muskeln und Sie werden sich dabei ertappen, daß Sie mit mehr Flexibilität reagieren.

Flexibler Körper, flexibler Geist

Es gibt viele Disziplinen, die uns helfen können, unseren Körper flexibler zu machen, darunter Massage, Rolfing, Jogging, Yoga, T'ai Chi, Ballett, Jazz-Dance und Feldenkrais. All dies ist nützlich, um die Art, wie Sie Ihre Muskeln bewegen, zu verändern.

Okay, Sie sind nun also davon überzeugt, daß Flexibilität in der Kommunikation eine gute Idee ist. Doch wie erreichen Sie dies? Hierzu spezifische Schritte:

- Unterbrechen Sie die alten Verhaltensmuster – indem Sie beispielsweise einen anderen Weg zur Arbeit wählen.
- Wechseln Sie, wenn Sie merken, daß Ihr augenblickliches Verhalten einer „Sollte"-Regel unterliegt, für drei Minuten Ihre Rolle. Seien Sie jemand anderes.
- Wechseln Sie Ihre Wahrnehmungskanäle.
- Wechseln Sie Informationsabläufe, wenn Sie einen Entschluß fassen.
- Wenn Sie mit dem, was Sie (und wie Sie es) tun, erfolgreich sind, tun Sie dies anders. Probieren Sie etwas Neues aus.

Erfolg kann Sie daran hindern, ein flexibleres Verhalten zu erlernen. Wenn Sie sich gewöhnlich an Bildern, dann an Geräuschen und erst danach an Gefühlen orientieren, dann arbeiten Sie daran, diese Reihenfolge zu verändern (leichter gesagt als getan).

Reiz-Reaktions-Muster sind Assoziationen, die im Gehirn hergestellt werden.

- Unterbrechen Sie in ungefährlichen Situationen das, was Sie gerade tun, und denken Sie an drei alternative Wege zu Ihrem Ziel.
- Achten Sie eine Minute lang nicht auf den Inhalt der Kommunikation. Beobachten Sie nur, oder hören Sie nur auf den Ton. Dann entscheiden Sie, was Sie über die andere Person „wissen", was Sie nicht aus dem Inhalt erfahren.
- Tun Sie so, als gäbe es keine Geheimnisse. Unser Unterbewußtsein nimmt intuitiv Information wahr, verarbeitet und speichert sie, so daß wir mehr über andere Menschen wissen, als uns klar ist oder als wir zugeben.
- Wir alle tun gemessen an dem, was wir wissen, und angesichts unserer gesammelten Lebenserfahrung in diesem Augenblick das Beste, was wir tun können. Entscheiden Sie sich für ein Verhalten, das bei Ihrem Kommunikationspartner die optimale Reaktion hervorrufen wird.
- Nehmen Sie sich vor, einen Tag lang dafür zu sorgen, daß jeder, mit dem Sie interagieren, sich danach besser fühlt als vor der Begegnung. (Vielleicht haben Sie ja auch Lust, dies zwei Tage lang zu tun?)
- Tun Sie etwas, das Sie noch nie getan haben: Schreiben Sie ein Gedicht, lernen Sie tauchen, nehmen Sie an einem Yoga-Kurs teil, bekommen Sie ein Kind, bleichen Sie Ihr Haar oder tun Sie einen Tag lang so, als kämen Sie von einem anderen Planeten.
- Schauen Sie die Welt durch eine neue Brille an. Tun Sie eine Stunde lang so, als wären Sie Ihr Nachbar von nebenan. Wie sieht die Welt aus? Tun Sie so, als wären Sie 17 oder 93 Jahre alt.
- Reden Sie eine Woche lang nicht. Schreiben Sie Notizzettel. Informieren Sie Ihre Familie und Freunde, daß Sie ein Experiment machen. Buckminster Fuller hat einmal ein ganzes Jahr lang geschwiegen.
- Stimmen Sie Ihre Bewegungen minimal auf die eines anderen ab und erkennen Sie Rapport.
- Erinnern Sie sich an eine Situation, in der Sie einen Streit mit einem geliebten Menschen hatten. Sie wußten, daß Sie im Recht waren. Und Sie taten ihm weh während dieses Streites. Vergegenwärtigen Sie sich diesen Streit nun mög-

Polaritätsreaktion

lichst detailliert: die Farben, die Geräusche, die Jahreszeit und den Gesichtsausdruck. Lassen Sie den Film rückwärts laufen. Lassen Sie ihn dann vorwärts laufen. Fügen Sie passende Musik hinzu, und spielen Sie ihn erneut ab. Als nächstes fügen Sie Musik hinzu, die nicht paßt und lassen den Film laufen. Lassen Sie den Film einmal mehr rückwärts laufen. Dann lassen Sie den Film vorwärts laufen. Empfinden Sie bei diesem letzten Mal etwas anderes als beim ersten Vergegenwärtigen dieser Erinnerung?

- Machen Sie während einer Woche eine Liste von all Ihren Gewohnheiten. Verändern Sie in der folgenden Woche die Tageszeiten, zu der Sie den verschiedenen Gewohnheiten nachgehen. Führen Sie ein paar davon in einer anderen Reihenfolge aus. Stellen Sie einen Unterschied fest.
- Achten Sie einen Tag lang stärker auf Gerüche. Oder intensivieren Sie Ihre eigenen Gerüche: Tragen Sie mehr Parfüm oder weniger Deodorant auf.
- Kapitulieren Sie plötzlich mitten in einem heftigen Streit. Sagen Sie: „Du hast völlig recht. Was möchtest du nun eigentlich gerne?“ (Sie brauchen natürlich nicht zu tun, was der andere sagt.)
- Suchen Sie nach Modellen für flexibles Verhalten. Einige der Marx-Brothers-Filme enthalten gute Beispiele für flexibles Verhalten. Schauen Sie sich Harald Schmidt in der Late-Night-Show an.
- Seien Sie flexibel in Ihren Zielen.

Halten Sie inne und versichern Sie sich, ob es der Mühe wert ist, Ihr Ziel zu erreichen. Wenn Sie eine Menge Unannehmlichkeiten ertragen müssen, ist Ihr Ziel überhaupt erreichbar? „Weithergeholt“ ist okay, und „machbar“ ist absolut notwendig. Manche Ziele sind der Mühe nicht wert. Überprüfen Sie Ihre Ziele mit Seh-, Hör- und Fühl-Fragen, um sicherzustellen, daß es auch das ist, was Sie erreichen wollen und daß es Ihre Mühe wert ist. Wenn nicht, sollte Flexibilität hinsichtlich Ihrer Ziele Ihr nächster Schritt sein.

Flexibilität hinsichtlich der Ziele, Flexibilität im Timing und Flexibilität in der Wahl der Worte werden Ihre Effizienz in Ihrer Kommunikation steigern. Flexibilität in der Wahrnehmung, im Denken und in Ihren Handlungen steigern Ihre Effektivität in der Beeinflussung anderer. Dies ist besonders offensichtlich im Verkaufsbereich.

Laborde

8 Syntonics-Verkaufsmethoden

Verkaufen ist eine Sub-Kategorie des Verhandelns. Und die Kunst des Verkaufens ist, Phantasie zu verkaufen. Sie verkaufen nicht eine Idee oder ein Produkt, sondern die Phantasie, die sie bei dem Käufer erfüllt. Eine Strategie zu verkaufen heißt, zum Beispiel, Erfolg zu verkaufen. Wenn Sie eine Versicherung verkaufen, verkaufen Sie inneren Frieden. Wenn Sie einen Lippenstift verkaufen, verkaufen Sie Schönheit. Wenn Sie eine Waschmaschine verkaufen, verkaufen Sie Sauberkeit. Wenn Sie eine Stereo-Anlage verkaufen, verkaufen Sie Freude an der Musik. Wenn Sie einen Whirlpool verkaufen, verkaufen Sie Entspannung. Wenn Sie Ihrem Chef eine Idee verkaufen, dann ist das auch nichts weiter als eine Phantasie – eine Phantasie, die Wirklichkeit werden kann, oder nicht.

Erfolgreiche Verkäufer wissen das. Seitdem der erste Tontopf verkauft wurde, weil er dem Käufer in Aussicht stellte, ein kühles Getränk genießen zu können, ohne zum Fluß gehen zu müssen, haben sich Verkäufer auf das von ihren Kunden gewünschte Ziel konzentriert. Bei meinen Kommunikationsseminaren begreifen die Verkäufer unter den Teilnehmern gewöhnlich als erste, worum es geht. Sie wissen bereits viel über das, was ich lehre.

Integrität heißt Ziele abstimmen

Viele der Syntonic-Fähigkeiten, um erfolgreich zu verkaufen, sind bereits vorgestellt worden. Ziele festzustellen, Rapport herzustellen, sich auf die Repräsentationssysteme des Kommunikationspartners einzustellen und sensorische Schärfe einzusetzen, um Reaktionen richtig zu verstehen, sind beim Verkauf äußerst nützlich. Sie sollten sie mit äußerster Vorsicht gebrauchen, da man sich diesem praktisch nicht widersetzen kann.

Eine besonders eifrige Verkäuferin überredete mich einmal in einer Boutique, ein bestimmtes teures Kleidungsstück zu kaufen. Ich habe es nie gern getragen, weil ich später merkte, daß der Schnitt die natürlichen Formen meines Körpers in ein ungünstiges Licht rückte. Seither bin ich nicht mehr in jener Boutique gewesen.

Achten Sie also unbedingt darauf, daß der Kunde wirklich haben will, was Sie ihm verkaufen. Die drei Schlangen der Reue *(Remorse)*, Beschuldigung *(Recrimination)* und Groll *(Resentment)* und der Drache der Rache *(Revenge)* werden Sie auffressen, wenn Sie diese Fähigkeiten nicht mit Integrität anwenden.

Sie könnten Verkaufen als eine Art Verhandlung betrachten, jedoch einfacher. Der potentielle Kunde ist gewöhnlich eher neutral als opositionell. Sie brauchen ihn oder sie also nicht um 180 Grad umzudrehen, sondern nur um 90 Grad. Dies kann gewöhnlich durch einfache Information erreicht werden.

Ressource-Zustand

Der nützlichste erste Schritt, den ein Verkäufer tun kann, ist, sich in einen Ressource-Zustand zu versetzen. *Ressource-Zustand* ist eine andere Bezeichnung für einen optimalen inneren Zustand psychischer Exzellenz. Dieser Zustand wird im Hier und Jetzt

Ressource-Zustände

1. Erinnern Sie sich an etwas, was Sie außergewöhnlich gut gemacht haben.
2. Fragen Sie sich: „Was sah ich?"
   „Was hörte ich?"
   „Was fühlte ich?"
3. Berühren Sie den Rücken einer Hand mit einem Finger der anderen Hand, wenn die Erinnerung an jenes Erlebnis ein Maximum an Intensität erreicht.
4. Prüfen Sie, ob eine Reiz-Reaktions-Verbindung zu Ihrer eigenen Berührung hergestellt ist. Wenn nicht, wiederholen Sie die obigen vier Schritte.

hergestellt, doch basiert er auf einer Erinnerung an eine Situation, in der Ihnen irgend etwas außergewöhnlich gut gelungen ist. Jim Banks erreichte einen Ressource-Zustand (siehe Seite 14-18).

Um einen Ressource-Zustand zu erreichen, brauchen Sie nichts weiter zu tun, als sich zu fragen: Was sah ich, als ich jene außergewöhnliche Leistung vollbrachte?*

Was hörte ich?

Was fühlte ich?

Wenn die Erinnerung, basierend auf sensorischen Informationen, ihre volle Intensität erreicht, dann berühren Sie den Rücken einer Hand mit einem Finger der anderen Hand. Dadurch entsteht eine Reiz-Reaktions-Assoziation zu dem Punkt. Sie können sich den Zustand der Exzellenz später willentlich in Erinnerung rufen, indem Sie jenen Punkt berühren. Oder Sie können jener Erfahrung ein Wort zuordnen, und das Wort wird dann ebenfalls die Erinnerung wecken. Und Sie können auch die Berührung und das Wort *zusammen* benutzen.

Falls ein Freund anwesend ist, der Sie beobachtet und Ihren Handrücken berührt, sobald Sie sich im entsprechenden Zustand befinden, so ist das noch besser, um den Ressource-Zustand festzulegen. Gehen Sie die Sequenz zweimal durch, damit Sie sicher sind, daß sich die Erinnerung an etwas, was Sie sehr gut getan haben, auch wirklich einstellt, wenn Sie Ihre Hand berühren oder das Schlüsselwort aussprechen.

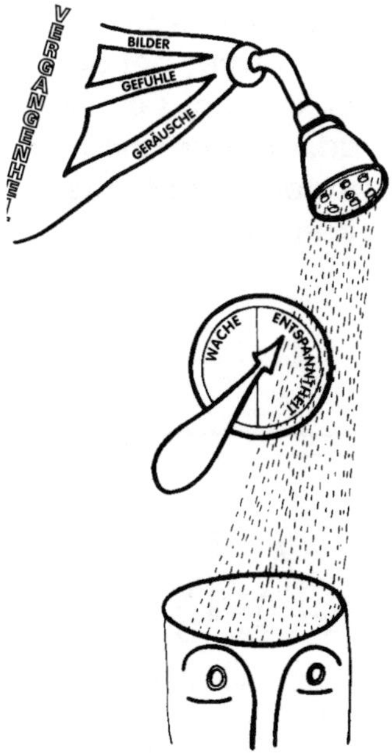

Sobald Sie gelernt haben, sich Ihren Ressource-Zustand schnell in Erinnerung zu rufen, können Sie so lange darin verweilen, wie Sie wünschen. Das Außergewöhnliche ist, sobald Sie sich in einem Ressource-Zustand befinden, stehen Ihnen die Erfahrungen, die Sie in Ihrem Leben gemacht haben, sofort als mögliche

* Seien Sie sicher, daß Sie die Welt durch Ihre eigenen Augen anschauen und nicht durch Ihr inneres Auge, als befänden Sie sich außerhalb Ihres Körpers.

Richtlinien und Ressourcen zur Verfügung. Sie können sich dann sehr leicht und schnell in die angemessene Reaktion auf jede Situation hineinbegeben.

Sobald Sie Ihren Ressource-Zustand erreicht haben, befinden Sie sich im optimalen Geisteszustand für ein Verkaufsgespräch. So wie in jeder Kommunikation ist auch in einer Verkaufspräsentation Rapport das oberste Gesetz im Geschäftsleben. Oft genügt schon der Small-talk am Anfang einer Interaktion, um Rapport herzustellen. Das einleitende Geplauder kann Ihnen auch eine Menge nützlicher Information über den Kunden liefern: über seine Ordnungsprinzipien, über seine Zeitwahrnehmung, darüber, was in seinen Augen wichtig ist, und darüber, welches Repräsentationssystem der Kunde im Augenblick benutzt.

Wenn Sie keinen Rapport haben, so legen Sie Ihr Ziel nicht offen. Tun Sie nichts, bevor Sie Rapport hergestellt haben. Wenn Vertrauen fehlt, finden Sie einen Weg, dies zu erlangen, damit Ihre Rapport-Bemühungen Erfolg haben. Ohne Rapport erreichen Sie nichts.

Sobald Sie Rapport hergestellt haben, ob durch *Mirroring* oder durch *Matching*, können Sie den Rapport durch eine Methode überprüfen, die *Pacing und Leading* genannt wird. Pacing und Leading beinhaltet: Wenn eine Person einen neuen Schritt macht oder eine bereits bekannte Bewegung abändert, wird die andere Person folgen. Wenn Rapport besteht, passiert das wie von selbst. Es tritt sogar so schnell ein, daß manchmal schwer zu sagen ist, wer „paced“ oder „matched“ und wer „leaded“.

Rapport wird zu einem Tanz, bei dem der Rhythmus eines Partners vom anderen aufgenommen oder beantwortet wird.

Dies kann in Verkaufssituationen nützlich sein, sofern Sie sich sicher sind, daß das Ziel, das die andere Seite in dieser Interaktion anstrebt, mit Ihrem eigenen Ziel vergleichbar ist. Ob das der Fall ist, können Sie feststellen, indem Sie den potentiellen Käufer „qualifizieren“. Dabei finden Sie das Ziel des anderen heraus und ob er/sie Ihren Service, Ihr Produkt oder Ihre Idee brauchen und dafür bezahlen kann. Außerdem machen Sie Ihre eigene Position in der Transaktion klar, die dem Ziel des anderen gleichgestellt ist. Betrachten Sie sich als Händler. Sie tauschen Ihre Dienstleistung, Ihr Produkt oder Ihre Idee gegen etwas von geringerem oder von gleichem Wert.

Außerdem sind Sie auch ein Erzieher. Es ist Ihre Aufgabe, dem Kunden beizubringen, welche Möglichkeiten verfügbar sind, um ihn zufriedenzustellen und seine Ziele zu erreichen. Um dies zu tun, müssen Sie Ihrem Kunden helfen, so früh wie möglich seine Ziele zu artikulieren.

Unicorn (Einhorn)

Die Erinnerungshilfe für eine Verkaufsverhandlung ist das Wort Unicorn:

Use Pointers for Outcomes (Benutzen Sie Pointer für Ziele.)

Nudge the Buyer's See / Hear / Feel Fantasy (Aktivieren Sie die Seh-, Hör- und Fühl-Phantasie des Käufers.)

Implement the As If and Future Planning Techniques (Wenden Sie die Als-Ob- und Zukunftsplanungs-Techniken an.)

Conditional Close (Ein an die Erfüllung bestimmter Bedingungen geknüpfter Abschluß.)

Outcome Dovetailing (Dovetailing der Ziele)

Rapport (Rapport)

Next Step and Summary (Nächster Schritt und Zusammenfassung)

Use Pointers to Clarify Outcomes
(Benutzen Sie Pointer, um Ziele zu präzisieren.)

Die naheliegenden Werkzeuge, mit deren Hilfe Sie Ziele Ihrer Kunden herausfinden können, sind die Pointer. Denken Sie an sanfte Umgangsformen: „Ich bin neugierig, über welche speziellen Bedürfnisse ...“ usw.

Im einleitenden Small-talk sollten Sie herausfinden, welche *spezifischen* Bedürfnisse die Firma des Kunden hat, die Ihr Produkt, Ihr Service oder Ihre Idee zu erfüllen vermag. Möglicherweise benutzt der Kunde nicht die gleichen Worte wie Sie, um dies zu formulieren. Ich möchte Ihnen sogar ausdrücklich empfehlen, bewußt Ausdrücke zu verwenden, die in der betreffenden Branche üblich sind. Wenn Sie mit Lebensmittelhändlern arbeiten, können Sie über Frischprodukte, Stammkunden, samtige Pfirsiche und Ladenhüter reden. Die werden dann wissen, was Sie meinen.

Treten Sie in die Welt des anderen mit dem korrekten Paßwort zu seiner Wirklichkeit ein.

Sie werden sich Freunde machen und Kunden gewinnen, wenn Sie stets die Ziele im Auge behalten, die Ihre Gesprächspartner anstreben und Ihre Ohren auf deren Sprachgebrauch einstellen. Wenn Sie Ausdrücke benutzen, die Ihre Kunden bereits benutzt haben, so wissen Sie, daß sie mit dem Wort einen Sinn verbinden, der auf deren Landkarte kodiert ist. Wählen Sie mit Ihrer sensorischen Schärfe Wörter aus, die mit positiven Reaktionen verknüpft sind. Diese Methode ist so wirksam, daß ich zögere, sie zu erklären, ohne gleichzeitig erneut auf die vier **R** hinzuweisen. Wenn Sie die Worte des anderen aufgreifen, die dieser Ihnen bereits durch das, was er zu Ihnen gesagt hat, wie auf einem Silberteller serviert hat, und wenn Sie dann unter diesen ausschließlich Wörter auswählen, auf die nur eine positive Reaktion möglich ist, können Sie jedem alles verkaufen – zumindest fast.

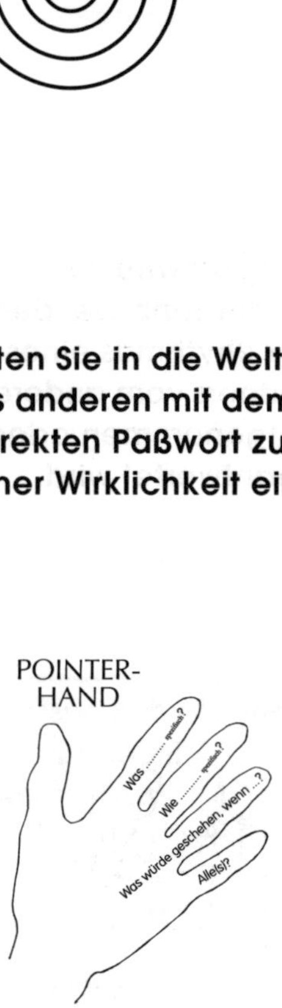

Weichmacher und Pointer

Allerdings wird der Käufer es am folgenden Montag zurückbringen, falls das Produkt kein Bedürfnis erfüllt, daß er tatsächlich hat.

Wenn Sie Syntonics kennen, benötigen Sie zum Verkaufen nichts weiter als die Fähigkeit, ein Bedürfnis mit einem Produkt, einer Dienstleistung oder einer Idee in Einklang zu bringen. Als Verkäufer, der nach der Syntonics-Methode arbeitet, sind Sie ein Kuppler. Ihnen selbst ist klar, daß Ihre Idee, Ihre Dienstleistung oder Ihr Produkt brauchbar ist, weil Sie es sonst nicht verkaufen würden. Wenn Sie Ihre gesamte Zeit und Energie auf „Übereinstimmung" verwenden, dann sind Sie geradewegs auf Erfolgskurs.

Darüber hinwegsehen heißt nur, den Erfolg aufschieben.

Wenn Ihnen die „Verkupplung" nicht gelingt, so verabschieden Sie sich mit Händedruck und gehen Sie. Sie werden beide wertvolle Zeit sparen und unbezahlbares Wohlwollen ernten. Geben Sie dem Kunden Ihre Visitenkarte, damit er, wenn er möchte, später mit Ihnen in Kontakt treten kann. Er/sie wird sich an Sie erinnern. Sie werden als eine außergewöhnlich kompetente und verantwortungsbewußte Person herausragen.

Nudge the See/Hear/Feel Fantasy
(Aktivieren Sie die Seh-, Hör- und Fühl-Phantasie.)

Wenn Sie feststellen, daß Ihr Kunde ein Bedürfnis hat, das Sie erfüllen können, ist es an der Zeit, die Seh-, Hör- und Fühl-Methode anzuwenden. Dynamische Verkaufstaktik beinhaltet, daß Sie den Kunden in seine eigene Phantasie versetzen und ihm dann zeigen, wie die Wirklichkeit aussehen wird. Lassen Sie ihn dann den Geräuschen (Klängen) zuhören und dann das Gefühl bekommen: „Wenn Sie tatsächlich mit mir darüber einig sind, was es bedeuten würde, Philadelphia zu unserem Vertriebsgebiet an der Ostküste hinzuzufügen, würden Sie sehen, daß unsere Verkäufe während der nächsten drei Monate um 50 Prozent steigen würden, und Sie würden den Vorstandsvorsitzenden sagen hören: »Sie haben ausgezeichnete Arbeit geleistet«, und dann würden Sie sich gut fühlen, diese Idee in unsere Zukunftsplanung einbezogen zu haben."

Die Phantasie darüber, Ihr Produkt zu besitzen, Ihre Dienstleistung zu genießen oder Ihre Idee zu kaufen, tut dann das ihre, und Sie können sich entspannen. Zu diesem Zeitpunkt, haben Sie den Abschluß wahrscheinlich in der Tasche. Übernimmt die Phantasie hingegen nicht die Führung, so vergeuden Sie Ihre Zeit. Verabschieden Sie sich, und wenden Sie sich anderen Dingen zu.

Wenn Sie das passende Stück zum Puzzle finden

If, As If, and Future Planning Techniques
(Ob-, Als-Ob- und Techniken für die Zukunftsplanung.)

Die Als-Ob-Technik ist Geschäftsleuten so vertraut, daß sie gegen deren Anwendung kaum etwas einzuwenden haben werden. Weil sie sie ständig anwenden, haben die meisten völlig vergessen, daß sie ein Glaubenmachen beinhaltet. Die Als-Ob-Technik ist ein akzeptierter Bestandteil ihres Denkprozesses. Sie nennen den Als-Ob-Prozeß *Zukunftsplanung*. Bei der Zukunftsplanung geht auch der phantasieloseste Geschäftsmann davon aus, daß das, was im Augenblick geschieht, weiterhin geschehen wird oder daß es besser oder schlechter werden wird. Mit Hilfe dieser Elemente arbeitet er dann einen Geschäftsplan aus.

ALS OB
SO NÜTZLICH
WIE EIN
RUNDER TISCH

Sie können die Als-Ob-Technik anwenden, um das Phantasie-Ergebnis des Kunden herauszufinden. Dazu könnten Sie etwas wie das folgende sagen: „Wenn ich Sie richtig verstanden habe, möchten Sie innerhalb der nächsten zwölf Monate Ihr Volumen verdoppeln. Dazu brauchen Sie ein [Ihr Produkt, Ihre Dienstleistung oder Ihre Idee], das [tun wird, was Ihr Produkt, Ihre Dienstleistung oder Ihre Idee zu tun vermag]. Wenn es mir gelingt, Ihnen zu zeigen, daß mein [Produkt, Dienstleistung, Idee] dazu in der Lage ist, kommen wir zu einer für beide Seiten zufriedenstellenden Übereinkunft."

Das einzige, worauf Sie bei der Anwendung der Als-Ob-Technik unbedingt achten müssen, ist, daß Ihre eigene Phantasie und die Phantasie Ihres Kunden die Grenzen des Vernünftigen nicht sprengt. Versprechen Sie nicht mehr, als Sie halten können. Die Als-Ob-Methode ist verführerisch, weil Sie so allein durch Worte ganze Luftschlösser errichten können. Sorgen Sie dafür, daß Sie das Schloß tatsächlich bauen können, bevor Sie einen Vertrag schließen.

Die Als-Ob-Methode dient dazu, das Ziel Ihres Kunden herauszufinden. Dann können Sie feststellen, ob Ihre beiden Ziele in Einklang zu bringen sind, denn dies ist entscheidend bei jedem Verkauf.

Zukunftsplanung ist nicht an und für sich eine Verkaufsmethode, aber sie ist nützlich. Durch Zukunftsplanung versuchen sich Manager über die Ziele klar zu werden, die sie für das nächste Jahr oder für die nächsten drei, fünf oder zehn Jahre anstreben. Dabei gehen sie davon aus, daß bestimmte Dinge eintreten werden. Die meisten, die diese Methode anwenden, gehen dabei von einer Position in der Gegenwart aus. Sie haben aktuelle Zahlen vor sich und raten, was in fünf Jahren geschehen wird.

Wesentlich besser ist es jedoch, zu planen, indem Sie sich vorstellen, Sie säßen in fünf Jahren in Ihrem Büro, nach fünf erfolgreichen Jahren. Sie schauen sich die Erfolgszahlen der letzten fünf Jahre an und beantworten die Frage: „Wie ist es uns gelungen, ein so gewaltiges Wachstum zu erzielen?"

Diese kleine Veränderung der Perspektive kann erstaunliche Information zum Vorschein bringen. Sie handeln, als ob Sie in der Zukunft wären. Sehen, hören und fühlen Sie Ihren Erfolg. Schauen Sie anschließend zurück, um festzustellen, wie Sie Ihren Wunschzustand erreicht haben.

Rückwärts zu denken ist leichter und kreativer als vorwärts zu denken.

Manager beschäftigen sich in ihren Planspielen häufig mit der Zukunft, doch gewöhnlich entgeht ihnen diese winzige Veränderung. Zurückzuschauen aktiviert mehr Ressourcen als das Als Ob des Blicks in die mögliche Zukunft. Weil Ihre Kunden wahrscheinlich mit der Methode der Zukunftsplanung vertraut sind, können Sie sie zu einem ähnlichen Denkprozeß hinführen, der an Bedingungen geknüpfter Abschluß (*Conditional Close*) genannt wird.

Conditional Close
(An Bedingungen geknüpfter Abschluß.)

So wie die Zukunftsplanung hat auch der an Bedingungen geknüpfte Abschluß eine starke Komponente von „Laßt uns so tun als ob". Beim bedingten Abschluß geben Sie vor, eine oder mehrere der Bedürfnisse des Kunden erfüllen zu können, und Sie fragen: „Habe ich Sie richtig verstanden: Wenn wir in der Lage sind, Aufgabe 1, 2 und 3 zu erfüllen, dann würden Sie sich freuen, mit uns ins Geschäft zu kommen?" Wenn Ihr Kunde diese Frage mit „ja" beantwortet, dann ist Ihre Arbeit einfach.

Sie müssen herausfinden, woran Ihr Kunde erkennen würde, daß Sie alle drei Aufgaben erfüllt haben. Benutzen Sie dazu die Evidenz-Prozedur: Wie werden Aufgaben 1, 2 und 3 aussehen, sich anhören und sich anfühlen, wenn Ihr Kunde zufrieden sein wird.

Nun wissen Sie, was Ihr Kunde will, denn Sie wissen, an welchen Sinneserfahrungen er erkennt, ob sein Ziel erreicht ist. Wenn Sie sicher sind, daß Sie seinen Zielvorstellungen gerecht werden können, haben Sie einen bedingten Abschluß.

SynTonics

Schauen wir uns hierzu ein Beispiel an. Ich verkaufe einer Computerfirma ein Kommunikationsseminar. Die Phase des Small-talks ist vorüber. Ich weiß, daß mein Kunde primär auditiv ist, sekundär kinästhetisch, auf die Zukunft fokussiert, und daß er sich Sorgen über Kommunikationsprobleme in einem schnell wachsenden Unternehmen macht. Er verfügt über die Macht, unseren Vertrag zu unterzeichnen, doch hat er den Entscheidungsprozeß gestoppt. Ich nehme an, daß er das getan hat, weil er sich unsicher ist, ob meine Firma wirklich in der Lage ist, seinem Personal bessere Kommunikationsfähigkeiten zu vermitteln.

Ich frage: „Das heißt, wenn wir für Sie Gespräche mit einigen unserer zufriedenen Kunden arrangieren könnten, würden Sie sich gut dabei fühlen, einen Vertrag mit uns zu unterschreiben?"

„Sicherlich. Wer sind Ihre Kunden?"

Ich deute auf die Liste, die in unserer Broschüre aufgeführt ist, und lese sie laut vor. Natürlich kann er selbst lesen, aber da er auditiv orientiert ist, macht das Hören der Namen die Kunden für ihn real.

„American Express, Citibank, Chase Manhattan, ATEX, Sears, Tracy Lock/BBD&O, IBM."

Sein strenger Gesichtsausdruck hat sich etwas entspannt. „Können Sie mir spezifische Personen nennen, mit denen ich sprechen kann?"

Nachdem ich mein Adreßbuch hervorgeholt und drei Namen und Telefonnummern aufgeschrieben habe, sage ich: „Wenn die drei uns gute Noten geben, können wir dann Termine festlegen. Welcher Monat wäre Ihnen genehm?"

Die Anwendung des an Bedingungen geknüpften Abschlusses früh in der Verhandlung spart Zeit.

„Ich werde Sie im Laufe der nächsten beiden Wochen anrufen."

„Ich danke Ihnen für die Zeit. Ich freue mich auf die Zusammenarbeit mit Ihnen."

Händedruck und Abgang.

In diesem Austausch habe ich zwei Als-Ob verwendet: „Das heißt, wenn wir für Sie Gespräche mit einigen unserer zufriedenen Kunden arrangieren könnten, würden Sie sich gut dabei fühlen, einen Vertrag mit uns zu unterschreiben?" Und: „Wenn sie uns gute Noten geben, können wir Termine festlegen."

Der Kunde schluckte das erste Als Ob und bockte vor dem zweiten. (Ich gewinne natürlich beim Verkauf nicht jede Runde.

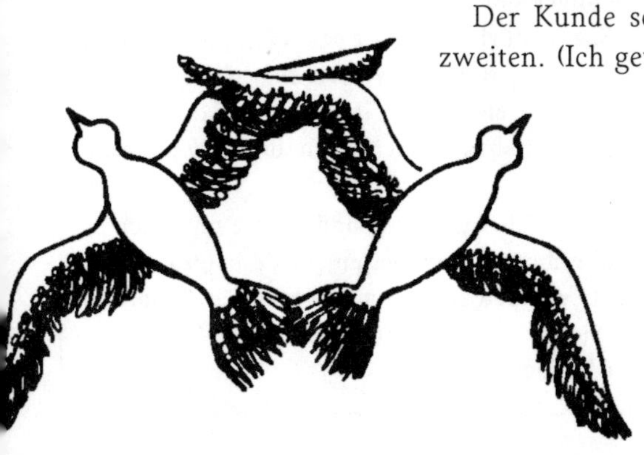

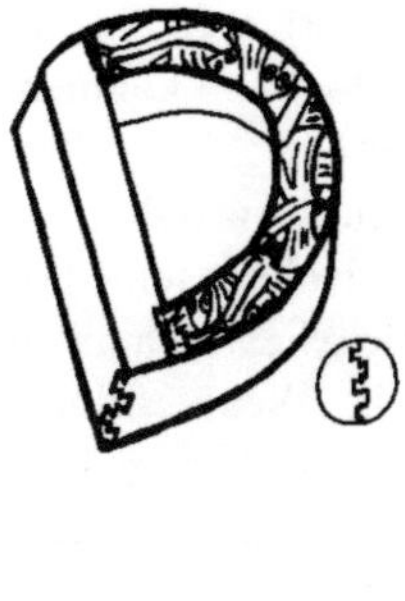

Wenn das so wäre, hätte ich keinen Ansporn mehr.) Die Als-Ob-Technik hilft, Zeit zu sparen. Sie können innerhalb von fünf Minuten feststellen, ob Ihr Produkt den Bedürfnissen des Kunden entspricht. Wenn ja, brauchen Sie nichts weiter mehr zu tun, als diese Übereinstimmung so zu veranschaulichen, daß der Kunde es versteht. Indem Sie dem Kunden erklären, was Sie ihm bieten können, so daß er zu seinem Ziel gelangt, machen Sie ihn zu einem Verbündeten.

Outcome Dovetailing *(Zielkombination)*

Dovetailing der Ziele wurde bereits in Kapitel 1 erklärt. Im Kapitel über das Verhandeln (dem folgenden) werden verschiedene Methoden vorgestellt, durch die Dovetailing zu einem Vergnügen und einer perfekten Paßform wird. Irgendwo in diesem Buch finden Sie eine Technik für fast jede Situation. Wenn nicht, dann geben Sie zum Abschied die Hand, gehen Sie Ihres Weges und sparen Zeit. Die Welt ist ein Festschmaus. Bleiben Sie nicht vor einem leeren Schrank sitzen.

Umgang mit Einwänden

Einwände von Kunden räumen Sie am besten aus, bevor Sie überhaupt auftauchen. Die eleganteste Art, dies zu tun, besteht darin, sich das Ziel des Kunden zu vergegenwärtigen. Wenn Sie ihm helfen, sein Ziel zu erreichen, und er weiß dies, werden Sie wahrscheinlich keinen Einwand von ihm hören.

Wenn er einen Einwand vorbringt, versuchen Sie, mit Hilfe des ABCs der Zielfindung, seine Ziele zu definieren. Einwände bedeuten, daß Sie Ihren Kunden nicht auf seinem Weg begleiten. Atmen Sie einmal tief durch, überprüfen Sie den Rapport, und bemühen Sie sich, mehr Informationen über sein Ziel zu bekommen.

Eine weniger effiziente Art, mit einem Einwand umzugehen, ist, denselben zu übertreiben. Der Grund, warum dies weniger effizient ist als Ziele zu erforschen, ist, weil Sie durch Übertreibungen beleidigend wirken könnten. Und dann: „The Game is over."

Wenn Sie einem Einwand mit einer Übertreibung begegnen wollen, sollten Sie bedenken, daß die Grenze zwischen Humor und Beleidigung hauchdünn ist. Wenn es Ihnen gelingt, auf der Humor-Seite dieser feinen Grenze zu bleiben, kann Übertreibung ein ausgezeichnetes Werkzeug sein. Doch ist Übertreibung zweischneidig und scharf. Wenn man diese Methode nicht mit großem Geschick und Gespür einsetzt, kann der Rapport leiden, und das wiederum kann ein vorzeitiges Ende des Verkaufsgesprächs nach sich ziehen.

Wenn Sie ausgezeichneten Rapport zu Ihrem Kunden haben und ihn sehr gut kennen, können Sie sich vielleicht eine Bemerkung wie die folgende erlauben:

> ***Kunde:*** Warum soll ich denn viel Geld für neue Reifen ausgeben, wo runderneuerte so viel billiger sind?
> ***Sie:*** Natürlich sind sie das. Wenn Sie für diese Art zu sparen etwas übrig haben, können Sie 100 Prozent sparen, indem Sie auf den Reifen, die Sie haben, weiterfahren, bis diese platzen.

Wenn Sie aber unsicher sind, ob Sie mit einer Übertreibung gegenüber einem Verkaufsargument eventuell zu weit gehen könnten, probieren Sie es erst gar nicht aus. Kommen Sie auf Ihre Ziele zurück.

Rapport

Sie brauchen während der gesamten Verkaufsverhandlung Rapport. Mehr ist nicht zu sagen.

Nächster Schritt und Zusammenfassung

Ein ausgezeichneter Verkäufer hat mir einmal erzählt, wenn es einem gelänge, am Ende einer Verkaufsverhandlung den nächsten Schritt zu skizzieren, so würde dies die Reue des Käufers *(buyers remorse)* verhindern. Ich weiß nicht, ob das stimmt, aber bei jeder zwischenmenschlichen Transaktion ist eine Zusammenarbeit und ein nächster Schritt eine gute Idee. Der nächste Schritt kann mit einem bestimmten Datum verbunden sein – beispielsweise dem 15. März –, an dem er abgeschlossen, an dem etwas geliefert oder bezahlt sein muß oder was immer sonst der nächste Schritt ist.

Dovetailing verhindert die Reue des Käufers.

Der mittlerweile sprichwörtliche Gebrauchtwagenhändler hat den ganzen Berufsstand des Verkäufers in Verruf gebracht, obwohl dieser für uns alle eine wichtige Funktion hat. Wir alle sind Verkäufer, insofern wir alle Ideen, Alternativen, Besorgnisse und Dienstleistungen verkaufen, vielleicht sogar häufiger als Ware. Die Methoden, die Sie benutzen, um einen Freund davon zu überzeugen, sich mit Ihnen einen Film anzuschauen oder den von Ihnen bevorzugten Politiker zu wählen, benutzen auch hervorragende Verkäufer oder prominente Künstler. Wenn Sie Ihren Lebensunterhalt als Verkäufer verdienen, so wird es sich positiv auf Ihre Tantiemen auswirken, wenn Sie Verkäufe als Prozesse verstehen. Und wenn Ihnen klar ist, daß es beim Verkauf darum geht, für die Bedürfnisse des Kunden das adäquate Produkt zu finden, dann wird sich dies positiv auf Ihre Glaubwürdigkeit, Ihr Selbstvertrauen und Ihre Integrität auswirken.

Verabschieden Sie sich, und gehen Sie Ihrer Wege.

Kreieren
Sie viele
Optionen
für Ihr Ziel

9
Verhandeln

Als Verhandlung bezeichnen wir hier jede Kommunikation, bei der die *Ziele* von zwei oder mehr Parteien im Widerstreit zu stehen scheinen. Es geht hier also um einen größeren Bereich als den formeller Verhandlungen beispielsweise zwischen Arbeitnehmervertretung und Management, zwischen Schulleitung und dem Lehrerkollegium oder Regierungen gegen Regierungen. Für *alle* Verhandlungen gelten die gleichen Prinzipien, in welchem Restaurant Sie zu Abend essen oder für eine Firmenübernahme, oder ob es darum geht, einen Krieg zu beenden. Auch hier werden wir uns mit dem Prozeß beschäftigen; den speziellen Inhalt können Sie selbst liefern.

Bevor Sie mit einer Verhandlung beginnen, entscheiden Sie sich für Ihr Ziel. Es ist eine gute Idee, Alternativen vorzubereiten für den besten und den schlimmsten Fall. Was wäre ideal? Womit würden Sie sich zufrieden geben? Gehören Sie einer Gruppe an, so sollten Sie sich über die obigen Punkte einig sein, ehe Sie die Verhandlung mit der anderen Seite aufnehmen.

Bei der Verhandlung mit der Gruppe, der Sie selbst angehören, können Sie genauso vorgehen, wie bei der Verhandlung mit der Gegenpartei. Sobald Sie sich mit Ihrer Gruppe über die anzustrebenden Ziele geeinigt haben, haben Sie bereits einen Vorteil. Und jetzt kommt die Gelegenheit, wo sich Ihre Fähigkeiten bezahlt machen: Sie werden Ihnen helfen, zu einer Einigung zu gelangen, mit der beide Seiten zufrieden sind. Wenn Ihnen dies gelingt, wird das Verhandlungsergebnis Bestand haben, und Sie werden sich nicht mit der „Reue des Käufers“ auseinandersetzen müssen.

Zweitens müssen Sie sich, bevor Sie mit der Verhandlung beginnen, so viel Information wie möglich über die Gegenpartei oder die Gegenparteien und ihre Positionen beschaffen. Dazu gehört in jedem Fall festzustellen, ob irgendwelcher Druck von anderer Seite Einfluß auf die Verhandlung haben könnte. Das kann ökonomischer, sozialer, politischer und familiärer Druck oder ganz einfach Zeitdruck sein. Alle diese Faktoren beeinflussen das Ziel, und ein kluger Unterhändler oder Vermittler ist sich dieser Einflüsse während der Verhandlung bewußt und nutzt sie schon am Anfang, wenn die Tagesordnung und Zeitpläne festgelegt werden, und weiter bis zur Schlußphase des Abkommens, was als nächstes zu tun ist.

Drittens sollten Sie sicherstellen, daß Sie mit jemandem verhandeln, der eine endgültige Entscheidung fällen kann. Machen Sie nicht Ihr bestes Angebot, wenn Ihr Verhandlungspartner nicht der ist, der entscheidet.

Eine Verhandlung ist jede Kommunikation, in der zwei oder mehr Beteiligte einander entgegengesetzte Ziele zu verfolgen scheinen.

Wenn Uneinigkeit hinsichtlich der Ziele besteht und kein Einfluß da ist, können Sie genauso gut nach Hause gehen.

Der vierte Schritt besteht darin, zu einer Einigung darüber zu gelangen, ob es eine Verhandlungsgrundlage gibt. Hier sind „fette", abstrakte Wörter nützlich. Vielleicht ist das einzige, worüber Sie sich einigen können, Mutterschaft und Apfelkuchen oder daß beide Seiten wollen, daß sowohl die Gewerkschaft als auch das Unternehmertum weiterhin bestehen bleibt. Doch Sie müssen ein gemeinsames, übereinstimmendes Ziel finden.

Verhandeln Sie nie, wenn der Verhandlungspartner nicht anwesend ist, es sei denn, Sie wissen dies und sind gezwungen, es zu tun.

Syntonic-Fähigkeiten und die Taktiken erfolgreich verhandelnder Personen

Fast alle in diesem Buch beschriebenen Fähigkeiten sind bei Verhandlungen wichtig. Das gilt ganz besonders für die Pointer und die bereits beschriebene Form für Besprechungen. Pegasus erfüllt bei Verhandlungen ebenso seine Funktion wie bei anderweitigen Besprechungen. Erfahrene Unterhändler stimmen die Ziele aller Seiten aufeinander ab, sie formulieren langfristige Ziele, und sie arbeiten mit Zusammenfassungen und Fragen. Nach einem Bericht der Huthwaite Research Group* (eine ausgezeichnete Untersuchung über die Unterschiede zwischen durchschnittlichen und erfolgreichen Unterhändlern) bedienen sich fähige Unterhändler außerdem ganz bestimmter Verhaltensweisen, um ihre Ziele zu erreichen. Ideen aus dieser Studie sind in der folgenden Liste von Empfehlungen für Verhandlungen mit den wichtigsten Syntonic-Fähigkeiten zusammengefaßt.

- Benutzen Sie sensorische Schärfe.
- Stellen Sie Rapport her.
- Seien Sie schlau genug, sich nicht zuerst zu verteidigen und dann anzugreifen. (Das gilt für die meisten Fälle.) Verstehen Sie statt dessen den Vorschlag der anderen Seite als eine unter vielen möglichen Optionen. Denken Sie an das ABC der Ziele. Wenn es Ihnen gelingt, die Absicht hinter dem Angriff oder der Verteidigung aufzudecken, so eröffnet Ihnen dies neue Optionen.

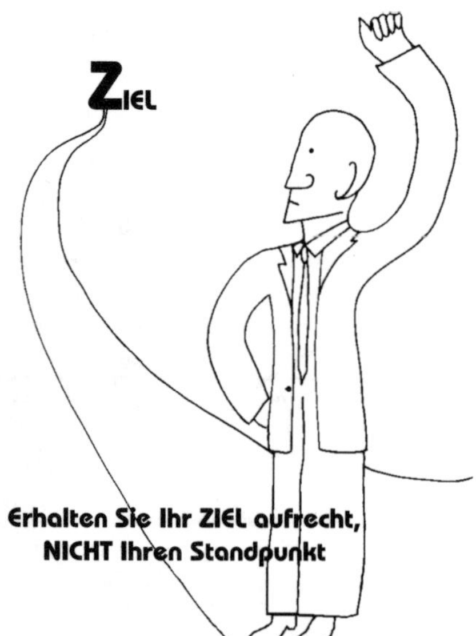

* *The Behavior of Successful Negotiators*; London: The Huthwaite Research Group, Ltd., 1976/78.

- Bestätigen Sie Vorschläge der Gegenseite zunächst: „Das ist ein guter Aspekt. Wenn ich an Ihrer Stelle wäre, wäre mir *das* auch sehr wichtig." Formulieren Sie das Gesagte anschließend so um, daß das Ziel, das die andere Seite damit verfolgt, klar hervortritt, und versuchen Sie ihre Absicht herauszufinden.
- Greifen Sie möglichst selten, am besten jedoch nie, zu Beleidigungen und Bemerkungen, die Ärger hervorrufen werden.
- Kündigen Sie ausdrücklich an, wenn Sie Fragen stellen oder Vorschläge machen wollen. Zum Beispiel: „Ich möchte Ihnen einen Vorschlag machen" oder: „Ich möchte Sie etwas fragen."
- Bleiben Sie flexibel im Hinblick auf Abläufe und Alternativen.
- Vermeiden Sie es, die andere Seite zu beschuldigen oder anzuklagen.
- Geben Sie Gründe dafür an, weshalb Sie einen Vorschlag machen wollen, und machen Sie dann den Vorschlag. Diese Reihenfolge ist deshalb wichtig, weil Sie dadurch potentielle Einwände verhindern. Wenn ich einfach unumwunden um eine Gehaltserhöhung bitten würde, fielen Ihnen wahrscheinlich auf Anhieb 27 Gründe ein, weshalb Sie mir das unmöglich zugestehen können. Doch wenn ich zuerst einen berechtigten Grund für meine Forderung nennen und erst dann meine Bitte vortragen würde, würden Sie eher den genannten Grund, aber nicht meine Forderung angreifen.
- Geben Sie nur wenige Gründe an, nicht viele. Auch hier gilt, daß die Gegenpartei Ihren schwächsten Grund angreifen wird.
- Bringen Sie Gefühle zum Ausdruck, zum Beispiel: „Ich fühle mich sehr besorgt darüber, daß ..." Erfolgreiche Unterhändler sprechen wesentlich mehr über ihre Gefühle als erfolglose Unterhändler.

- Heben Sie Übereinstimmungen hervor.
- Bitten Sie um Bedenkzeit, wenn Sie über eine Möglichkeit nachdenken wollen, die neu aufgetaucht ist.
- Wenn Sie sich festgefahren haben, dann tun Sie (a) etwas anderes, oder (b) benutzen Sie die Als-Ob-Technik.
- Denken Sie daran, daß eine beiderseitige Übereinstimmung als erstes kommt, daß jedoch deren Umsetzung der Schlüssel zum Erfolg oder Mißerfolg ist.

Change Reality

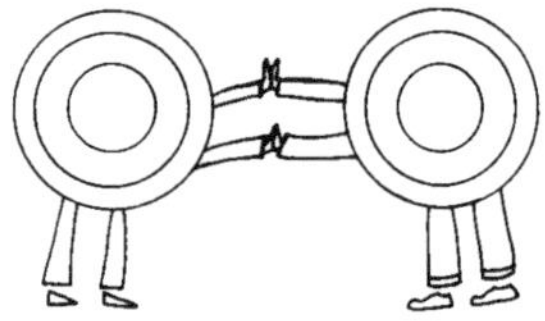

Entgegengesetzte Ziele

CHANGE REALITY ist eine Merkhilfe, hinter der sich ein Prozeß verbirgt, der nützlich ist, wenn eine Verhandlung ins Stocken gerät. Die Denkweisen, an die dieses Akronym erinnern soll, werden manchmal als *logische Ebenen des Denkens, manchmal als abstraktes Denken* bezeichnet und manchmal als *Paradigmenwechsel.* Ein *Paradigma* ist eine Landkarte von der Realität in Verbindung mit einer bestimmten Gruppe von Glaubenssystemen. Ihr Paradigma schränkt Ihre Realität ein. Die CHANGE REALITY-Techniken sollen Sie und die Gegenseite an neue Perspektiven erinnern, an neue Sichtweisen der Realität und an neue Arten, die Dinge, über die verhandelt wird, zu sehen.

Viele von uns verfangen sich in der Denkweise, daß es nur eine einzige Möglichkeit gibt, ein bestimmtes Bedürfnis zu befriedigen. Vielleicht ist das tatsächlich so, wahrscheinlich aber nicht. Die Welt ist voll von vielen wunderbaren Dingen, die vielleicht die Bedürfnisse von irgend jemandem zu befriedigen vermögen. Das Abstimmen der Bedürfnisse auf die Befriedigung ist das eigentlich Schwierige.

Sie können das Endergebnis des Prozesses „Wahrnehmung plus Denken gleich Kommunikation" verändern, indem Sie den Wahrnehmungsprozeß oder den Denkprozeß verändern. Um Ziele aufeinander abzustimmen, die einander scheinbar ausschließen, müssen Sie feststellen, ob sich irgend etwas an der Wahrnehmung oder am Denken verändern läßt. CHANGE REALITY-Techniken erweitern die Möglichkeiten sowohl im Bereich der Wahrnehmung und des Denkens. Diese dreizehn Werkzeuge verändern Ihre Betrachtungsweise einer Situation, so daß Sie und die anderen Beteiligten Möglichkeiten zu sehen vermögen, die nicht erkennbar waren, solange Sie im Bann Ihrer habituellen Reaktionen und Gedankenmuster standen.

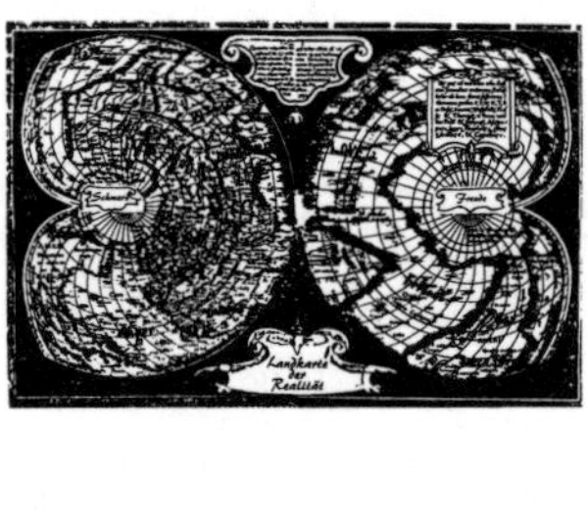

Die Wirklichkeit ist ein Puzzle, das jeder von uns zusammenfügt.

CHUNK UP/CHUNK DOWN ist nützlich, um die Intention herauszufinden, die sich hinter einer Forderung verbirgt.

Chunk Up / Chunk Down

Chunk ist ein Begriff aus der Computerwelt, der beinhaltet, daß man Dinge in Bits aufteilt – in Informationsstückchen. *Chunk up* bedeutet, sich von einem spezifischen Begriff zu einer generellen Kategorie zu bewegen. *Chunk down* bedeutet, sich vom Spezifischen zu noch Spezifischerem oder zu Bestandteilen des Spezifischen zu bewegen.

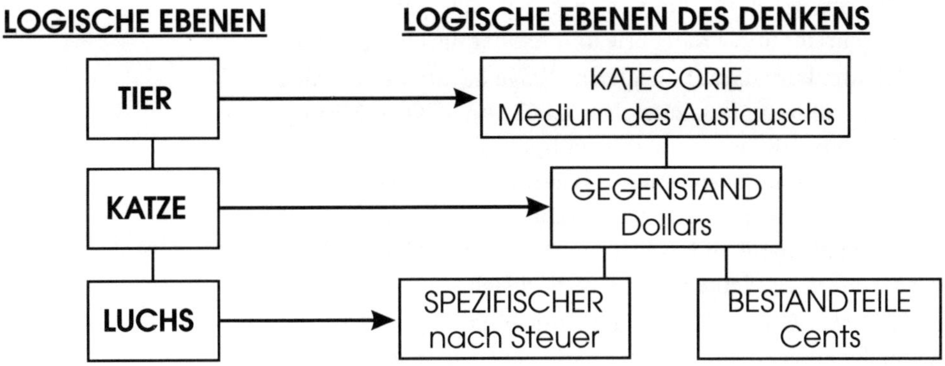

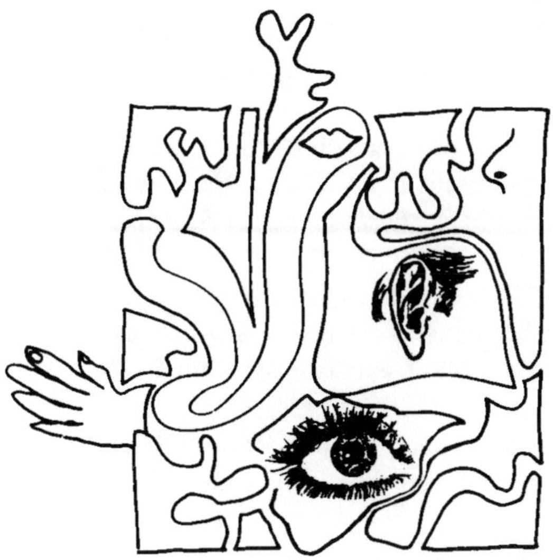

CHUNK UP/ CHUNK DOWN
Nützlich, um herauszufinden, wie man andere motiviert

Nehmen wir zum Beispiel an, daß zwei Werbemanager sich um einen prestigeträchtigen Etat streiten. Ihr CEO hat keine Lust mehr, sich zwischen beiden zu entscheiden, und er ist es überhaupt leid, daß sie ständig versuchen, sich gegenseitig auszustechen. Deshalb ruft er beide nacheinander zu einem Gespräch zu sich und stellt ihnen zwei Fragen. Die erste Frage lautet: „Sagen Sie mir in Ihren eigenen Worten, was es für Sie bedeutet, den UNICORP-Etat zu bekommen?"

Robert reagiert darauf zunächst etwas ausweichend, sagt aber schließlich sehr emotional: „Dann wüßte ich, daß ich der wichtigste Werbemanager in unserer Firma bin – natürlich nach Ihnen. Diesen Etat hat immer der Top-Mann in der Firma bekommen."

Der CEO *chunked* daraufhin von „prestigeträchtiger Etat" aufwärts, und schreibt in die Kategorie unmittelbar darüber *„Status"*.

Als Malcolm kurz darauf die gleiche Frage beantwortet, fallen seine Worte völlig anders aus: „Der CEO von UNICORP mag kreative Werbung. Er war immer gewillt, ein Risiko einzugehen, indem er etwas Neues ausprobierte. Wenn wir das Risiko auf ein Minimum beschränken, wird er uns erlauben, neue Ideen auszuprobieren, die niemand anders befürworten würde. Und ich habe da ein paar Ideen ..." Seine Stimme verliert sich.

Der CEO *chunked* von „prestigeträchtiger Etat" aufwärts und schreibt in die Kategorie unmittelbar darüber *„kreativer Ausdruck"*.

Die zweite Frage des CEO lautet: „Wenn Sie den Etat bekommen würden, was würde das an Ihrem Arbeitstag ändern?"

Robert antwortet darauf: „Ich würde die UNICORP-Anzeigen von Forbes in meinem Büro aufhängen."

Malcolm antwortet: „Dann könnte ich Mariannes Vorschlag aufgreifen und feststellen, ob er wirklich so erfolgreich ist, wie ich glaube."

Der CEO *chunked* daraufhin abwärts zu den Bestandteilen der Etat-Akquisition. Für Robert schreibt er auf *„Forbes-Anzeigen an der Wand"*; für Malcolm schreibt er *„Effektivität einer Idee überprüfen"*.

Daraufhin verleiht der CEO Robert den Titel eines „Associate Executive Officers", der ihn berechtigt, Kopien aller Anzeigen der Agentur an den Wänden seines Büros aufzuhängen. Den UNICORP-Etat bekommt Malcolm.

In *The Art and Science of Negotiation** benutzt Howard Raiffa eine Metapher, um diese Verhandlungstechnik zu beschreiben.

* Harvard University Press, Cambridge, MA, 1982.

CHUNK UP / CHUNK DOWN
Neue Alternativen entdecken

Raiffa nennt dies, den Kuchen vergrößern, so daß jeder das Stück bekommt, das er haben will. Der Denkprozeß des *Chunking up* und *Chunking down* wirkt Wunder, wenn Verhandlungen sich festgefahren haben, da er neue Alternativen aufzeigt. Wenn Sie einen Konflikt haben, und diese Art zu Denken bringt Ihnen nicht die erhoffte Lösung, dann verzweifeln Sie nicht. Es gibt noch zwölf weitere Techniken, die jedem helfen, das zu bekommen, was er bekommen möchte.

Haben Sie Spaß dabei, ein wenig mit dem *Chunking up* und *Chunking down* zu spielen. Es folgt eine Liste von Wörtern, die Sie *chunken* können. (Dies sind nicht die einzigen Antworten.)

CHUNK UP		**CHUNK DOWN**	
KATEGORIE	**GEGENSTAND**	**SPEZIFISCHERER GEGENSTAND**	**BESTANDTEILE**
Status	Zugehörigkeit zum Direktorium	UNICORP-Geschäftsleitung	Benutzung des Firmen-Jets, mehr Gehalt, Verbindungen
Austausch-Medium	Dollars	nach Steuer, Fälschung, Lebenshaltungskosten, Dollar	Cents; Papier; Gravuren
Lufttransport	Flugzeug	Piper Cup, Jet, DC-7, Papier	Flügel, Cockpit, Rumpf, Streben, Instrumente
Gefühl	Wut	tiefsitzende, intensive, kontrollierte, aufkommende	geballte Fäuste, rotes Gesicht, Atemnot
Produktionsstätte	Fabrik	Automontagewerk, Stahlwalzwerk	Förderbänder, Drehbänke, Hochöfen

Jedesmal wenn eine Verhandlung sich festgefahren zu haben scheint, müssen Sie bezüglich des strittigen Objekts zunächst aufwärts und dann abwärts *chunken* können. Wenn es um Geld geht, was häufig der Fall ist, müssen Sie möglicherweise bis zu der Tatsache hin aufwärts *chunken*, daß Geld nichts weiter ist als eine Methode, Zeit, Dienstleistungen oder Produkte zu tauschen. In diesem Emporsteigen zu einer umfassenderen Kategorie kann die Lösung liegen. Vielleicht möchte die Gewerkschaft die Arbeitszeit von 40 auf 35 Stunden pro Woche reduzieren. Es geht also nicht um mehr Geld, sondern um weniger Arbeitszeit für das gleiche Gehalt. Vielleicht können die Arbeiter die gleiche Menge in weniger Zeit produzieren. Eine Option wäre, sich mit der „Stückzahl produzierter Güter" zu beschäftigen und diese gegen einen bestimmten Lohn zu handeln. Fähige Unterhändler suchen nach Alternativen, und *Chunking up* und *Chunking down* eröffnet dies.

Hierarchie der Werte und der Kriterien

Eine *Hierarchie* ist eine Anordnung von Objekten nach Prioritäten. Dem wichtigsten Objekt wird die erste Position zugeordnet, dem zweitwichtigsten die zweite, usw. Jeder Mensch hat andere Wert- und Kriterienhierarchien, die zutiefst mit den Glaubenssystemen verbunden sind.

Werthierarchien. Wir alle leben gemäß unseren Glaubenssystemen. Selbst der schlimmste Gesetzesbrecher hat seine Grenzen und hat etwas, an das er glaubt. Vielleicht beziehen sich seine wichtigsten Glaubenssätze auf die Bedeutung von Freundschaften, und er würde niemals einen Kumpel verraten. Vielleicht ist es seine Frau; er stiehlt, um ihr Schmuck zu kaufen, und er würde kämpfen, um sie zu schützen. Vielleicht ist sein Glaube „sein Land", er wird sich freiwillig melden, um für die Flagge zu sterben.

Unsere Glaubenssysteme und unsere Werte sind zutiefst verbunden. Wir sind motiviert und treffen Entscheidungen, die auf diesen Glaubenssystemen und Werten basieren. Oft sind diese Werte uns nicht bewußt. Wir wissen nicht, warum wir uns dafür entscheiden zu lügen, zu sterben oder ehrlich zu bleiben, aber wir tun es.

Wenn wir alle die gleichen Werte hätten mit den gleichen Prioritäten, wären die Dinge einfach. Aber so ist es nicht. Manche unter uns messen den Meinungen anderer großen Wert bei; anderen ist es völlig egal, was andere denken. Diese Menschen treffen Entscheidungen ohne Rücksicht auf andere.

Menschen haben nicht nur unterschiedliche Werte, sondern jeder Mensch glaubt außerdem, daß einige dieser Werte wichtiger sind als andere. Wenn die Werte eines Menschen hinsichtlich einer bestimmten Entscheidung in Konflikt stehen, so entscheidet der Wert mit der höchsten Priorität über das Ziel. Wenn für jemanden das Fertigstellen eines Berichts einen höheren Wert beinhaltet, als rechtzeitig zu einer Besprechung zu erscheinen, kann es sein, daß selbst der ansonsten pünktlichste Angestellte zu der Sitzung zu spät kommt.

Wenn Sie die Werthierarchie der Gegenpartei kennen (d.h., welcher Wert ihr am wichtigsten ist, welcher am zweitwichtigsten, welcher am wenigsten wichtig), so ermöglicht Ihnen dies, eine Einigung zu erzielen, die für alle Beteiligten akzeptabel ist. Selbst die Gegenpartei kann stolz auf die gefundene Lösung sein

CHANGE REALITY

- ***C*** **Chunk up/ Chunk down**
- ***H*** **Hierarchie der Werte-Skala**
- ***A*** **Anderes Ziel**
- ***N*** **Negative Konsequenzen**
- ***G*** **Generieren einer Metapher**
- ***E*** **Eingeben eines anderen Beispiels**

- ***R*** **Redefinieren des Ziels**
- ***E*** **Effekt, Ursache und Wirkung**
- ***A*** **Anwendungen für sich selbst**
- ***L*** **Lebens-Äquivalenz**
- ***I*** **Intention**
- ***T*** **Time - Zeit**
- ***Y*** **Your Map of Reality - Ihre Landkarte der Realität**

und wird sich mit ihr identifizieren, weil Sie ihr Wertsystem respektiert und berücksichtigt haben.

Wenn die unmittelbar mit dem Überleben verbundenen Bedürfnisse des Menschen nach Nahrung, Wasser, einem Dach über dem Kopf und Sex befriedigt sind, scheinen sich die Bedürfnisse der Menschen in drei Grundkategorien aufzuteilen. Dies zu wissen ist bei Verhandlungen von Nutzen, weil man sich dann über die hinter einer Forderung stehende Intention im klaren ist. Die Intention kann sich entweder auf die *Identität* beziehen – darauf, zu entdecken, zu wissen und zu bestätigen, wer Sie sind; oder auf *Verbundenheit* – Liebe oder ein Gefühl der Zugehörigkeit zu einer anderen Person oder zu einer Gruppe; oder auf *Kraft* – das Gefühl, daß das, was Sie tun, eine Wirkung hat.

Diese Bedürfnisse scheinen natürliche Prozesse zu sein, die ihrer Erfüllung zustreben. Wenn Sie sich nicht stark fühlen, werden Sie versucht sein, Dinge zu tun, die Ihre Macht zum Ausdruck bringen. Wenn Sie nicht wissen, wer Sie sind, werden Sie verschiedene Charakterzüge testen, um herauszufinden, welche Ihnen eigen sind. Beispielsweise könnten Sie nach Kongruenz suchen. Wenn Sie sich nicht verbunden fühlen, werden Sie nach einem Partner oder nach einem Sach-Engagement, einer Religion oder einer Gruppe suchen, mit der Sie sich verbunden fühlen können.

Experten streiten sich seit langem darüber, welches dieser Bedürfnisse an erster Stelle steht. Wichtiger ist die Erkenntnis, daß die Priorität der Bedürfnisse von Person zu Person unterschiedlich ist. Außerdem fallen Bedürfnisse häufig unter zwei oder drei Kategorien gleichzeitig. Ein Gefühl der Macht kann Ihnen helfen zu wissen, wer Sie sind. Zu wissen, wer Sie sind, kann Ihnen helfen, sich mit anderen Menschen verbundener zu fühlen. Das Gefühl, Dinge bewirken zu können, kann Ihr Identitätsgefühl stärken. Diese Bedürfnisse sind miteinander verbunden, und manchmal verlangt das eine nach Befriedigung, manchmal jedoch ein anderes. Manchmal wollen alle drei durch ein und dasselbe Verhalten befriedigt werden.

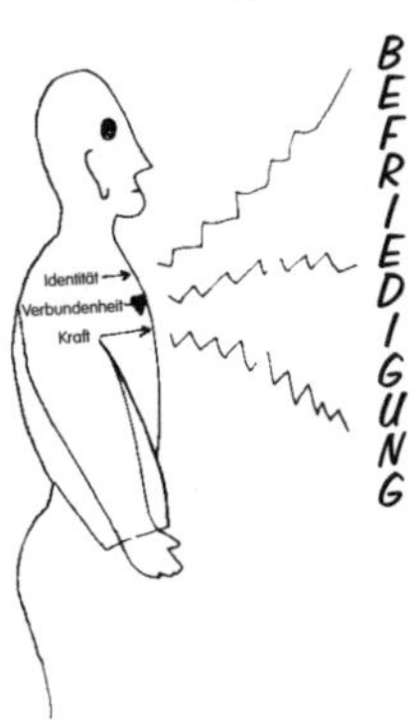

Sobald Sie wissen, welcher Kategorie das Bedürfnis einer Person einzuordnen ist, sind Sie möglicherweise in der Lage, es auf viele verschiedene Arten zu befriedigen. Die CHANGE REALITY-Techniken helfen Ihnen, neue Wege zu finden, um diese Bedürfnisse offenzulegen und dann neue Optionen zu finden, um diese Bedürfnisse zu befriedigen.

Um Ihre eigene Werthierarchie zu entdecken, prüfen Sie die nachfolgende Werteskala und numerieren Sie sie von 1 bis 6. 1 steht für den wichtigsten Wert und 6 den unbedeutendsten. Dies sind Ihre Werte und Prioritäten.

IDENTITÄT	**VERBUNDENHEIT**	**KRAFT**
Ansehen	Liebe	Erfolg
Selbstachtung	Respekt der eigenen Kinder	Fähigkeit zu überlisten
Erfolg	der gute Name	Kreativität
Integrität	Ehre	Geld
Respekt der eigenen Kinder	Religion	Macht
Ehrlichkeit	Attraktivität	Status
Kreativität	Intelligenz	Talent
Konventionalität	die Bewunderung anderer	Intelligenz
Originalität	Selbstlosigkeit	Unabhängigkeit
körperliche Fitness	Gehorsam	Ehrgeiz
persönliche Ehre	Familienehre	Wahlmöglichkeit
Charakter	Freundschaft	Dickköpfigkeit
Jugendlichkeit	Fähigkeit zu geben	Rache
Professionalität	Sex	Habgier
Großzügigkeit	Ethik	Individualität

Sie werden merken, daß viele dieser Werte zueinander in Beziehung stehen und daß sie häufig das Resultat der drei Bedürfnisse nach Identität, Verbundenheit und Kraft sind. Diese Werte und die Überzeugungen, die mit ihnen verbunden sind, haben sich aus natürlichen menschlichen Bedürfnissen entwickelt. Vergessen Sie nie, daß diese Bedürfnisse und Werte und Kategorien sich von Mensch zu Mensch unterscheiden.

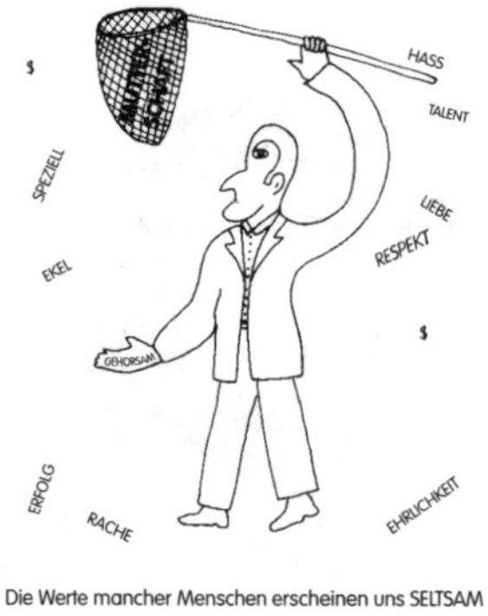

Die Werte mancher Menschen erscheinen uns SELTSAM

Bei Verhandlungen können Sie diese Werthierarchie auf folgende Weise nutzen:

1. Stellen Sie fest, was der höchste Wert der Gegenpartei ist, indem Sie auf den Inhalt achten.
2. Machen Sie ihnen klar, daß es der Befriedigung ihrer höchsten oder zumindest einiger ihrer höheren Werte mehr dient, wenn *Ihr* Ziel angestrebt wird, als ihr eigenes Ziel anzustreben. Dies ist eine verfeinerte Variante des Dovetailing-Prozesses, die neue Optionen eröffnet.

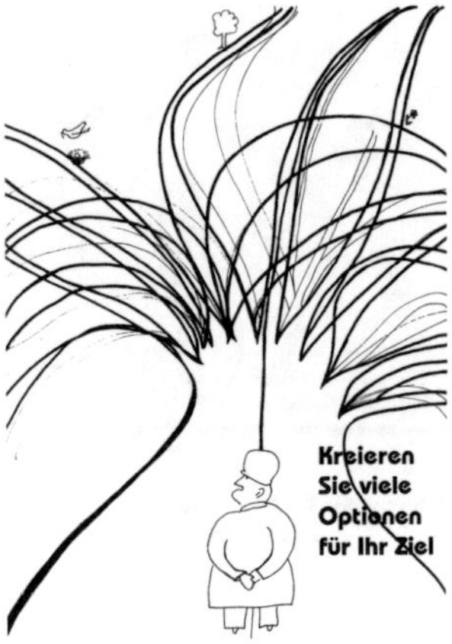

Nehmen wir an, Sie wären Vorstandsvorsitzender eines mittelgroßen, börsennotierten Unternehmens, und eine Investoren-Gruppe tritt an Sie heran, die alle öffentlich gehandelten Anteile Ihres Unternehmens zum doppelten des Marktpreises kaufen will. Die Investoren werden von drei Agenten vertreten, die dazu autorisiert sind, die Aktien zu kaufen. Die Agenten sind bereit, Ihnen und Ihren Mitarbeitern vertraglich zuzusichern, daß Sie die Firma für weitere fünf Jahre leiten können. Sie und alle Aktieninhaber Ihrer Firma werden Geld verdienen.

Sie erklären sich bereit, mit dem Vorstand über das Angebot zu sprechen. Sie tun dies und stellen fest, daß weder Sie noch die übrigen Vorstandsmitglieder Lust haben, sich aufkaufen zu lassen. Ihr Interesse ist es, ein Unternehmen zu leiten, dessen Aktien auf dem freien Markt gehandelt werden, und der Profit, den die Investorengruppe Ihnen anbietet, vermag Sie nicht zu reizen. Sie verdienen ohnehin genug, und Ihre Tätigkeit macht Ihnen Spaß. Allerdings könnten Sie die Investoren nicht daran hindern, an der New Yorker Börse sämtliche Aktien, die zum Kauf frei sind, aufzukaufen. Sie berufen eine weitere Sitzung mit den drei Agenten, statt ein Take-over zu riskieren.

Über die Investoren wissen Sie lediglich, daß sie ein mittelgroßes Unternehmen kaufen wollen, weil sie (und das ist ihr höchster Wert) Profit machen wollen. Ihr höchster Wert ist Profit, wohingegen Ihnen und Ihrem Vorstand die Befriedigung, ein Unternehmen gut zu führen, wichtiger sind. Diese gegensätzlichen Werte könnten zu Konflikten führen.

In der nachfolgenden Besprechung stellen Sie fest, daß die potentiellen Investoren außerdem auch ihre derzeitigen Investitionen in Gold diversifizieren wollen, um in einer sich schnell verändernden Ökonomie die Sicherheit ihrer Anlagen zu erhöhen.

Ihr Ziel ist es, diese Leute zu überzeugen, Sie und Ihre Gesellschaft in Ruhe zu lassen. Um dies zu erreichen, orientieren Sie sich am höchsten Wert der Investoren: Geld und Profit. Ein zusätzliches Kriterium für diesen Profit ist, daß er aus einem anderen Geschäft als dem mit Gold stammen soll. Und sie wollen ein ganzes Unternehmen kaufen, nicht nur einen Teil.

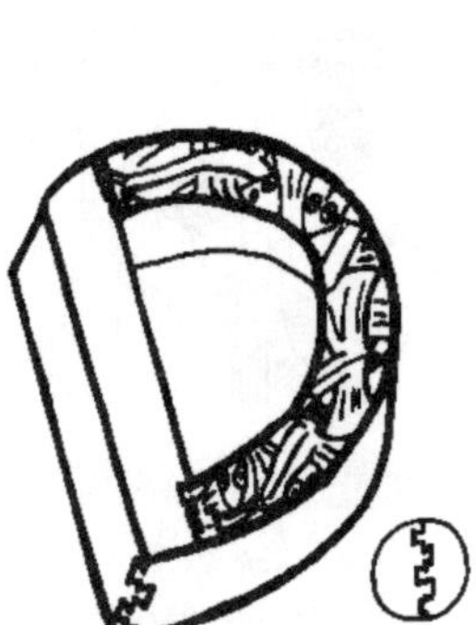

Sie nutzen in dieser Verhandlung den höchsten Wert der Investoren, den Profit. Zuerst weisen Sie darauf hin, daß weder Sie selbst noch Ihre Vorstandskollegen übernommen werden möchten, was schon an sich eine Schwierigkeit mit sich bringt. Anschließend listen Sie alle möglichen Probleme auf, denen Ihr Unternehmen im Laufe der nächsten fünf Jahre entgegensehen könnte (alles wirkliche Probleme). Und anschließend weisen Sie auf fünf verschiedene Branchen hin, deren Gewinnpotential während der nächsten fünf Jahre wesentlich höher ist. Daraufhin gehen sie und lassen Sie in Ruhe.

Dies ist die vereinfachte Beschreibung eines Übernahmeversuchs, über den ich informiert bin. Den höchsten Wert der Gegenseite herauszufinden, vergrößert oft den Verhandlungsspielraum.

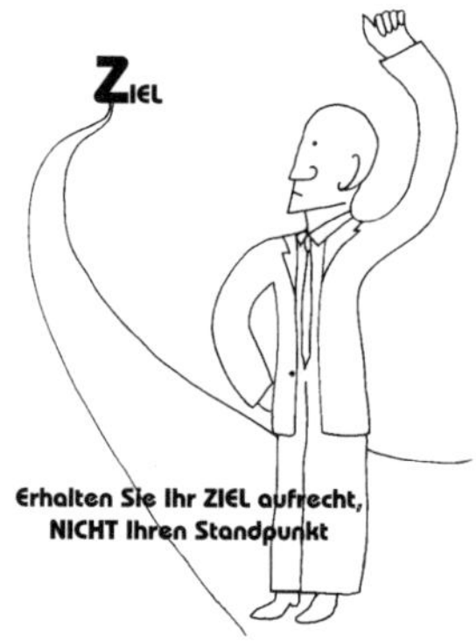

Bleiben Sie bei Ihrem Ziel, nicht bei Ihrer Position.

In einem anderen Beispiel geht es um eine Klientin, Irene, die mit ihrem Chef darüber verhandeln will, daß sie ein abgeschlossenes Büro bekommt, also nicht mit einer abgeteilten Kabine in einem Großraum vorliebnehmen muß. Durch eine Neuverteilung der Arbeitsplätze hatte sie ihr früheres Büro verloren und war in einer Kabine gelandet. Sie glaubte, daß die Werthierarchie-Technik am besten geeignet sei, ihr Ziel zu erreichen.

Bob und Irene sitzen sich also an einem Nachmittag in Bobs Büro gegenüber, und Irene fängt an: „Bob, ich wollte schon länger über etwas mit Ihnen sprechen, das Sie mit Sicherheit erfahren möchten."

Bob antwortet: „Was ist Ihnen so wichtig, daß Sie deswegen einen Termin mit mir machen? Gewöhnlich gehen wir hier doch ziemlich informell miteinander um." Eine leichte Gereiztheit und eine Spur von Mißbilligung schwingen in seiner Stimme.

„Das ist mir wohl bewußt, und ich muß sagen, daß mir dieses Informelle auch sehr *gefällt.* Mir gefällt auch, daß es Ihnen gelungen ist, eine betriebliche Atmosphäre zu kreieren, die es uns allen ermöglicht, unsere Arbeit gut zu machen."

„Danke. Aber Sie sind sicher nicht gekommen, um mir *das* zu sagen."

„Nein, da haben Sie recht. Das ist nicht das Thema, über das ich mit Ihnen sprechen wollte, obwohl es etwas mit meinem Anliegen zu tun hat." Sie macht eine Pause.

Bob, der mittlerweile sichtlich ungeduldig geworden ist, sagt: „Was wollen Sie denn nun eigentlich sagen? Nun schießen Sie doch los."

„Es geht um mein neues Büro." Während Irene dies sagt, sieht sie, daß sein vorher offener Gesichtsausdruck sich ändert. Er wirkt nun verschlossen. Sie weiß, daß Bob sich wegen der Umstrukturierung der Arbeitsplätze angegriffen fühlt. Niemand ist mit der Neuordnung einverstanden. Bob weiß dies, hat jedoch abgelehnt, das Problem des neuen Etagenplans zu diskutieren. Irene wechselt die Taktik.

„Bob, ich weiß, daß Sie gute Gründe für diese Neuordnung hatten. Mir ist klar, daß Sie sich ständig über unsere Arbeitsbedingungen Gedanken machen. Manchmal entwickeln sich die Dinge nicht so, wie man es sich vorgestellt hat." Bob entspannt sich ein wenig, als er hört, daß Irene sich über seine Situation Gedanken macht.

Er antwortet: „Ich möchte die neue Regelung ein paar Monate lang so lassen, wie sie ist, und dann weitersehen, falls sie sich nicht bewährt hat. Wenn die Leute nach drei Monaten immer noch

Heben Sie Dinge hervor, in denen Übereinstimmung herrscht.

unglücklich darüber sind, werde ich mich noch einmal damit beschäftigen."

Drei Monate! Irenes Herz wird schwer. Sie kann in dem ihr zugewiesenen Kasten nicht ihre beste Arbeit geben. Ihr vorheriges Büro hatte Wände und ein Fenster gehabt; darin hatte sie sich auf die Arbeit konzentrieren können. In ihrem neuen Verschlag wird sie durch das ständige Herumlaufen und die Stimmen der Kollegen völlig verrückt.

Sie atmet tief ein und sagt: „Ich weiß, daß Sie oft schwierige Entscheidungen fällen müssen. Das ist typisch für Ihren Job. Ihre Entscheidungen sind gut, und Ihre Mitarbeiter arbeiten gern hier. Auch ich mag die Arbeit hier. Ich mache mir nur Sorgen darüber, daß meine Leistungen in den nächsten drei Monaten so weit absinken könnten, daß Sie *mich* vielleicht nicht mehr mögen werden. Vielleicht bin ich nicht mehr in der Lage, die Resultate zu produzieren, die Sie von mir erwarten." Bob hatte Irene gerade erst befördert; also weiß er, daß sie sehr fähig ist.

„Und warum nicht?"

„Weil ich ständig durch all den Lärm um mich herum unterbrochen und abgelenkt werde."

„Können Sie den Lärm nicht einfach innerlich ausschalten?"

„Gewöhnlich kann ich das, aber bei diesen neuen Aufträgen muß ich viel telefonieren. Der Lärm um mich herum ist so laut, daß die Kunden am anderen Ende der Leitung sich schon beschwert haben, sie könnten nicht verstehen, was ich sage." An seiner Reaktion merkt sie, daß sie sein Interesse geweckt hat.

„Oh, ich hatte keine Ahnung, daß der Lärmpegel so hoch ist. Die Kunden haben geklagt?"

Irene bezog noch am folgenden Tag ein anderes Büro. Der Rest der Mannschaft wartete drei Monate auf die erneute Umstrukturierung.

Irene wußte, daß Bob die Leistung seiner Angestellten und das Wohlwollen der Kunden wichtiger war, als mit seiner Entscheidung Recht zu behalten. Sie war die einzige unter den Mitarbeitern, die in der Lage oder bereit gewesen war, sich die Werthierarchie ihres Chefs zunutze zu machen. Nachdem sie Bob davon überzeugt hatte, daß ihre gute Leistung und das Wohlwollen der Kunden auf dem Spiel standen, leitete er sofort Schritte ein, um die Situation zu ihren Gunsten zu verändern.

Wenn Irene Bob lediglich gesagt hätte, sie hasse die offenen Bürowürfel, hätte sie für sich nichts geändert. Hätte sie ihm angedroht zu kündigen, so hätte er möglicherweise ihre Kündigung akzeptiert. Wenn sie die Klagen aller ihrer Kollegen vorgebracht hätte, wäre ebenfalls nichts geschehen. Doch indem sie ihren Chef darauf aufmerksam gemacht hatte, daß seine Büro-Neuordnung die Leistungsfähigkeit seiner Angestellten bedrohe und die guten Beziehungen zu den Kunden in Gefahr bringe, erreichte Irene ihr Ziel.

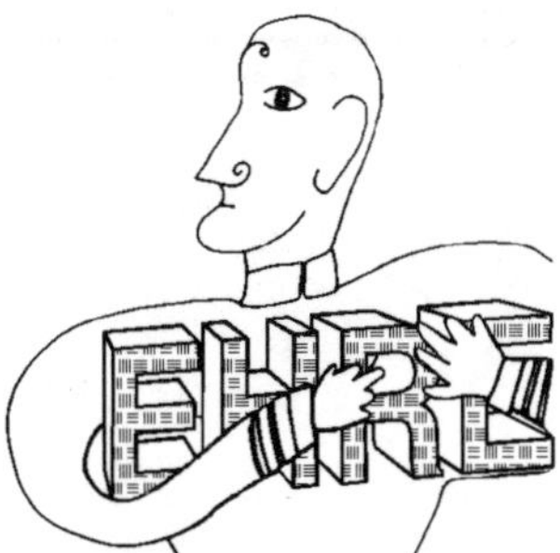

WIR KLAMMERN UNS
AN UNSERE WERTE

Es gab natürlich auch noch andere triftige und logische Gründe für eine erneute Umorganisation, doch hätte Bob sie nicht akzeptiert. Er war es gewöhnt, daß sich nach jeder Umstrukturierung Angestellte bei ihm beklagten. Beschwerden ließen ihn gewöhnlich kalt.

Die Werthierarchie eines Menschen zu kennen macht es leichter, Information auf eine Weise zu präsentieren, die den Betreffenden zum Handeln veranlaßt. Entscheidend war, daß Irene wußte, daß für Bob ihre Leistung und die Beziehungen zu den Kunden wichtiger waren, als mit seiner Entscheidung Recht zu behalten. Irene hatte auch Bobs Ziel im Auge, als sie ihre Argumentation an seine Werte anpaßte. Sein Ziel war hohe Leistungsfähigkeit seiner Angestellten und gute Beziehungen zu den Kunden. Indem er Irene das gewünschte Büro verschaffte, sicherte er positive Resultate in beiden Bereichen. Dies ist eine elegante Art des Dovetailing von Zielen. Stimmen Sie Ihr Ziel auf die Werte der anderen Seite ab, dann gewinnen beide.

Wie stellen Sie die oberste Priorität oder die darauf folgenden Prioritäten eines anderen Menschen fest? Wenn Sie mit jemandem schon eine Zeitlang zusammenarbeiten, kennen Sie die Werthierarchien dieses Menschen wahrscheinlich. Sind sie Ihnen fremd, müssen Sie zuhören und Fragen stellen. Eine Frage wie „Wie haben Sie sich für diesen Job entschieden?“ liefert Ihnen relevante Information über seine Werte. Wir teilen unsere Werte in fast jedem Satz mit, den wir sprechen: durch das, worüber wir sprechen wollen und worüber wir uns beklagen wollen. Das, was uns beschäftigt, offenbart unsere Werte jedem, der zuzuhören vermag. Unsere Kümmernisse sind unsere Bedürfnisse. Wir alle haben, abgesehen von den Überlebensbedürfnissen, drei Grundbedürfnisse. Wenn wir diese Bedürfnisse in Befriedigung übersetzen, finden wir die Werte. Diese Werte sind der Schlüssel sowohl zu unserem Handeln als auch zur Veränderung des Handelns.

Kriterienhierarchie

Unsere persönlichen Kriterien sind nicht völlig mit unseren Werten identisch. Werte sind Prinzipien, Standards oder Qualitäten (Eigenschaften), die als wertvoll oder wünschenswert angesehen werden. Persönliche Kriterien sind jene Wahrnehmungen, die wir als wichtig eingeschätzt haben. Unsere persönlichen Kriterien sind die Qualitäten, die wir zuerst mit unseren fünf Sinnen bemerken. Wir wählen eine bestimmte Kategorie äußerer Stimuli, die uns als Test dafür dient, was in unseren Augen wünschenswert

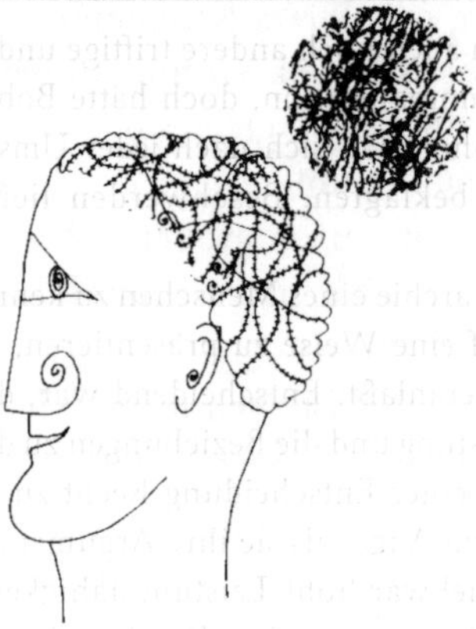

ist oder nicht. Unsere Kriterien beanspruchen unsere Aufmerksamkeit und das, was uns wichtig ist. Diese Kriterien werden auch *Ordnungsprinzipien (sorting principles)* genannt: Mit ihrer Hilfe durchsuchen wir unsere Wahrnehmungen und wählen diejenigen aus, die uns wichtig erscheinen.

Beispielsweise ist das höchste Kriterium für manche Menschen andere Menschen. Die wichtigsten Bestandteile ihres Lebens sind Menschen. Wenn Sie solch einen Menschen bitten, den besten Tag in seinem Leben zu beschreiben, so wird er Ihnen von den Leuten erzählen, die an jenem Tag zugegen waren. Für andere ist Aktivität das Entscheidende. Auf die Frage nach dem besten Tag ihres Lebens werden diese Menschen Ihnen sagen, was sie an jenem Tag getan haben. Für wieder andere ist der Ort, an dem sie an jenem Tag waren, entscheidend, weshalb sie Ihnen den genauen Ort („oben auf den Bergen") angeben werden. Für wieder andere ist das Wann das Wichtigste. Sie werden Ihnen das genaue Datum und wahrscheinlich auch noch die genauen Stunden angeben. Dies sind die Menschen, die immer an Geburtstage denken und die deshalb nicht verstehen, wie andere diese vergessen können.

Einige bevorzugte Kriterien: Menschen, Ort, Zeit, Aktivität, Information und Erwerb.

Unsere Kriterien sind die übergeordneten Kategorien, die zu benutzen wir vorziehen, um uns in der allgemeinen Verwirrung, die uns umgibt, zurechtzufinden. Verschiedene Menschen haben verschiedene Kriterien. Jeder von uns durchsucht die Wirklichkeit nach seinen eigenen Kriterien.

Sie können die Kriterien eines anderen Menschen herausfinden, indem Sie ihm zuhören und ihm einfache Fragen stellen. Sobald Ihnen klargeworden ist, was für diese Person wichtig ist, können Sie Ihre Information so gestalten, daß sie den Such- und Ordnungskriterien jenes anderen entsprechen. Sie können das, was Sie sagen, wirkungsvoller machen, indem Sie sich auf Menschen fokussieren, falls Ihrem Kommunikationspartner Menschen am wichtigsten ist. Schauen wir uns ein Beispiel an, in dem zwei Verhandlungspartner sich in James Büro treffen, bevor die eigentliche Verhandlung beginnt.

James, der Tim an einem großen Schreibtisch gegenübersitzt, fängt an: „Ich freue mich, daß wir uns schon vor Verhandlungsbeginn unterhalten können."

Tim antwortet: „Das ist auch meine Meinung. Wie lange sind Sie schon bei ADF?"

„Seit einigen Jahren. Aber ich führe erst seit etwa einem Jahr Verhandlungen für die Firma. Vorher habe ich etwas völlig anderes gemacht."

„Was haben Sie vorher gemacht?"

„Ich war Direktor für Management-Leistungen."

„Das ist ja wirklich etwas *völlig* anderes. Wie kam es zu diesem Wechsel?"

James schaut nachdenklich vor sich und antwortet dann: „Ich hatte genug davon, mich ständig hauptsächlich mit Papierkram zu beschäftigen. Ich wollte etwas mit Menschen zu tun haben."

„Das klingt ja so, als würde Ihnen Ihr Job jetzt gefallen."

„Das ist auch so. Ich habe noch nie zuvor mit einer Gruppe von Leuten zusammengearbeitet, die so kooperativ waren. Wir haben so gut wie nie Unstimmigkeiten, und wenn einmal etwas ist, klären wir es immer so, daß wir am Ende alle zufrieden sind. Das ist für mich sehr wichtig. Ich habe gern ein klares Bild davon, was in den Menschen, mit denen ich zusammenarbeite, vor sich geht. Außerdem sehe ich in diesem Bereich eine erhebliche Expansion, so daß sich Möglichkeiten zur Beförderung ergeben werden."

„Das ist natürlich sehr wichtig. Wenn Sie sich gern mit zwischenmenschlichen Problemen auseinandersetzen, sind Sie für Ihre Firma mit Sicherheit von Wert. Personelle Probleme sind heute das größte ungelöste Problem im Geschäftsleben."

Tim hat nun bereits mehrere wichtige Informationen über James erhalten. Er weiß zwar nicht, wo James zur Schule gegangen ist, ob er verheiratet ist oder wieviel er verdient – und diese Dinge spielen wahrscheinlich für die bevorstehende Verhandlung auch keine Rolle. Doch weiß er, daß für James ein wichtiges Kriterium (eine wichtige Kategorie von Wahrnehmungen) Menschen sind. Er weiß auch, daß James es mag, wenn Menschen gemeinsam versuchen, ihre Probleme zu lösen. Um eine positive Wirkung auf James und seine Kollegen zu haben, wird Tim in die Verhandlung eine Diskussion über die Auswirkungen der anstehenden Entscheidung auf die betroffenen Mitarbeiter einbeziehen.

Wichtig ist auch, was Tim über James Zukunftspläne erfahren hat. Manche Menschen verbringen viel Zeit damit, über die Vergangenheit nachzudenken, andere sind nur am gegenwärtigen Augenblick interessiert, und wieder andere konzentrieren sich auf die Zukunft. Welchen Zeitmodus Menschen bevorzugen, ist für Verhandlungspartner eine wichtige Information. Tims offensichtliches Ziel wird die künftigen Implikationen des Vertrages beinhalten müssen.

Wenn Tim James Augenbewegungen und andere nonverbale Hinweise beobachtet hat, weiß er wahrscheinlich, ob James sich hauptsächlich auf Bilder, Geräusche oder Gefühle verläßt, wenn er über Information nachdenkt. James verbale Äußerungen lassen vermuten, daß er ein überwiegend visueller Typ ist, so daß für Tim naheliegt, während der Verhandlung Diagramme, Flipcharts und andere visuelle Hilfsmittel einzusetzen. Innerhalb eines fünfminütigen informellen Gesprächs hat Tim drei wichtige Schlüssel zu James Denkprozeß entdeckt.

Another Outcome
Ein weiteres Ziel

Die meisten Menschen wissen nicht, welches Ziel ihnen am wichtigsten ist. Wenn Sie nach ihren Zielen forschen, tauchen häufig neue auf – solche, von denen sie nicht einmal wußten, daß sie sie wollten, Ziele, die so tief in ihrem Unterbewußtsein vergraben sind, daß sie sich ihrer Wünsche nicht bewußt waren. Mehrmaliger Mißerfolg beim Erreichen von Zielen bringt viele Menschen dazu, ihre tiefen Wünsche zu verbergen. Sie sind so oft enttäuscht worden, daß sie sich nun schützen, indem sie ihre wahren Ziele sogar vor ihrem eigenen Bewußtsein verbergen.

Seien Sie feinfühlig und versuchen Sie stets, anderen zu helfen herauszufinden, was sie wirklich wollen. Vielleicht müssen Sie jemanden zunächst einmal davon überzeugen, daß es in Ordnung ist, ein verborgenes Ziel anzustreben. Manchmal werden Sie entdecken, daß der/die Betreffende von *Introjektionen* bestimmt ist – verinnerlichten Regeln, „Solltes", „Muß" –, die das Erreichen eines möglichen Zieles verhindern.

Lucy war Börsenmaklerin, die ihre sichere Stelle bei einer internationalen Firma aufgab, um sich mit drei männlichen Kollegen zusammen selbständig zu machen. Die drei hatten sie ausgewählt, weil sie in der ganzen Stadt die erfolgreichste Brokerin war, und sie versprachen sich davon, daß sie in der reichen kalifornischen Stadt, in der sie arbeiteten, vermögende Investorinnen gewinnen würde. Viele in geschäftlichen Dingen unerfah-

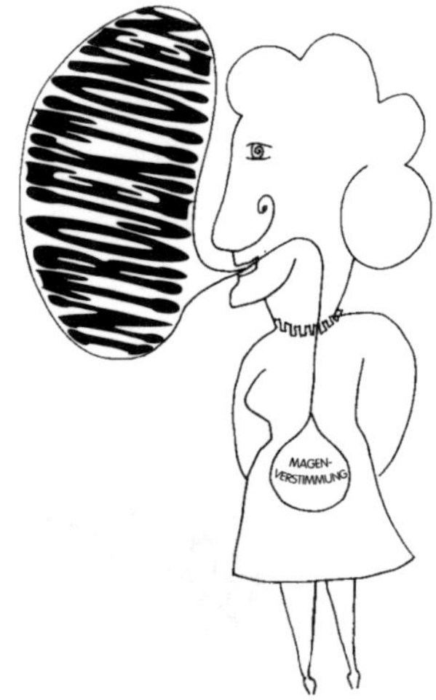

rene Witwen suchten sachkundige Hilfe bei ihren Investitionen. Lucys Erfolg war so gut wie sicher.

Kurz nachdem die neue Firma ihre Arbeit aufgenommen hatte, fing Lucy an, sich merkwürdig zu verhalten. Sie war vierzig Jahre alt und Single. Zuerst heiratete sie einen Alkoholiker, der sie fast an jedem Wochenende schlug. Dann fing sie selbst an, stark zu trinken. Darunter litt ihre Arbeit. Schließlich blieb sie der Arbeit fern, wodurch es zu Diskussionen mit ihren Partnern kam. Trotzdem flossen ihr die Gelder ihrer Klientinnen immer noch reichlich zu. Sie schloß mehr Geschäfte ab und verdiente mehr Geld als die meisten anderen Makler in der Stadt.

Die männlichen Geschäftspartner beschlossen, daß sie für Lucy eine psychologische Beratung bezahlen würden. Nach einigen Sitzungen war klar, daß Lucy die gesamte Situation aufgrund einer einzigen verinnerlichten Regel kreiert hatte, von deren Vorhandensein sie nichts wußte. Als leidenschaftliche Feministin war sie ständig dahinter her, wenn ihre Partner sich nicht korrekt verhielten. Doch gab es irgendwo tief in ihrem Inneren noch einen Glaubenssatz, der ihre bewußten Ansichten über Gleichberechtigung und Freiheit von Frauen neutralisierte: „Frauen sollten nicht mehr verdienen als ihre männlichen Kollegen.“ Obgleich ihre Eltern diese Regel niemals ausgesprochen hatten, hatten sie sie ihr dennoch vermittelt. Als sie in ihrer neuen Firma mehr

Ziele klären

Wenn Sie versuchen, das wahre Ziel der anderen Seite herauszufinden, so denken Sie an folgende Punkte:

- *Sensorische Schärfe.* Wenn der Repräsentant der Gewerkschaft über's ganze Gesicht strahlt, nachdem Sie über einen Urlaub in der Karibik gesprochen haben, so ist das vielleicht ein Zeichen dafür, daß Sie bezahlten Urlaub für Angestellte als Verhandlungsposition gegen die geforderte Erhöhung des Stundenlohns setzen können.
- *Introjektionen.* Diese könnten die Gegenseite daran hindern, ihr eigenes gewünschtes Ziel zu erkennen.
- Das *ABC der Ziele* (Kapitel 1).

Die Unfähigkeit von Menschen, herauszufinden, was sie wirklich wollen, und es auf direkte Weise anzustreben, ist ein Thema, das in der Literatur und Poesie immer wieder behandelt wird. Diese Tendenz entspricht dem, was Auntie Mame meinte, als sie sagte: „Das Leben ist ein Festmahl, und die meisten Hurensöhne hungern sich zu Tode.“

Wenn Sie der anderen Seite helfen können, ihr wichtigstes Ziel herauszufinden, und Sie dann nach einer Möglichkeit suchen, jenes Ziel mit Ihren eigenen Zielen in Einklang zu bringen, so haben Sie beide das große Los gezogen.

verdiente als ihre Partner, entwickelte sie alle möglichen destruktiven Verhaltensweisen, um jene tief in ihrem Unbewußten verborgene Regel nicht zu verletzen.

Sobald sie sich jener Introjektion bewußt geworden war, verlor dieselbe ihre Macht. Ihr bewußtes Ziel, finanziell erfolgreich zu sein, wurde nicht länger von dem schlauen Polizisten, ihrem Unterbewußtsein, blockiert. Sie hörte auf zu trinken, ließ sich scheiden und ist jetzt die wichtigste Person in ihrer Firma.

Auf den ersten Blick betrachtet schien Lucys Ziel Versagen zu sein. Ihr bewußtes Ziel wurde durch ein unbewußtes blockiert, welches, weil unbekannt, mächtiger war. Ziele können auf viele verschiedene Weisen blockiert werden. Gewöhnlich werden sie durch unsere eigenen Handlungen blockiert, nicht durch die Handlungen anderer. Unser eigenes wahres Ziel zu entdecken und der Gegenseite zu helfen, das ihre zu finden, ist ein sehr wichtiges und hochwirksames Werkzeug bei jeder Verhandlung.

Negative Konsequenzen

Viele Menschen entfernen sich schneller vom Schmerz, als sie sich auf Freude zubewegen. Natürlich nehmen wir alle schneller die Hand von einem heißen Ofen, als wir uns an einem Festmahl laben. Das bloße Androhen negativer Konsequenzen allein reicht aus, manche Leute dazu zu bringen, ihre Ziele zu ändern. In vielen Fällen hat die Gegenseite nicht völlig durchdacht, was geschehen könnte, wenn sie ihr Ziel erreichen würde. Auf negative Möglichkeiten hinzuweisen kann die Gegenpartei dazu bringen, ihre Ziele zu überdenken und abzuändern. Selbst wenn sie in dieser Verhandlung alles erreichen, was sie erreichen wollen, werden sich die Dinge ändern. Durch eine solche Veränderung kann sich die Dose der Pandora öffnen. Die möglichen Inhalte explizit darzustellen, könnte Ihre Verhandlungspartner dazu bringen, ihr ursprüngliches Ziel zu überdenken.

Generieren einer Metapher

Metaphern sind persönliche Erfahrungen oder erfundene Geschichten, die erzählt werden, um eine bestimmte Sichtweise zu veranschaulichen, einen Gedanken durch einen Vergleich klarer zu machen oder das Denken eines Gesprächspartners auf eine bestimmte Schlußfolgerung zu lenken. Raffinierte Metaphern sind Vergleiche, die so angelegt sind, daß das Unbewußte den Vergleich „sieht", während das Bewußtsein durch die „Verkleidung" an der Nase herumgeführt wird.

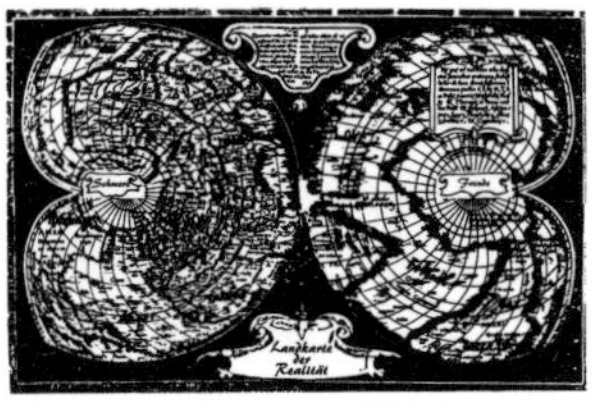

Business-Metaphern sind am besten, wenn sie treffend sind. Es folgen Beispiele für zwei typische Business-Situationen.

- Ich fühle mich wie ein Jongleur mit fünf Orangen in der Luft, dem jemand zwei weitere zuwirft.
- Diese Information schnell zu verarbeiten ist so, als würde man versuchen, aus einem Feuerwehrschlauch zu trinken.

Eine Verkäuferin lieferte ein gutes Beispiel für eine raffinierte Metapher. Ihr Produkt war eine Kollektion gedruckter Formulare, die helfen sollten, eine komplexe Prozedur im Zusammenhang mit der Einkommenssteuer zu vereinfachen. Die gesamte Prozedur war einfach, wenn man den Anweisungen in den Formularen folgte. Sie verkaufte diese Formulare an Anwälte und Steuerberater. Wenn sie zu einem Termin mit einem potentiellen Kunden ging, legte sie besonders bedächtig ihre Autoschlüssel auf den Tisch. Der Anhänger am Schlüsselbund war ein Rubic-Würfel. Gewöhnlich fragten die Interessenten sie, ob sie wüßte, wie man das Rätsel des Rubic-Würfels löst. Sie antwortete dann bescheiden „Ja". Daraufhin fragte der Kunde gewöhnlich, wie sie es herausgefunden hätte, und sie antwortete: „Das war einfach. Ich habe mir ein Buch gekauft, in dem alle notwendigen Schritte erklärt wurden, einer nach dem anderen." Anschließend erklärte sie dann, wie ihr Produkt den Kunden die Arbeit erleichtern könnte.

Grundsätzlich ist eine Metapher eine Geschichte, die mit einer bestimmten Absicht erzählt wird. Die Absicht ist in manchen Fällen sorgsam verborgen, weil komplexe Metaphern am besten vom Unbewußten verstanden werden, das ständig alle fünf Wahrnehmungstüren geöffnet hält. Dies ist der Teil des Geistes, der nicht durch sequenzielle Verarbeitung gebunden ist, der Geist, der mehr weiß, als wir wissen. Dieser Geist weiß Metaphern zu schätzen, amüsiert sich daran und lernt von ihnen. Der Trick effektiver Kommunikation besteht darin, das Wissen und die Energie des Unbewußten mit dem Wissen und der Energie des Bewußtseins in Einklang zu bringen. Metaphern können dabei helfen.

Bekanntes mit Unbekanntem zu vergleichen, so daß das Neue und Fremdartige einer Landkarte der Realität hinzugefügt werden kann, ist eine traditionelle Art, Metaphern zu nutzen. Eine andere ist, auf einen unbemerkten Aspekt von etwas Vertrautem hinzuweisen, so daß wir mit neuen Augen sehen. Die neuen Augen stammen vom Erfinder der Metapher, und sie vermitteln seine Sichtweise. Dies verändert manchmal die Sichtweise des Zuhörers von etwas, das bereits auf seiner Landkarte kodiert ist. Diese traditionellen Metaphern sind in der Business-Kommunikation nützlich, wenn sie treffend sind. Greg wollte seine Position als

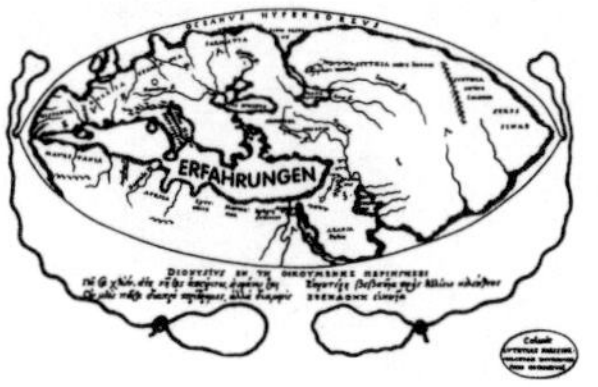

Manager in einem Unternehmen aufgeben und sich selbständig machen. Außerdem wollte er die Firma, in der er zur Zeit angestellt war, zu einem Kunden seiner zukünftigen Firma machen. Eine sehr schwierige Sache, nicht wahr? Greg überlegte nun, ob er schon jemals eine ähnliche Folge von Ereignissen erlebt hatte: Eine Position in einer Organisation aufgeben, ein eigenes Unternehmen gründen und das Wohlwollen der Organisation erhalten, so daß deren Mitglieder bereit waren, ihn in gutem Einvernehmen gehen zu lassen *und* ihm dann auch noch Geld für die Dienstleistungen zu bezahlen, die er später anbieten wollte. Die Erfahrung in seinem Leben, die dem am nächsten kam, war, daß er aus dem elterlichen Haushalt ausgezogen war und es ihm dennoch gelungen war, sich das Wohlwollen und die Unterstützung der Familie zu erhalten. Er vermutete, dieses Verlassen der Ursprungsfamilie sei den meisten Menschen, darunter auch seinem Chef, als Erfahrung wohlbekannt.

Als Greg den Vergleich genauer durchdachte, fiel ihm noch etwas auf, das beiden Situationen gemeinsam war. Dem Verlassen des Elternhauses war eine persönliche Veränderung vorausgegangen: Er war zwanzig geworden und fühlte sich erwachsen genug, sich auf eigene Füße zu stellen. Auch der Wunsch, seine Firma zu verlassen, war die Folge einer Veränderung. Eine kürzliche Umstrukturierung hatte Gregs Position so verändert, daß sie für einen jungen, ehrgeizigen Mann nicht mehr besonders interessant war. Und Greg war der Meinung, daß sein Chef sich dessen sehr wohl bewußt war.

Greg bat um eine Unterredung mit seinem Chef und begann das Gespräch auf folgende Weise: „Die letzten sechs Monate hier bei ADF erinnern mich an die Zeit, als ich zwanzig war. Eines Tages wurde mir klar, daß sich irgend etwas verändert hatte. Ich wollte aus dem Haus meiner Eltern ausziehen. Die Dinge waren nicht mehr so, wie sie bisher immer gewesen waren. Ich hatte das Gefühl, für mich sei die Zeit gekommen, von zu Hause auszuziehen. Ich sprach mit meinen Eltern darüber, erhielt ihre Zustimmung und unser Verhältnis verbesserte sich, nachdem ich zu Hause ausgezogen war. Ich war ihnen dankbar für das, was sie für mich getan hatten, und sie schienen froh zu sein, daß ich ihnen Ehre machte. Ich wußte, daß ich das Richtige getan hatte, als sie einwilligten, eine Einladung zum Essen anzunehmen. Ich bin kein schlechter Koch, ich kann halten, was ich verspreche. Meine Mutter war erfreut zu sehen, wieviel ich von ihr gelernt hatte und daß ich das Gelernte gut zu nutzen verstand."

Anschließend bat Greg seinen Chef darum, ihm zu erläutern, wie er sich seine, Gregs Zukunft bei ADF vorstelle. Als der Chef zugab, daß Gregs Position sich wahrscheinlich über einige Jahre kaum verändern würde, sagte Greg, er denke daran zu kündigen und ein selbständiges Unternehmen aufzubauen. Er erzählte seinem Chef über seine Pläne und sagte, sobald die neue Firma funktionsfähig sei, würde er sich gerne noch einmal mit ihm darüber unterhalten, ob sie in gewissen Bereichen zusammenarbeiten könnten. Greg wurde absolute Kooperation zugesichert.

Gregs Metapher wird *persönliche Metapher* genannt. Persönliche Metaphern sind sehr nützlich, wenn man sich in einer brenzligen Situation befindet und ein ganz bestimmtes Ziel anstrebt.

Um eine Metapher zu entwerfen, wählen Sie eine oder mehrere Situationen, die spiegeln, wo Sie stehen und wohin Sie gehen wollen. Anschließend beziehen Sie die Schlüsselkomponenten dieser Situationen in eine wahre oder erfundene Geschichte ein. (Sie können das, worum es Ihnen geht, stark verschleiern. Das Unbewußte ist so schlau, daß es solche Verschleierungen mit Leichtigkeit zu durchdringen vermag.) Der letzte Teil der Metapher ist Ihr Ziel in verschleierter Form.

Metaphern erzeugen starke Induktionen. Wenn Ihr Ziel nicht im Widerspruch zu einem Ziel des Zuhörers steht, wird der Zuhörer die Verschleierung beseitigen und mit Vergnügen kooperieren. Dieses Vergnügen ist die unerwartete Dividende der Metapher. Metaphern sind Möglichkeiten, auf angenehme Weise zu beeinflussen.

Ein Gegenbeispiel anführen

Sobald unser Glaubenssystem sich formiert hat, tendieren wir dazu, alle Gegenbeispiele zu tilgen. Wenn wir glauben, daß die Welt gefährlich ist, werden wir Berge von Beweisen finden, um dies zu untermauern. Wenn wir glauben, daß die Welt sicher ist, werden wir alle unsere Wahrnehmungen nach Beweisen dafür durchsuchen, daß dies zutrifft. Ganz gleich, wofür wir uns entscheiden, immer sorgen wir dafür, daß unsere Antwort zutrifft. Dies ist die Art, wie Generalisierungen sich auswirken. Generalisierungen sammeln unentwegt Beweise dafür, daß sie richtig liegen, und sie tilgen alle Gegenbeispiele.

Bei Verhandlungen werden Sie feststellen, daß dem Ziel, das die Gegenpartei anstrebt, unmittelbar ein bestimmtes Glaubenssystem zugrunde liegt. Ob dieses Glaubenssystem ererbt ist oder ob es durch eine Generalisierung entstanden ist, in jedem Fall ist es eine schwer zu nehmende Hürde. Jeder Stein seines Fundaments repräsentiert ein Beispiel, das die betreffende Person gefunden hat, um ihre Überzeugung zu untermauern. Trotzdem ist

Wenn ein Glaubenssystem mit einem nicht zu ignorierenden Gegenbeispiel konfrontiert wird, sind die Argumente nicht länger wasserdicht.

meist nur ein einziges Gegenbeispiel erforderlich, um eine solche Überzeugung zu erschüttern. Das Gebäude wird dadurch vielleicht nicht völlig einstürzen, aber mit Sicherheit wird es dadurch leichter werden, darüber hinwegzusteigen. Glaubenssysteme haben die Tendenz, alles oder nichts zu sein.

Ich möchte ein paar Beispiele hierfür anführen. Ich glaube, daß das Leben dem Tod vorzuziehen ist. Ein Gegenbeispiel hierzu ist, daß ein Mensch alt und krank ist, unter starken Schmerzen leidet und deshalb sterben möchte. Wer bin ich denn, daß ich mir anmaßen könnte zu fordern, daß sie am Leben bleiben und ihren Schmerz aushalten müssen?

Ein anderes Beispiel ist der Glaubenssatz, daß Mord niemals die Lösung eines Problems sein kann. Ein Gegenbeispiel hierzu wäre, daß ein verrückter Mörder einen Revolver an die Schläfe meines einjährigen Kindes hält und die einzige Möglichkeit, ihn davon abzuhalten ist, *ihn* zu töten.

Und noch ein Beispiel: Ich weiß nicht, welches Verhalten für einen anderen Menschen das beste ist. Ich glaube, daß jeder weiß, welches Verhalten die beste Lösung für ihre oder seine eigene Position im Leben ist. Das Gegenbeispiel: Was wäre, wenn ein Klient zu mir käme und sagen würde, nach langen Überlegungen habe er sich entschlossen, sich und seine Familie umzubringen?

Vermeiden Sie bei Verhandlungen ebenso wie bei Dinner-Partys – wenn eben möglich –, über Patriotismus und Religion zu diskutieren.

Indem Sie auch nur ein einziges Gegenbeispiel zu der Überzeugung finden, die das Ziel des Verhandlungspartners stützt, bringen Sie Bewegung in die Verhandlung, wodurch eine Positionsveränderung möglich wird.

Redefine the Outcome
Das Ziel neu definieren

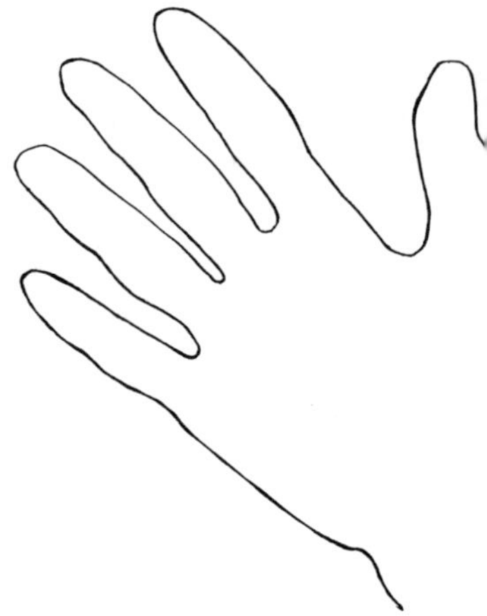

Die Sprache wird zu Ihrem Verbündeten, wenn Sie ein Ziel neu definieren. Wegen der Grauzone zwischen einer Erfahrung und den Worten, jene Erfahrung zu beschreiben, bietet Ihnen die Sprache eine Menge von Anwendungsmöglichkeiten. Wenn Sie die Gegenpartei dazu bringen können, ihr Ziel mehrmals zu definieren, finden Sie unter diesen verschiedenen Definitionen vielleicht eine wahre Goldgrube an Möglichkeiten. Sie können durch Anwendung der Pointer herausfinden, was jedes Wort ihrer Definition für die Gegenseite bedeutet. Jedesmal, wenn Sie die andere Seite dazu bringen können, der Definition mehr Wörter oder mehr Bedeutungen hinzuzufügen, eröffnen sich dadurch für Sie mehr Möglichkeiten zum *Chunking up* oder *Chunking down*.

Effect, Cause and Effect
Wirkung, Ursache und Wirkung

Die Reiz-Reaktions-Muster in unserem Gehirn bewirken, daß wir an eine Beziehung zwischen Wahrnehmung und Erfahrung oder zwischen einer Erfahrung und einer anderen glauben. Wenn mir jedesmal etwas Übles zustößt, wenn ich eine weiße Katze sehe, kann ich zu der Überzeugung gelangen, daß weiße Katzen schlechte Erfahrungen verursachen. Ob dies zutrifft oder nicht, ist schwer herauszufinden. Wenn ich daran glaube, daß weiße Katzen Unheil ankündigen, werde ich dafür sorgen, daß sich dies immer wieder bestätigt. Wenn ich glaube, daß meine Mutter mich jeden Montag anschreit oder daß mein Chef mich ständig diskriminiert, so wird wahrscheinlich genau das passieren.

Dies kann man in Verhandlungen nutzen, indem man die Ursache von der Wirkung trennt und der Gegenpartei zeigt, daß es mit ihrer Logik nicht weit her ist. Das Hauptproblem bei Ursache-Wirkungs-Beziehungen ist, daß es gewöhnlich mehr als eine Ursache gibt. Ursache-Wirkungs-Beziehungen wären zu einfach. Doch kann man leicht in solche Gedankenmuster verfallen.

Ursache-Wirkung und Reiz-Reaktion

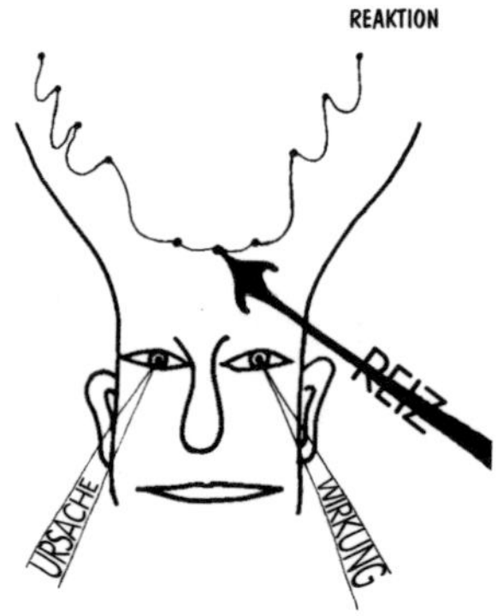

Es folgt ein Beispiel dafür, wie man eine gewohnheitsmäßige Ursache-Wirkungs-Beziehung auflösen kann. Angenommen, Sie verhandeln mit einem Sprecher der Lehrergewerkschaft. Durch geschickte Fragestellung finden Sie heraus, daß er glaubt, Lehrer würden bessere Arbeit leisten, wenn sie mehr Gehalt bekämen. Er möchte den Lehrern höhere Gehälter verschaffen, damit die Schüler von diesen „besseren" Lehrern profitieren könnten.

URSACHE: höheres Gehalt
WIRKUNG: bessere Lehrer

Als erstes müssen Sie die Ursache von der Wirkung trennen. Deshalb *zitieren* Sie drei belegte Fälle, in denen höhere Lehrergehälter mit schlechteren Ergebnissen bei den Leistungstests der Schüler in Zusammenhang gebracht werden konnten. (Forschungsergebnisse sind ein fruchtbarer Boden, wenn wir Gegenbeispiele finden wollen, weil wir alle versuchen, unsere Landkarten von der Realität zu rechtfertigen, Forscher natürlich eingeschlossen.)

Als zweites kann man auch noch eine neue Ursache-Wirkungs-Theorie aufstellen. Das klingt nach Manipulation und ist es auch. Benutzen Sie dieses Mittel mit großer Sensibilität, und behalten Sie dabei das Ziel der anderen Seite im Blick, denn andernfalls werden Sie ein Desaster erleben. Pseudo-Logik ist sehr wirksam, auch wenn sie „pseudo“ ist. Wir sind so sehr daran gewöhnt, Ursache-Wirkungs-Beziehungen zu sehen, daß wir diesem Gedankenmuster sehr leicht verfallen.

URSACHE:	Durchschnittsgehälter *und* Stipendien für Lehrer in höheren Klassen
WIRKUNG:	bessere Lehrer

So lange das Ziel, das die Lehrer anstreben, ist, bessere Arbeit zu leisten, können Sie die obige Position erfolgreich verhandeln.

Stipendien sind wesentlich billiger als Gehaltserhöhungen, und die Lehrer sind dann eher bereit, ihre Arbeit gut zu machen. Wenn das Ziel, das die Lehrer anstreben, jedoch „mehr Gehalt“ ist, wird dieser Lösungsvorschlag auf taube Ohren stoßen. Sie müssen ein Äquivalent zu Geld finden, um das Ziel der Lehrer zu befriedigen.

Apply to Self

Selbstanwendung

Die Apply-to-Self-Technik funktioniert, wenn eine der streitenden Parteien sie anwendet, und auch, wenn ein neutraler Verhandlungspartner dies tut. Es handelt sich dabei um die alte Idee, sich die Schuhe eines anderen anzuziehen. Die hier beschriebene neue Information wird es Ihnen ermöglichen, die Schuhe des anderen an Ihre eigenen Füße anzupassen.

Als Ob: So nützlich wie ein runder Tisch.

Die erste Methode, dies zu erreichen, ist durch Rapport.

Die zweite Möglichkeit ist das Spiegeln *(Mirroring)* der sensorischen Information des anderen. Stellen Sie sich vor, was die andere Person sieht, hört und fühlt. Bitten Sie die Person, ihr Ziel anhand von Wahrnehmungen aller drei Sinne und mit entsprechenden Begriffen zu beschreiben. Während Sie sich diese Wahrnehmungen anhören, passen Sie sich seiner äußeren Haltung und seinem Gesichtsausdruck so genau wie möglich an und stellen Sie sich seine inneren Empfindungen so genau wie möglich vor. Möglicherweise gelangen Sie dadurch zu außergewöhnlichen Einsichten über die Position des anderen. Aufgrund Ihrer eigenen Lebenserfahrungen und durch Ihr neugewonnenes Verständnis seiner Position könnten Sie auf neue Ressourcen stoßen, um ihm zu helfen, sein Ziel zu erreichen oder ein noch besseres Ziel zu finden für ihn und für Sie selbst.

Die dritte Möglichkeit, *Apply-to-Self* zu benutzen, ist, in einem Rollenspiel zehn Minuten lang die Rolle der Gegenpartei nachzuspielen. Natürlich sollte die Gegenseite währenddessen Ihre Rolle spielen. Benutzen Sie das Rollenspiel, um das Ziel der Gegenseite darzustellen und um neue mögliche Lösungen zu jeder Art von Schwierigkeiten zu finden. So können Sie neue Möglichkeiten entdecken, beide Seiten zufriedenzustellen. Tauschen Sie anschließend. Nun stellt die andere Seite Ihr Ziel dar und hält nach neuen Lösungsmöglichkeiten Ausschau. Rollenspiel steigert das Verständnis mehr, als Sie vermutlich erwarten. Rollenspiel kann neue Lösungsmöglichkeiten zutage fördern, auf die weder Sie noch Ihr Verhandlungsgegner jemals gekommen wären, während Sie beide Ihre normalen Reiz-Reaktions-Muster abfeuerten. Rollenspiel schaltet einen anderen Schaltkreis ein.

Life Equivalents
Adäquate Alternativen

Adäquate Alternativen zu finden ist ein einfacher Prozeß. Es bedeutet, andere Dinge zu finden, die ebenso befriedigend wirken wie das, worüber in der Verhandlung gestritten wird. Wenn eine Seite eine Forderung stellt, die die andere nicht akzeptieren kann, können Sie versuchen, statt dessen eine gleichwertige Alternative zu finden, die beide Seiten akzeptieren.

Intention treibt Verhalten an.

Da die persönlichen, individuellen Bedeutungen von Wörtern auf der Lebenserfahrung von Individuen basieren, unterscheiden sich die Äquivalente einzelner Wörter in vielen Fällen von Mensch zu Mensch sehr stark. Da wir alle unterschiedliche Erfahrungen gemacht haben, sind auch die Bedeutungen, die wir Wörtern geben, sowie die Ziele, die wir anstreben, sehr unterschiedlich. Zwei Menschen können mit dem gleichen Wort völlig unterschiedliche Ziele beschreiben.

Jedes Äquivalent, das Sie finden, beinhaltet eine Befriedigungsmöglichkeit, einen anderen Weg zum gewünschten Ziel. Je mehr Möglichkeiten sich eröffnen, je mehr Wege erforscht werden, um so größer wird die Chance, alle Beteiligten zufriedenzustellen.

Intent

Absicht, Intention

Mit der Absicht haben wir uns schon ganz zu Anfang dieses Kapitels im Zusammenhang mit der Hierarchie der Werte beschäftigt. Die Absicht hinter einer Forderung ist bei Verhandlungen von entscheidender Bedeutung. Gewöhnlich bezieht sie sich auf eine der folgenden drei Bedürfnisse: Identität, Verbundenheit oder Stärke. Wenn es Ihnen als Verhandlungspartner gelingt herauszufinden, welcher Kategorie eine bestimmte Absicht zuzuschreiben ist, werden Sie gewöhnlich viele Möglichkeiten finden, die Absicht zu befriedigen.

Absicht ist vielleicht die wichtigste Unbekannte in einer Verhandlung. Sobald Sie die Absicht der Gegenpartei herausgefunden haben, wird es wesentlich leichter zu verhandeln. Seien Sie sich vor Beginn der Verhandlung Ihrer Absichten bewußt.

Time

Zeit

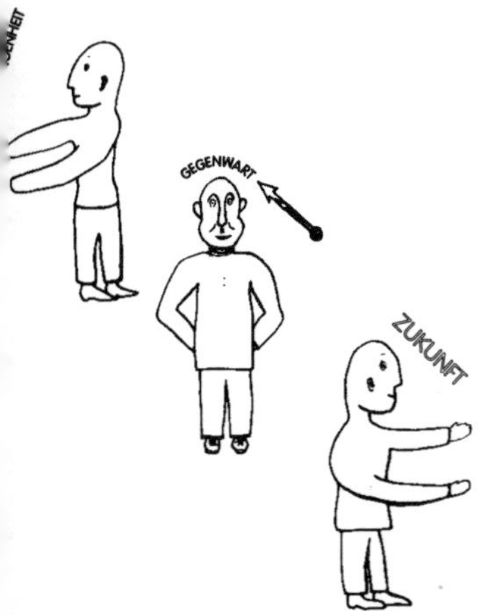

Zeit als äußerer Druck. Wenn Sie die Deadline der anderen Seite kennen, haben Sie einen Vorteil. Wenn die Gegenpartei weiß, daß *Sie* eine Deadline haben, hat sie einen Vorteil. Die Uhr tickt, und das wirkt sich auf den Verhandlungsprozeß aus.

Die Auswirkung der Zeit auf das langfristige Ziel. Jede Entscheidung enthält eine Zeitkomponente. Wenn Sie sich darüber im klaren sind, eröffnen sich Ihnen dadurch viele neue Möglichkeiten, die sich in der Zukunft zu Ihrem Vorteil ansammeln können.

Ich erinnere mich an eine Verhandlung mit der Gewerkschaft, wo das angekündigte Gewerkschaftsziel einer Lohnanhebung um 1,50 Dollar pro Stunde gegen ein Angebot von 0,50 Dollar pro Stunde der Unternehmerseite in Verbindung mit mehreren Lohnerhöhungen in Abständen von je sechs Monaten aufgegeben wurde. Man kam überein, die 0,50 Dollar pro Stunde nach sechs Monaten auf 0,65 Dollar zu erhöhen, nach einem Jahr auf 0,75 Dollar und nach zwei Jahren auf 1 Dollar. Der Verhandlungspartner hatte mit höchstens 0,65 Dollar gerechnet, und aufgrund der langfristigen Lösung konnte er nach zwei Jahren natürlich den einen Dollar als Grundlage nehmen statt der von ihm selbst erwarteten 0,65 Dollar. Er hatte an die langfristigen Möglichkeiten gedacht, wohingegen die Unternehmerseite hauptsächlich die kurzfristigen Einsparungen im Blick gehabt hatte. Wenn Sie die Auswirkung des Zeitfaktors im Auge behalten, so eröffnet Ihnen dies viele Vorteile.

Vergangenheitsorientierte, gegenwartsorientierte und zukunftsorientierte Menschen. Die Wahrnehmung verschiedener Menschen von Zeit und ihrer Beziehung zu Entscheidungen ist wichtig. Manche Menschen schauen ständig in die Vergangenheit, andere interessieren sich nur für den gegenwärtigen Augenblick, und wieder andere schauen unentwegt in die Zukunft. Wenn Sie Information vermitteln wollen, ist es für Sie wichtig zu wissen, welche Art von Zeitorientierung die andere Person bevorzugt. William Faulkner stellt Südstaatler als vergangenheitsorientiert dar, aber vielleicht ist das nur Faulkners Projektion. Wenn man auf einer Plantage lebt, deren Glanzzeit die Zeit des amerikanischen Bürgerkriegs war, dann ist es möglich, daß Sie gerne an die Vergangenheit denken. Aber wenn Ihr Urgroßvater Sklave war und Sie gerade Ihren Abschluß in Jura gemacht haben, wird Sie die Gegenwart oder die Zukunft wahrscheinlich mehr interessieren. Menschen geben durch ihre verbalen Äußerungen Aufschluß über ihre Zeitorientierung.

Vergangenheitsorientierte Menschen interessieren sich für die Geschichte und die Tradition, die Ihre Position stützt. Menschen, die die Gegenwart bevorzugen, sind an den gegenwärtigen Bedingungen interessiert, und zukunftsorientierte Menschen möchten wissen, wie ein eventuelles Verhandlungsergebnis ihre zukünftige Situation beeinflussen wird. Wenn das Ziel, über das verhandelt wird, ihnen noch bessere Zukunftsperspektiven eröffnet, werden sie Ihnen zweifellos helfen, Ihr Ziel zu erreichen.

In der Zeit (In Time) und durch die Zeit (Through Time). Eine weitere Möglichkeit, Zeit bei Verhandlungen zu nutzen, besteht darin, die Aufmerksamkeit darauf zu richten, ob die Gegenseite *durch* die Zeit oder *in* der Zeit lebt. Menschen, die *in der Zeit* leben, erinnern sich so lebhaft an die Vergangenheit, daß es für sie so ist, als ob die Vergangenheit die Gegenwart wäre. Menschen, die *durch die Zeit* leben, begraben die Vergangenheit, so daß frühere Erfahrungen nicht schrecklich wichtig für den gegenwärtigen Augenblick sind. Dies gilt für letztes Jahr und gestern. Die Art, wie Sie sich gestern verhielten, wird für Menschen, die *durch die Zeit* leben, keinen Einfluß auf heutige Verhandlungen haben. *Durch die Zeit* lebende Menschen vergessen, was gestern war, und fangen jeden Morgen neu an. *In der Zeit* lebende Menschen hingegen erinnern sich an das gestrige Streitgespräch, als habe es gerade stattgefunden, und ihre Gefühle über gestern haben Einfluß auf die heutigen Verhandlungen.

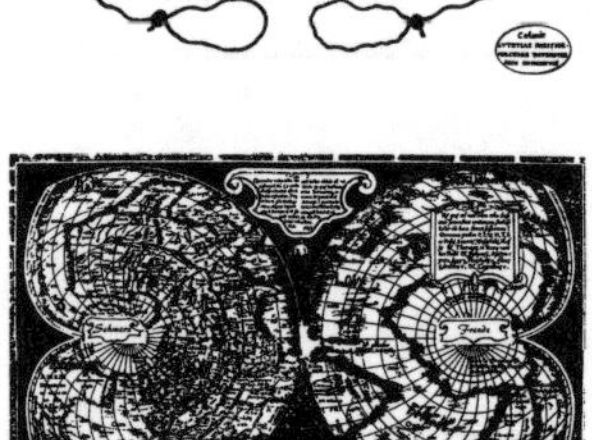

Wenn Sie sich darüber im klaren sind, wie Menschen mit Zeit umgehen und wie sie den Verhandlungsprozeß zu ihrer Art der Zeiterfahrung in Beziehung setzen, so liefert Ihnen dies wertvolle Hinweise darüber, wie Sie Ihre Information präsentieren und wie Sie Ihr Ergebnis strukturieren sollten.

Your Map of Reality
Ihre Landkarte der Realität

Ihre Landkarte der Realität ist das, was Sie benutzen, um einen Sinn in das allgemeine Chaos zu bringen, das Sie umgibt. Ihre Landkarte ist für Sie genau richtig, unabhängig davon, wie verrückt sie in den Augen anderer erscheint. Gemessen an Ihrer Landkarte der Realität ist jede Entscheidung, die Sie treffen und jede Ihrer Handlungen richtig. Wir alle treffen die besten Entscheidungen, die wir in einem konkreten Augenblick treffen können.

Manchmal werfen wir mit neuer, zusätzlicher Information einen Blick zurück und fragen uns, warum wir solche Entscheidungen trafen. Doch zu dieser Zeit gründeten wir diese Entschlüsse auf den besten Informationen, die uns auf der Landkarte der Realität zur Verfügung standen. Zu dieser Zeit waren die Entscheidungen für uns richtig, gemessen an dem, was wir wußten und an den Erfahrungen, die uns vorlagen.

Wir wählen aus, was wir sehen, hören, fühlen.

Wenn Sie sich dies stets vergegenwärtigen, können Sie einige dumme, verrückte und unbegreifliche Verhaltensweisen der Menschen in Ihrer Umgebung verstehen. Im Umgang mit Menschen brauchen Sie diese Fähigkeit.

Dieses Buch hat Ihnen Wege gezeigt, wie Sie neue Gebiete Ihrer Landkarte der Realität hinzufügen können. Indem Sie die hier beschriebenen Fähigkeiten ausüben, werden Sie Ihre Landkarte vervollständigen mit Informationen über Sie selbst und andere. Dadurch wird Ihre Landkarte so reichhaltig wie Ihr Leben. Je mehr Verhaltensoptionen Sie auf Ihrer Landkarte integrieren, um so leichter wird es für Sie, Ihre Ziele zu finden und zu erreichen. In dem allgemeinen Chaos, das Sie umgibt, sind zahlreiche mögliche Antworten auf Ihre Bedürfnisse und Absichten enthalten. Zu erkennen, ob und daß diese Antworten zu Ihren Bedürfnissen passen, wird leichter, je stärker Ihr Bewußtsein Ihre Landkarte anreichert.

Wenn Sie in eine Verhandlung mit einem Ziel gehen, das sich nicht mit dem Ziel der Gegenseite vereinbaren läßt, dann überprüfen Sie Ihre eigene Landkarte, und prüfen Sie auch die Landkarte der Gegenseite. Vielleicht entdecken Sie dann einen Bereich beiderseitigen Verstehens oder Mißverstehens, den Sie gemeinsam erforschen können.

KONGRUENZ

DER TOP-DOG
DER UNDERDOG
DER VATER
DER RICHTER
DER LOVER
DER SOFTY
DER MACHO
DER SPORTLER
DER EHRGEIZIGE MANAGER
DIE YIN
DIE YANG
DIE VERFÜHRERIN
DIE MUTTER
DIE WELTREISENDE
DIE HAUSFRAU
DIE NATURLIEBHABERIN
DIE VERKAUFSAGENTIN
DIE BALLERINA
DIE KARRIEREFRAU

10
Kongruenz

Schon in der Einleitung war von drei Attributen kommunikativer Exzellenz die Rede: sensorische Schärfe, Flexibilität und Kongruenz. Die ersten beiden wurden in den Kapiteln 4 und 7 diskutiert. Nachdem Sie gelernt haben, wie man diese Fähigkeiten entwickeln kann, möchte ich mich mit Kongruenz beschäftigen, dem Schlußstein effektiver Kommunikation.

Der Begriff Kongruenz kommt von dem lateinischen Wort *congruentia*, was bedeutet „zusammentreffen" und „übereinstimmen". Kongruenz entsteht, wenn sich alle Ihre Teilpersönlichkeiten miteinander verbinden, um gemeinschaftlich auf Ihr Ziel hinzuarbeiten. Jeder von uns spielt im Laufe einer Woche viele Rollen – d.h. benutzt viele Teilpersönlichkeiten: Geschäftsmann oder -frau, Chef, Angestellte/r, Vater, Mutter, Bon Vivant, Tennisspieler, Macho, Ästhet und viele andere. Wenn unsere Rollen sich miteinander vereinbaren lassen, sind wir kongruent. Wenn sie im Widerspruch stehen, sind wir es nicht.

Unsere Verhaltensweisen und unsere Worte sind oft inkongruent, wir sagen etwas und tun etwas anderes. Wenn wir in der Kommunikation inkongruent sind, sind wir weniger effektiv.

Kongruenz entsteht auf natürliche Weise durch Meisterung der Syntonic-Techniken.

Der erste und wichtigste Schritt in Richtung Kongruenz ist, unsere eigenen Ziele zu kennen. Weil wir viele Rollen spielen und jede Rolle ihr eigenes Ziel verfolgt, müssen wir oft Prioritäten für unser Ziel setzen. Sobald wir das Geschick im Festlegen von Zielen entwickelt haben, sind wir auf dem Weg zur Kongruenz.

Wie erreicht man Kongruenz? Eine Möglichkeit besteht darin, sicherzustellen, daß Sie Ihr Ziel wirklich erreichen wollen. Wenn einige Teile von Ihnen sich in dieser Hinsicht unschlüssig sind oder sich nicht dazu entschließen können, das von Ihnen gewählte Bestreben zu unterstützen, oder wenn sie ihm sogar Widerstand entgegensetzen, so können andere Menschen diese Inkongruenz an Ihrem äußeren Verhalten erkennen. Vielleicht fällt den anderen auf, daß Sie verneinend den Kopf schütteln, während Sie „ja" sagen, oder daß Ihre Stimme zittert, während Sie starke Worte gebrauchen, oder daß Sie eine ernste Rede mit einem Kichern beenden. Solche Verhaltensweisen verwirren andere und verringern Ihren Einfluß.

Um sich vollkommen kongruent zu fühlen, sollten Sie sich die Zeit nehmen, Ihre wichtigsten Teilpersönlichkeiten im Rollenspiel zu erkunden. Wenn Ihnen klar wird, wann Sie kongruent sind und wann nicht, können Sie lernen, Ihre Teilpersönlichkeiten und deren gelegentliche Widersprüchlichkeit zu würdigen.

Gegensätzliche Tendenzen in einer Person werden *Polaritäten* genannt. Einige Experten sind der Meinung, daß jeder von uns eine polare Teilpersönlichkeit für jede voll entwickelte Rolle hat. Mit anderen Worten: Wenn Sie immer ein „guter Kerl" sind, dann muß es auch noch einen „bösen Buben" geben, der ebenso gut entwickelt ist und darauf brennt, aus seinem Versteck hervorzukommen. Dieser böse Bube kann viele Formen annehmen, die nicht unbedingt destruktiv sein müssen. Sie mögen es nicht glauben, aber wenn Sie Ihre Polaritäten erforschen, so kann das zur Kongruenz führen. Wenn Sie diese Dinge ein wenig untersuchen, könnte es Ihnen gelingen, die angestrebten Ziele Ihrer opponierenden Teile miteinander in Einklang zu bringen.

Charisma ist Kongruenz.

Je besser Sie Ihre Polaritäten kennen und Ihnen gerecht werden, um so wertvoller sind Sie für sich selbst und Ihren Arbeitgeber. Das Buch *Auf der Suche nach Spitzenleistungen**, eine Untersuchung über 42 erfolgreiche amerikanische Unternehmen, beschäftigt sich mit einem Dualismus, der jedem modernen Ge-

* von Thomas J. Peters und Robert H. Waterman, Jr.; Moderne Industrie, Landsberg 1982.

schäftsmann zu eigen ist: Er möchte Teil eines Teams sein, aber auch als Individuum anerkannt werden. Ihren eigenen Dualismus oder Ihre Polaritäten in ein ausgewogenes Verhältnis zueinander zu bringen ist möglich und sogar gewinnbringend.

Selbst wenn Sie nicht daran gewöhnt sind, im Sinne von Teilpersönlichkeiten zu denken, sind Sie sich wahrscheinlich zeitweise innerer Konflikte bewußt. Ein Teil Ihrer Persönlichkeit vertritt eine bestimmte Position; ein anderer Teil widersetzt sich dieser Position oder zweifelt sie an. Innere Konflikte sind normal.

Manche Leute mögen denken, die Existenz von Teilpersönlichkeiten bedeute, daß Sie ein Borderline-Schizophrener sind. Dies ist nicht wahr. Selbst die psychisch gesündesten Menschen haben Teilpersönlichkeiten, deren Verhalten uns zu interessanten und effektiven Teilnehmern in unserer Welt macht. Unsere inneren Konflikte beweisen unser Potential an Flexibilität.

Probleme entstehen, wenn einige unserer Teilpersönlichkeiten einander nicht kennen und nicht wissen, daß sie im Konflikt miteinander stehen. Die folgende Übung soll Ihre verschiedenen Teile miteinander bekannt machen und es ihnen ermöglichen zusammenzuarbeiten.

Inkongruenz verkrüppelt die Kommunikation.

Zeit-Management und Konfliktlösung

Wir alle haben nur begrenzte Zeit zur Verfügung, und unsere verschiedenen Teilpersönlichkeiten wetteifern vehement um unsere Zeit. Wenn wir alle unsere Teilpersönlichkeiten einander in ihren Zeiterfordernissen unterstützen, so steht uns für das Erreichen unserer Ziele ein Maximum an Energie zur Verfügung, die andernfalls durch die Konflikte zwischen den einzelnen Teilen erheblich verringert würde.

Um dies zu veranschaulichen, habe ich meinen eigenen Prozeß zur Auflösung innerer Konflikte beschrieben. Wenn Sie wollen, können Sie diese Übung an sich selbst ausprobieren, indem Sie sie Ihren speziellen Bedürfnissen anpassen und sie fortwährend benutzen und verfeinern.

Angenommen, Sie wollen Ihren Zeitplan für den nächsten Monat festlegen. Erfassen Sie alle Teile Ihrer Persönlichkeit, die sich mit Ihnen treffen und darüber verhandeln wollen, in einer Liste. Wählen Sie einen Zeitpunkt, zu dem Sie etwa eine Stunde lang ungestört sind (Teilpersönlichkeiten sind gewöhnlich langatmig). Wählen Sie acht Teile aus, die Sie zu der Besprechung einladen wollen, und lassen Sie diese unter sich einen Konfliktmanager wählen, der die Verhandlung über die Zeitzuteilung leiten soll. Es folgt eine Liste meiner eigenen Teilpersönlichkeiten, die Ihnen vielleicht helfen wird, Ihre eigenen Teile zu erkennen.

Opponierende Teile sind die Samen der Flexibilität.

Teil	Gegenspieler
neugierig	weiß alles besser
Mutter	
ehrgeizig	altruistisch
Herausforderung	
Skifahrerin	
kreativ	
Sporttaucherin	
bewußt	
Lehrerin	
Ehefrau	Verführerin
spielen	
mag es, berühmt zu sein	diskret
Komfort	herausfordernd
Tochter	
lernt gern	weiß alles
Arbeiterin	
Freundin	Einzelgängerin
konventionell	unkonventionell
rachsüchtig	bereit zu vergeben
geschäftsmäßig	unbekümmert
Gelehrte	Unternehmerin
Autorin	
Malerin	
Reisende	bleibt am liebsten zu Hause
humorvoll	ernst
Dichterin	
liebt Schönheit	
formell	lässig
ordentlich	schlampig
organisiert	unordentlich, chaotisch
Hausmütterchen	Vagabundin
Köchin	
verwöhnt	unabhängig
Kleidernärrin	Blue Jeans
Leserin	

Ich sah diese Liste durch und wählte dann acht Teile aus, die ich zu meiner Teile-Party einlud. Die acht eingeladenen Teile sind:

Ehefrau	
Mutter	
ehrgeizig	altruistisch
spielen (Ski, Tauchen)	Arbeit
kreativ	
Köchin	

Nun brauchte ich einen Konfliktmanager für die Verhandlungen darüber, wieviel Zeit jedem dieser acht Teile zustand. Ich konnte entweder einen von den Acht als Konfliktmanager einsetzen, oder ich konnte einen neuen Teil speziell für diese Rolle kreieren. Ich entschloß mich, meinen kreativen Teil als Konfliktmanagerin einzusetzen, weil ich ihn besonders mag und ihm vertraue. Er hat mir in der Vergangenheit gute Dienste geleistet.

Ich berief also die Versammlung ein und stellte mir vor, alle diese Teilpersönlichkeiten säßen um einen Konferenztisch. Die Köchin trug eine weiße Schürze und eine Kochmütze. Der kreative Teil trug einen hellen Malerkittel, auf dessen Tasche eine Malerpalette aufgestickt war. Die Hausfrau trug einen typischen Hausfrauenkittel, und die Mutter war rundlicher als die anderen Teile. Der ehrgeizige Teil trug ein teures Designerkostüm. Der altruistische Teil hatte sein Hemd einem Armen gegeben. Der Spiel-Teil trug einen Schneeanzug und ein Tauchgerät.

Die Party begann. Die Konfliktmanagerin (zuvor der kreative Teil) mußte gleich zu Anfang stimmgewaltig klar-

Man bekommt das, was man verdient.

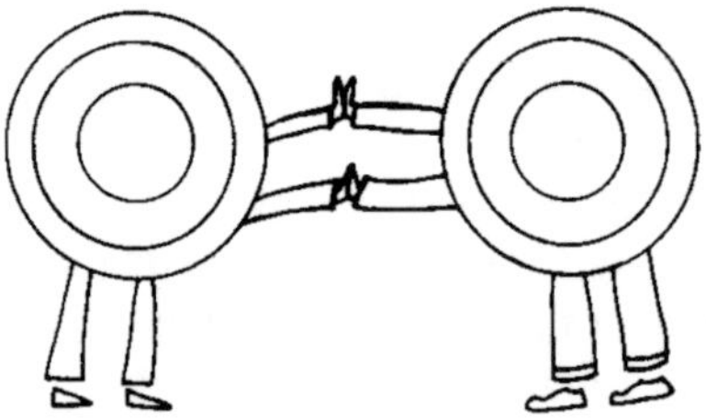

stellen, daß nur immer einer sprechen solle. Daraufhin wurde es ruhiger. Die Konfliktmanagerin stellte die Mutter vor, die vehement 75 Prozent der verfügbaren Zeit forderte. Zum Schluß sagte sie: „Deine Tochter Kathryn ist noch jung, und sie braucht die Aufmerksamkeit ihrer Mutter."

Die Konfliktmanagerin warf nun die Frage über Schlafen und Wachsein auf, ob über die gesamten 24 Stunden des Tages oder nur über die sechzehn Stunden des Wachseins verhandelt werden sollte. Daraufhin meldete sich mein Bewußtsein zu Wort, das zwar nicht zu der Besprechung eingeladen, aber trotzdem erschienen war. Da mir klar wurde, daß ich das Bewußtsein in dieser Situation benötigte, ließ ich es zu Wort kommen. Das Bewußtsein schlug vor, die Verhandlung auf die normale Wachzeit zu beschränken. Die Schlafzeit wurde also aus der Verhandlung ausgeschlossen. (Mein Bewußtsein weiß, daß ich viel Schlaf brauche, um mit den vielen eigenwilligen Teilpersönlichkeiten zurechtzukommen.)

Nicht sonderlich diplomatisch erinnerte mein ehrgeiziger Teil die Mutter daran, daß sie seit 22 Jahren über die anderen Teilpersönlichkeiten geherrscht und in dieser Zeit fünf Kinder aufgezogen hatte. Deshalb sei nun für sie die Zeit gekommen, ein wenig zurückzutreten und den übrigen Verhandlungsteilnehmern ein wenig mehr Raum zuzugestehen.

Daraufhin preßte die Mutter ihre Lippen zusammen und plusterte sich ein wenig auf. Der ehrgeizige Teil fuhr fort und sagte, er würde für 80 Prozent meiner Zeit kämpfen, weniger würde nicht akzeptiert. Die übrigen Teilnehmer könnten sich die restlichen 20 Prozent teilen.

Daraufhin erhob sich der Ski- und-Tauch-Teil langsam aus seinem Stuhl. Das Sauerstoffgerät war schwer, und in der abgesteppten Ski-Jacke sah er aus wie ein Michelin-Männchen. Seine Stimme bebte von unterdrückten Emotionen. „Ich werde bald zu alt sein, um skifahren und tauchen zu können. Jetzt oder nie, ich will 60 Prozent."

Mit ernstem Ausdruck forderte nun der gepflegt gekleidete Arbeitsteil Gehör. Sichtlich besorgt gab die Konfliktmanagerin ihm das Zeichen zu reden. Der Arbeitsteil sagte: „Schon bald werde auch ich für die Arbeitswelt zu alt sein. Ab vierzig geht es im Berufsleben abwärts. Und ich bin älter als Vierzig. Ich brauche 85 Prozent der Zeit."

Die Konfliktmanagerin rechnete schnell nach. Vier der neun anwesenden Teile hatten sich bereits gemeldet und insgesamt 300 Prozent von Genies Zeit beansprucht. Daraufhin atmete die Konfliktmanagerin tief durch, besann sich auf ihre kreativen Fähigkeiten und hörte sich dann an, was die nächsten vier Teile zu sagen hatten. Das Bewußtsein sagte, es werde ausführen, was die übrigen Teile wollten. Es habe keine persönlichen Ansprüche außer dem, daß Genie während der verfügbaren Zeit ein wenig bewußter sei.

Die Köchin wollte 30 Prozent der Zeit haben, die Ehefrau 40 Prozent und der altruistische Teil 60 Prozent. Die Konfliktmanagerin sagte, sie stehe in engem Kontakt zum kreativen Teil, der 90 Prozent der Zeit beanspruchte. Somit stellte sich heraus, daß 520 Prozent von Genies Zeit ausgereicht hätten, um alle Beteiligten zufriedenzustellen. Da aber nur über 100 Prozent der Wachzeit verhandelt werden konnte, war dies eine Sackgasse.

Nach ungefähr 15 Minuten führte eine raffinierte Verhandlungsmethode schließlich zu einer Lösung. Der kreative Teil erinnerte den ehrgeizigen Teil, den Arbeits-Teil und den altruistischen Teil daran, daß es ihrer aller Bedürfnisse sowie auch die des kreativen Teils selbst erfüllen würde, wenn Genie ihr Buch schriebe. Allgemeines Kopfnicken. Der kreative Teil schlug daraufhin vor, daß Genie die Hälfte ihrer Zeit dem Schreiben widmen solle und die andere Hälfte den Teilen der Ehefrau, der Mutter, dem Spiel und der Köchin.

Zurückhaltung kam auf. Daraufhin sagte die Konfliktmanagerin: „Wir können ja nach einem Monat noch einmal neu verhandeln."

Das Endergebnis der Verhandlung war also:

Ehefrau	10%	Altruismus	} 50%
Mutter	30%	Ehrgeiz	
Spiel	5%	Arbeit	
Köchin	5%	Kreativität	

Das Bewußtsein erklärte sich dann bereit, die Überwachung dieses Zeitplans zu übernehmen. Die Konfliktmanagerin forderte das Bewußtsein auf, sich ein wenig flexibel zu verhalten. Anschließend wurde die Verhandlung vertagt.

Um nun Ihre eigene Konfliktlösung und Zeitaufteilung zu bewerkstelligen: 1. Machen Sie eine Liste der Hauptteile. 2. Berufen Sie eine Konferenz ein. 3. Legen Sie die Tagesordnung fest. 4. Ernennen Sie einen Konfliktmanager. 5. Verhandeln Sie. 6. Geben Sie Ihrem Bewußtsein den Auftrag, die beschlossene Zeitaufteilung zu überwachen.

Wenn Sie dieses Konfliktlösungsverfahren anwenden, lernen Sie Ihre Teile kennen. Nutzen Sie die Information, die dieselben Ihnen geben, und machen Sie sie zu angesehenen inneren Ratgebern. Um vor Beginn der Verhandlung sicherzustellen, daß Ihr Verhalten ein Maximum an Kongruenz aufweist, sollten Sie sicher sein, daß Sie genau wissen, was ganz oben auf Ihrer Liste möglicher Ziele steht. Wenn Sie eine Prioritätenliste Ihrer Ziele festgelegt haben, so daß alle Teile Ihrer Persönlichkeit übereinkommen, auf dieses spezielle Ziel hinzuarbeiten, werden Sie in Ihren Handlungen und Gesten, in Ihrer Stimmcharakteristik und in der Wahl Ihrer Worte kongruent sein. Außerdem wird auch jede der Syntonic-Fähigkeiten zu Ihrer Kongruenz in der Kommunikation beitragen.

Kongruenz bringt Sie Ihrem angeborenen Streben nach Integrität ein großes Stück näher. *Integrität* bedeutet, vollständig und ungeteilt zu sein. Angesichts dessen, daß Menschen von Natur aus ganz sind und zu positivem (und/oder lustvollem) Verhalten tendieren, ist Integrität ein positiver Zustand, der moralisch oder amoralisch, jedoch in keinem Fall unmoralisch sein kann. Integrität ist von entscheidender Bedeutung für den praktischen Gebrauch der Syntonics.

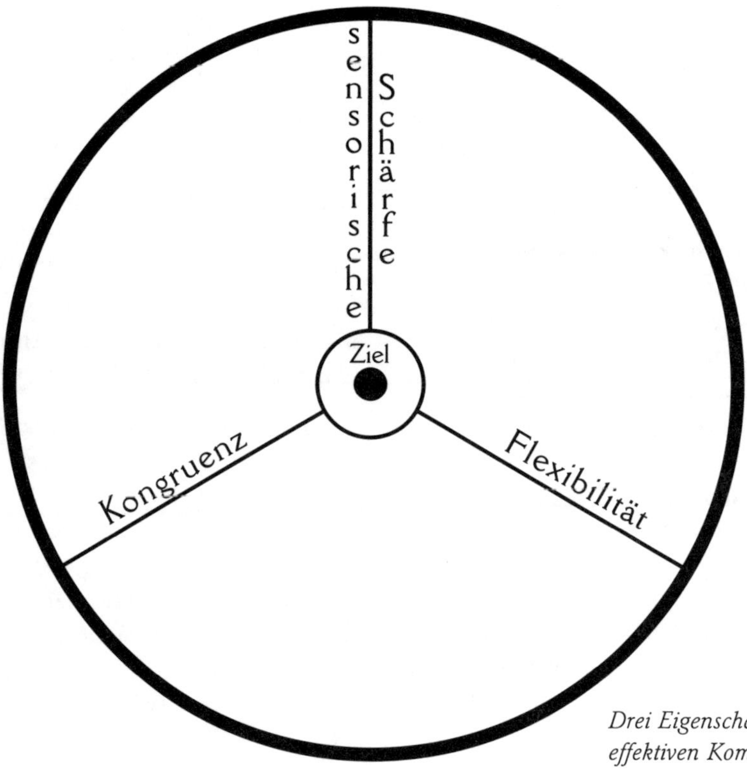

Drei Eigenschaften eines effektiven Kommunikators

Flexibilität

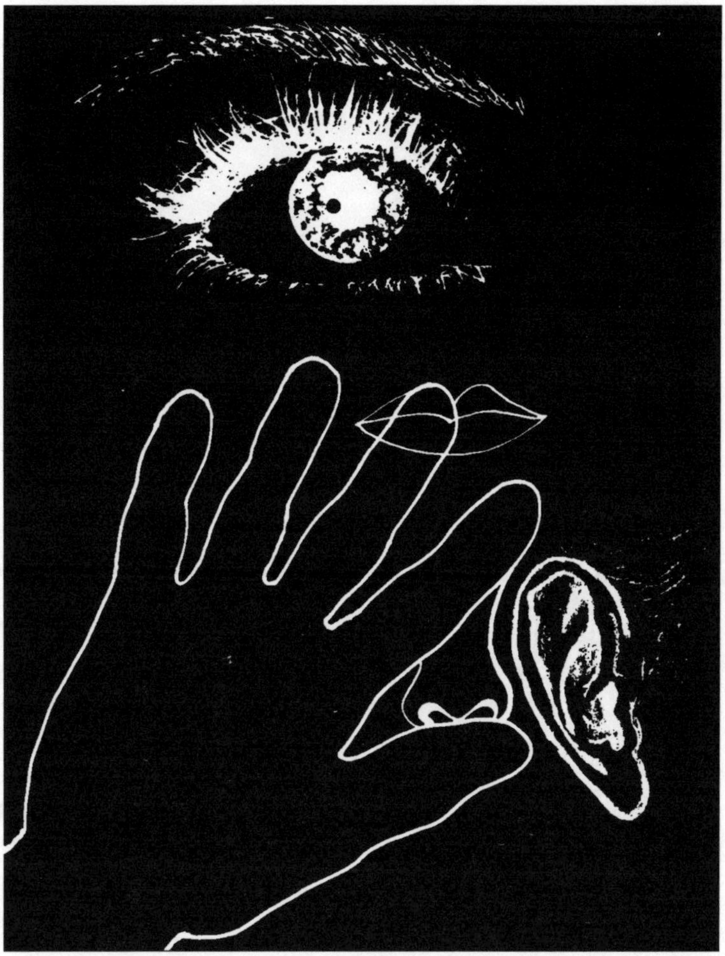

Zum Schluß

Nur Sie selbst können Ihre eigene Integrität kennen: das, was für Sie selbst und Ihre Welt angemessen, gerecht, förderlich und wertvoll ist. Sie allein sind die Autorität, die darüber entscheidet. Die Syntonic-Werkzeuge an sich haben keine Integrität; nur Menschen verfügen über Integrität.

Wie können Sie Ihre persönliche Integrität behalten und dennoch andere Menschen beeinflussen? Wie entscheiden Sie, wann Sie kooperieren, unterstützen oder sabotieren? Entscheiden Sie dies nach Lust und Laune, oder haben Sie eine Strategie, bei deren Anwendung Sie sich gut fühlen und Ihre Integrität erhalten bleibt? Ist Ihnen bewußt, wann Sie Ihren Einfluß mißbraucht haben? Schon geringer Einfluß enthält die Möglichkeit der Manipulation. (*Manipulation* wird hier als hinterhältiges Agieren zum eigenen Vorteil definiert.) Wie können Sie Manipulation vermeiden? Wenn Ihre Beeinflussungsfähigkeiten größer werden, wird Ihre Wirkung auf andere stärker. Wächst Ihre Verantwor-

---

Teile dieses Schlußteils wurden ursprünglich im Magazin *New Realities* in einem Artikel mit dem Titel „Playing with Power and Matches“ von Bruce Dillman und Genie Laborde veröffentlicht.

tung im gleichen Maß wie Ihre Macht? Wie können Sie diese Fähigkeiten auf passende Weise nutzen?

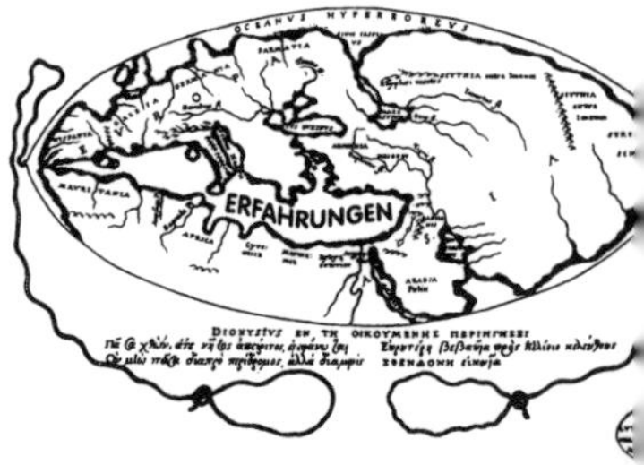

Das sind natürlich uralte Fragen, doch machen es die heute verfügbaren Manipulationstechniken unabdingbar, einfühlsame Antworten auf diese Fragen zu finden.

Wenn eine andere Person beim Erreichen Ihres Zieles eine Rolle spielt, ist es wichtig, das Ziel, das diese anstrebt, mit Ihrem eigenen Ziel abzustimmen, so daß eine Situation entsteht, in der in jedem Fall beide Seiten gewinnen. Dies versteht man unter Dovetailing von Zielen.

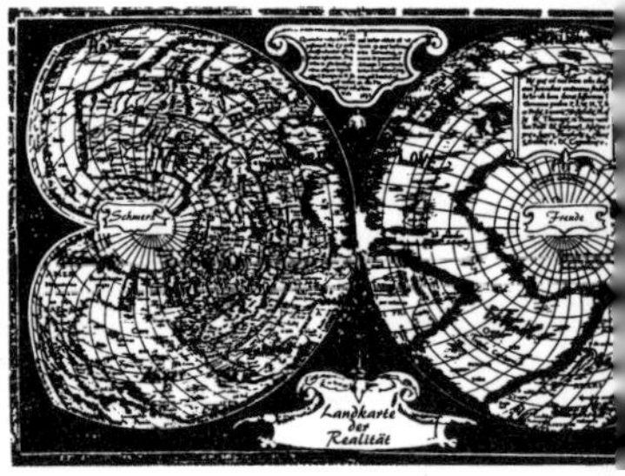

Dovetailing von Zielen stellt augenblicklich Rapport her. Rapport basiert auf dem Anerkennen der Menschlichkeit und der Bedürfnisse eines anderen Menschen. Es bedeutet, in die Landkarte der Realität des/der anderen einzutreten – in die Art, wie die andere Person Erfahrungen kodiert oder erlebt –, statt zu erwarten, daß der oder die andere sich an Ihrer eigenen Landkarte orientiert. Sie sind in der Lage, besser zu kommunizieren, weil Sie die Landkarte des/der anderen benutzen und weil Sie sich der Art, wie die andere Person wahrnimmt und denkt, bewußter sind. Sie sind sich der Verhaltensbausteine des anderen bewußter, und auch wenn Sie dieses Verhalten nicht unbedingt gutheißen, können Sie es doch zumindest verstehen.

Zum Dovetailing müssen Sie herausfinden, welches Ziel die andere Person verfolgt. Rapport erleichtert es erheblich, an diese Information heranzukommen. Sobald Sie in Rapport stehen, können Sie die Pointer benutzen, um das Ziel des/der anderen herauszufinden, selbst wenn er/sie selbst sich dessen nicht bewußt ist. Wenn Sie Rapport haben, ist Ihnen häufig klar, was für beide Seiten eine faire Lösung wäre, und Sie werden dann wie von selbst zu einer Win-Win-Situation hingezogen – zu einer Lösung, in der jeder sein eigenes Ziel erreicht, ohne gegen die Interessen der anderen Seite zu verstoßen. Dies ist es, was Kommunikation im besten Fall sein kann.

Die Rechnung

Ein Diplomat, der an einem meiner Seminare teilgenommen hatte, erzählte mir, er habe acht Jahre lang stets hart und rücksichtslos verhandelt. Er wußte immer ganz genau, was er wollte, und gewöhnlich bekam er es auch. Nachdem er das Konzept des Dovetailing kennengelernt hatte, sagte er reuevoll: „Ich wünschte mir, ich hätte schon früher darüber nachgedacht. Meine Verhandlungsgegner erkennen häufig im nachhinein, daß ich sie durch Tricks dazu gebracht hatte, meinen Zielen zuzustimmen. Und dafür lassen sie mich bezahlen! All die vielen Jahre, die ich habe zahlen müssen ..." Sein Gesichtsausdruck spiegelte, wie ungeheuer hoch die Zahlungen waren.

Ich erinnere mich noch an einen anderen Teilnehmer meiner Kurse, Bob, der Rechtsanwalt war. Er rief mich einen Monat nach einem Verhandlungsseminar an, um mir die folgende Geschichte zu erzählen, die ihn mehr in Erstaunen versetzt hatte als mich. Die Vorstellung, bewußt Rapport zu seinem Gegenspieler herzustellen, war für ihn neu, und er fing an, diese Methode bei jeder sich bietenden Gelegenheit anzuwenden. Einer seiner Klienten hatte einen früheren Arbeitgeber verklagt, ein großes Unternehmen. Der Repräsentant des Unternehmens, Steve, hatte mehrere Gespräche mit Bob geführt, um einen außergerichtlichen Vergleich zu erreichen. Bei dem nächsten Treffen nach jenem Seminar hatte Bob einen so tiefen Rapport hergestellt, daß Steve eine Abfindung anbot, die das, was Bobs Klient gefordert hatte, bei weitem übertraf – ein Betrag, der ihm eigentlich nicht zustand. Das Angebot war so hoch, daß Bob sich selbst zu Steve sagen hörte, er solle es doch heruntersetzen. Bob fügte noch hinzu, es sei für Steve und seine Firma nicht fair, und Steve könne damit seinen Job riskieren, was sicherlich nicht dem erwünschten Ziel entsprach. Bob wußte, was fair war und was in dieser Situation im Einklang mit der Integrität beider Seiten stand.

Rapport bleibt dann über längere Zeit bestehen, wenn die eigene Integrität und die der Gegenseite Teil der Lösung sind. Diejenigen unter Ihnen, die Rechtsanwälten nicht trauen, werden die Geschichte, die ich soeben wiedergegeben habe, wahrscheinlich nicht glauben. Selbst Bob fiel es schwer zu glauben, was passiert war; deshalb rief er mich an, um mir davon zu erzählen.

Was geschieht, wenn es nicht möglich ist, die Ziele beider Seiten miteinander in Einklang zu bringen? In manchen Fällen ist das Ziel, das die andere Seite anstrebt, so abscheulich, daß Sie kein Interesse daran haben, ihr bei seiner Realisation zu helfen. Hier gibt es mehrere Optionen. Eine ist, der Gegenseite Ihren Denkprozeß zu erläutern (z.B.: „Ich möchte Ihnen zeigen, wie ich denke ..."). Sobald Sie Rapport haben, können Sie der Gegenseite zeigen, wie Sie zu Ihrer eigenen Sichtweise in dieser Angelegenheit gekommen sind. Erläutern Sie Ihre Denkschritte. Vielleicht gefällt dem vis-à-vis Ihre Denkweise besser als seine eigene, und er erweitert seine Landkarte der Realität so, daß Ihre eigene mit eingeschlossen ist.

Oder auch nicht. Dovetailing ist nicht immer möglich. Wenn Sie alle CHANGE REALITY-Methoden ausprobiert haben, ohne eine für beide Seiten befriedigende Lösung zu finden, ist der nächste Schritt, die Verhandlung zu beenden. Oder, falls es sich um eine Schlichtung handelt und Sie zu einem Resultat kommen *müssen*, können Sie die Verhandlung zumindest für den betreffenden Tag unterbrechen und dann am nächsten Tag wieder mit dem C von CHANGE beginnen (siehe Kapitel 9).

Mögliche Lösungen werden oft in der Hitze des Streitens und Anklagens nicht entdeckt. Aufgrund meiner eigenen Verhandlungserfahrung weiß ich, daß der Impuls, eine Verhandlung abzubrechen, gewöhnlich zu einem Zeitpunkt auftaucht, zu dem keineswegs alle Möglichkeiten des Dovetailing von beiden Seiten untersucht und ausgeschöpft worden sind. Durch das Anwenden der Influence-Techniken können wir oft eine Lösung finden, die der Integrität beider Seiten Rechnung trägt.

Lösungsmöglichkeiten werden manchmal wegen Machtkämpfen nicht entdeckt. Verhandlungspartner, die einen leichten Verhandlungsvorteil haben, scheinen ihn ausnutzen zu wollen. Gibt man ihnen die Macht, scheinen sie diese zur Schau stellen zu müssen. Die in diesem Buch vorgestellten Syntonic-Werkzeuge verleihen persönliche Macht. Wenn Sie sich diese Fähigkeiten aneignen, so verschafft Ihnen dies in den meisten Interaktionen einen gewissen Vorteil. Dieser Vorteil vergrößert Ihre Macht, andere behutsam zu beeinflussen.

Wir alle verfügen über die Macht zu beeinflussen. Hausfrauen, Politiker, Lehrer, Reporter, Beamte, Programmierer, Mütter, einfach jeder. Es kann sein, daß man nur über einen begrenzten Einfluß verfügt und daß man sich nicht dessen bewußt ist, daß es bestimmte Fähigkeiten und Techniken gibt, die man anwenden könnte. In den meisten Fällen resultiert daraus eine planlose Art des Beeinflussens, die sich manchmal zu unseren Gunsten und manchmal zugunsten anderer auswirkt. Wenn Sie Einfluß ausüben, ohne sich der Bedürfnisse und Ziele der anderen Seite bewußt zu sein, tappt Ihr Einfluß im Dunkeln. Und was noch schlimmer ist: Möglicherweise sind Sie sich nicht immer dessen bewußt, daß Sie die Grenze zwischen Beeinflussung und Manipulation überschreiten.

Manche Menschen sind der Meinung, so lange sie ihre Fähigkeiten der Einflußnahme unabsichtlich benutzen würden, könne man sie nicht der Manipulation beschuldigen. Doch dies ist die „Unschuld" der Ignoranz. Einige der manipulativsten Menschen, die ich kenne, sind sich der Techniken, die sie benutzen, nicht bewußt. Doch ist Ihr Bewußtsein der Syntonic-Techniken mit der Verantwortung verankert worden, zu wählen zwischen Manipulation und Einfluß. Wir können nicht verhindern, daß wir andere beeinflussen. Wir können uns entscheiden, positiv zu beeinflussen.

Die Syntonic-Werkzeuge sind nicht an und für sich integer; nur Menschen können integer sein.

Wenn wir die Fähigkeit zu beeinflussen erlangen, vergrößern wir unsere Macht, in die Richtung zu beeinflussen, die wir wollen. Hier taucht eine ganze Reihe neuer Probleme auf: das Problem der persönlichen Macht. Wenn Sie sich vor persönlicher Macht fürchten, weil „sie" (oder Sie selbst) diese zur Manipulation benutzen könnten, so sollte Ihnen klar sein, daß Sie tatsächlich über diese Fähigkeit verfügen. Auch sollten Sie sich klarmachen, daß die Syntonic-Werkzeuge neutral sind. Nur Sie haben die Wahl, auf integere Art zu handeln.

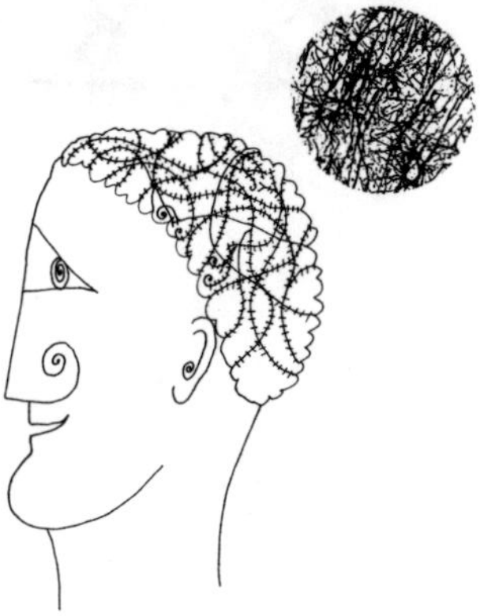

Das unschuldige Werkzeug

Ein weiser und gütiger Holzfäller ging einmal zur Arbeit in den Wald. Plötzlich rutschte ihm die Axt aus, und er schnitt sich tief ins Bein. Unter großen Schmerzen kehrte er in sein Dorf zurück, doch wurde er schließlich wieder gesund. Während er auf seinem Krankenlager lag, hielten die Dorfbewohner, einfache Leute, über die Axt Gericht und erklärten sie für schuldig. Sie schmolzen das Metall ein und spalteten den Holzgriff in viele kleine Stücke. Das Metall wurde anschließend zu Gewehrkugeln gegossen und das Holz des Griffs wurde zu Streichhölzern verarbeitet. Als der Holzfäller davon hörte, lachte er, doch eine neue Axt mußte er sich trotzdem kaufen.

Werkzeuge sind weder unschuldig noch schuldig. Wir benutzen unsere Werkzeuge auf die Weise, die uns zusagt. Ich habe Ihnen in diesem Buch eine stattliche Anzahl von Techniken erklärt: Flexibilität, sensorische Schärfe, Kongruenz, Festlegen von Zielen, Rapport, Pointer und Change Reality. Alles dies kann man benutzen, um zu manipulieren.

Wo genau hat die Gefahr der Manipulation ihren Ursprung?

Bei „ihnen".

Bei wem?

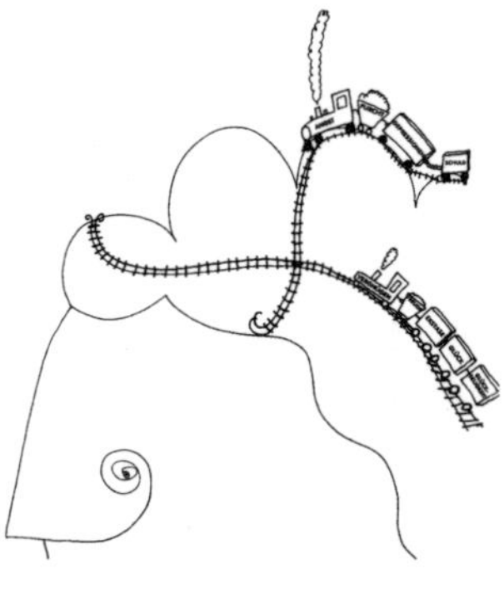

Ihnen. Jenen anderen Menschen, denen man wegen ihrer Charakterschwäche und ihrer Anfälligkeit für Manipulation und wegen ihrer üblen Tricks diese machtvollen Werkzeuge nicht anvertrauen kann. Man erlaubt es Kindern ja auch nicht, mit Dynamit zu spielen.

Zu den lediglich nicht vertrauenswürdigen „anderen Menschen" kommen noch die eindeutig Bösen: Kriminelle, Subversive, Korrupte usw. Was könnten *sie* mit diesen Werkzeugen anstellen? Wahrscheinlich würden sie nicht viel mehr damit machen, als sie ohnehin bereits tun. Wenn sie wirklich erfolgreich darin sind, böse zu sein, haben sie bereits ihre eigenen Techniken entwickelt, die ihren Zweck ausgezeichnet erfüllen. Wenn sie zufällig die hier beschriebenen Beeinflussungswerkzeuge benutzen, so tun sie das entweder unbewußt, oder sie kannten diese Techniken ohnehin schon.

Damit ist alles gesagt, was alle anderen außer uns selbst betrifft, und ich habe den Verdacht, daß genau *das* es ist, worauf sich ein großer Teil unserer Angst bezieht. Wie werden *wir selbst* diese Macht benutzen? Ist das, was wir auf „sie" projizieren, eine unbewußte Reaktion, die entsteht, weil wir irgendwie wissen, daß wir Tricks gebrauchen, des Bösen fähig sind und auch der Manipulation?

Der Psychologe C.G. Jung schrieb:

> Das Böse, das sich im Menschen offenbart und ganz unzweifelhaft in ihm wohnt, ist von gigantischem Ausmaß. Er streitet nicht ab, daß furchtbare Dinge geschehen sind und noch geschehen, aber es sind immer die anderen, die solches tun. Damit stärkt man die gegnerische Position aufs wirksamste, denn mit der Projektion des Bösen wandert auch die Angst, die wir vor dem eigenen Bösen zwar unwillig und heimlich empfinden, zum Gegner über und erhöht das Gewicht seiner Drohung um ein Vielfaches.*

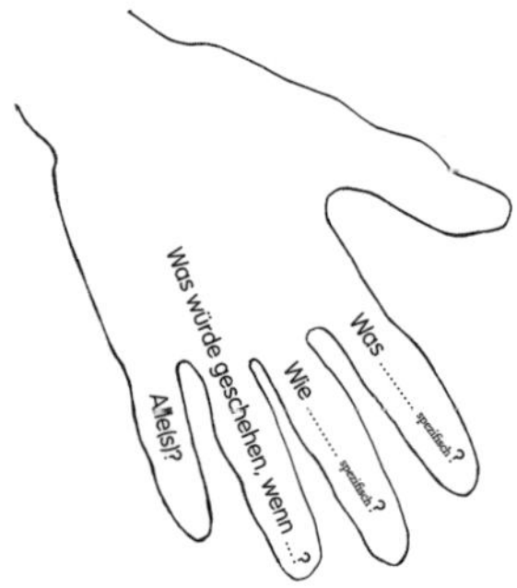

* C. G. Jung, GW 10, S. 327 f., „Gegenwart und Zukunft".

„Die anderen“ haben also all diese Macht, weil wir sie ihnen geben. Können wir sie zurückbekommen? Jung schreibt weiter, daß die „bösen“ Kräfte, wenn wir uns ihrer in unserem Inneren bewußt werden und uns damit konfrontieren, ihre Macht verlieren, und daß wir dann unsere Macht zu wählen wiedergewinnen.

Wenn wir uns dafür entscheiden, unsere Ziele mit anderen in Einklang zu bringen, so entscheiden wir uns für persönliche Integrität. Ihr eigenes Ziel wird zwar vielleicht mit demjenigen der Gegenseite nicht perfekt zusammenpassen, doch nach Möglichkeiten des Dovetailing zu suchen verhindert Manipulation und schützt vor Groll, Gegenbeschuldigungen, vor Reue des Käufers und vor Rache. Dovetailing ist ganz einfach sinnvoller und intelligenter als Manipulation.

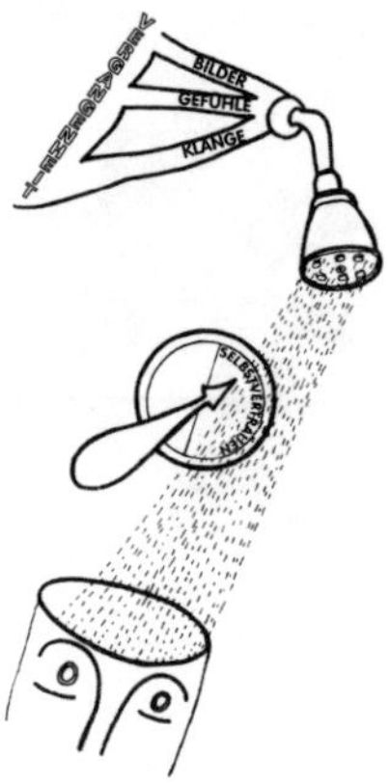

Jemand hat mir einmal gesagt, auf integre Weise zu beeinflussen sei ein Widerspruch in sich. Keineswegs. Wir alle beeinflussen. Mit den Möglichkeiten, auf gute und angemessene Weise zu beeinflussen, haben sich zu allen Zeiten große Denker beschäftigt. Jetzt verfügen wir über bessere Werkzeuge zur Beeinflussung. Die Nutzung dieser Werkzeuge und die Integrität, wie wir sie benutzen, liegt in unseren Händen.

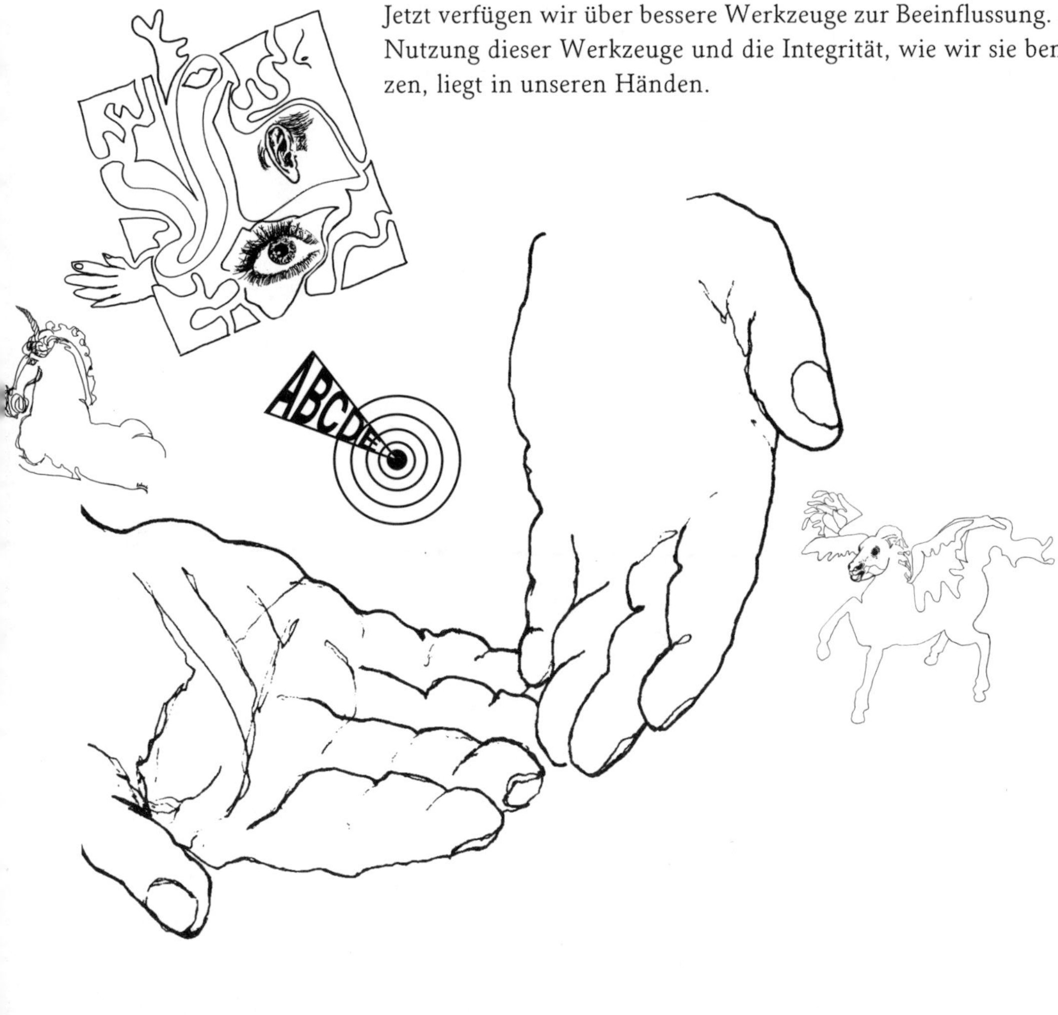

Glossar

Als-Ob-Technik – Ein Ziel erreichen, indem man so tut, als sei es schon geschehen.

Auditive – Menschen, die hauptsächlich ihre Ohren benutzen, um die Welt wahrzunehmen, und die die Information, die ihr Verhalten bestimmt, vom gesprochenen Wort abhängig machen.

Augenzugangshinweise – Augenbewegungen in bestimmte Richtungen, die anzeigen, ob der/die Betreffende primär ein visueller, auditiver oder kinästhetisch denkender Typ ist.

Backtrack – Zurückverfolgen, zusammenfassen

Change Reality – Ein Akronym (Kunstwort), das die (englischen) Anfangsbuchstaben von 13 Methoden, eine ins Stocken gekommene Verhandlung wieder in Bewegung zu bringen, zusammenfaßt.

Crossover Mirroring – Den Rhythmus der habituellen Bewegungen eines Menschen mit einer anderen Art von Bewegung in Einklang beantworten.

Dovetailing – Miteinander in Einklang bringen; Ziele aufeinander abstimmen.

Durch die Zeit – Die Erfahrung des Verblassens der Vergangenheit im Fluß der Zeit.

Fette (abstrakte) Wörter – Unspezifische Wörter; Wörter mit vielen Bedeutungsschichten.

Flexibilität – Mehr als eine Verhaltensmöglichkeit in einer Situation haben.

In der Zeit – Die Erfahrung des lebhaften Erinnerns der Vergangenheit.

Integrität – Zustand der Vollständigkeit, Ungeteiltheit und Ungehindertheit sowie Ehrlichkeit.

Introjektionen – Unbewußte Regeln, die das Verhalten beeinflussen.

Kalibrierung – Sich selbst in die Lage versetzen, mittels nonverbaler Signale einen bestimmten Zustand in einem anderen Menschen zu erkennen.

Kinästheten – Menschen, die sich durch ihre Erfahrungen hindurch-„fühlen“. Kinästheten kategorisieren sowohl äußere als auch innere Stimuli durch ihre Gefühle, und sie treffen mit Hilfe dieser Gefühle wichtige Entscheidungen für ihr Leben.

Kongruent – Einheitlich, unbeeinträchtigt, ein Zustand, in dem alle Teile einer Person zusammen auf das Ziel dieser Person hinarbeiten.

Kongruenz – Zustand des Kongruent-Seins

Landkarte (von) der Realität – Die Art der Repräsentation, die ein Mensch aufgrund seiner individuellen Wahrnehmungen und Erfahrungen vom Universum entwickelt.

Meta-Modell – Linguistische Prozeduren, die zeigen, wie die Wörter, die Menschen auswählen, ihre Erfahrungen und Handlungen einschränken, verzerren und generalisieren.

Metapher – Eine kunstvoll entwickelte Geschichte, die Elemente enthält, welche denjenigen einer aktuellen Situation entsprechen, wobei die Geschichte auch in Relation zum gewünschten Ziel steht.

Mirroring – Abstimmen bestimmter Verhaltensweisen auf die Verhaltensweisen eines anderen Menschen, widerspiegeln.

Paradigma – Eine Landkarte der Realität mit zusätzlichen Glaubenssystemen.

PEGASUS – Ein Akronym für die Syntonic-Vorgehensweisen bei Besprechungen (Meetings).

Pointer – Fragen, die zu spezifischen, konkreten, sinnesspezifischen Informationen hinführen.

Rapport – Das Herstellen und Aufrechterhalten einer Beziehung gegenseitigen Vertrauens und Verstehens zwischen zwei oder mehr Parteien.

Reiz-Reaktions-Muster – Eine Verbindung zwischen einer Erfahrung und einer anschließenden sogenannten Reaktion. Der natürliche Lernprozeß, den Ivan Pawlow demonstrierte, indem er das Läuten einer Glocke zur Speichelabsonderung von Hunden in Beziehung setzte.

Repräsentation – Kodieren, speichern sensorischer Information im Gehirn.

Repräsentationssystem – Einer der fünf Sinne, der im Gehirn für Information benutzt wird.

Ressource-Zustand – Die sensorische Erfahrung, die mit einer Situation assoziiert wird, in der sich die Person zuversichtlich gefühlt hat.

Schlanke (konkrete) Wörter – Spezifische Wörter mit präziser oder sinnesspezifischer Bedeutung.

Sensorische Schärfe – Die Fähigkeit, mit Hilfe der Sinne Information aufzunehmen.

Sinnesspezifisch (sensory based) – sich auf das beziehend, was ein Mensch sieht, hört, fühlt, schmeckt und riecht.

Übersetzen – Verändern von Prädikaten, um darauf hinzuweisen, daß ein Repräsentationssystem an die Stelle eines anderen tritt.

UNICORN – Akronym für die Syntonic-Verkaufsprozedur.

Visuelle – Menschen, die die Welt hauptsächlich mit Hilfe ihrer Augen wahrnehmen und die hauptsächlich auf ihre inneren Bilder vertrauen als Basis für ihre Entscheidungen.

Wahrnehmungen – Informationen, die durch einen oder mehrere Sinne aufgefangen und vom Gehirn verarbeitet werden.

Zerebrale – Menschen, die auf Etiketten (Namen) reagieren, die sie ihren Wahrnehmungen geben.

Ziel (outcome) – Ein spezifisches, positives, sinnesspezifisches erwünschtes Resultat.

Die Signifikanz der Kommunikation
ist die Antwort, die Sie bekommen.
Wenn Sie die erwünschte Antwort nicht bekommen,
ändern Sie Ihr Verhalten.

Literatur

Business

Barnard, Chester I. *The Functions of the Executive.* Cambridge: Harvard University Press, 1983; 30th Anniversary edition, 1968.

Blanchard, Kenneth & Spencer Johnson. *The One-Minute Manager.* New York: William Morrow, 1982; dt.: *Der Minuten-Manager.* Reinbek: Rowohlt, 1983.

Brandt, Steven C. *Entrepreneuring.* Reading: Addison-Wesley, 1982.

Chandler, Alfred D., Jr. *The Visible Hand: The Managerial Revolution in American Business.* Cambridge: Harvard University Press, 1977.

Cooper, Ken. *Body Business.* New York: Amacom, 1979.

Crosby, Philip B. *The Art of Getting Your Own Sweet Way.* New York: McGraw-Hill, 1982.

Deal, Terrence E. & Alan Kennedy. *Corporate Cultures.* Reading: Addison-Wesley, 1982.

Drucker, Peter F. *The Changing World of the Executive.* New York: Truman Talley Books, 1982.

–, *Concept of the Corporation.* 2nd ed. New York: Mentor Books, 1983.

–, *The Effective Executive.* London: Heinemann, 1967.

–, *Management Tasks, Responsibilities, Practices.* New York: Harper and Row, 1973.

–, *People and Performance: The Best of Peter Drucker on Management.* New York: Harper and Row, 1977.

Dyer, William G. *Team Building: Issues and Alternatives.* Reading: Addison-Wesley, 1977.

Friedman, Milton & Rose Friedman. *Free to choose.* New York: Avon, 1979.

Greiner, Larry & Robert O. Metzger. *Consulting to Management.* Englewood Cliffs: Prentice-Hall, 1983.

Hegarty, Christopher with Philip Goldberg. *How to Manage Your Boss.* New York: Rawson, Wade, 1980.

Helbriegel, Don & John W. Slocum, Jr. *Management,* 3rd ed. Reading: Addison-Wesley, 1982.

Huseman, R., M. Lahiff & J.D. Hatfield. *Business Communication: Strategies and Skills.* Hinsdale: Dryden Press, 1981.

Katz, D. & R. Kahn. *The Social Psychology of Organizations,* 2nd ed. New York: Wiley, 1978.

Koontz, Harold; Cyril O'Donnell & Heinz Weihrich. *Essentials of Management.* New York: McGraw-Hill, 1974.

Levinson, Harry. *Executive.* Cambridge: Harvard University Press, 1968.

–, „Gut Feelings Are Still the Basis for Executive Decisions." *Levinson Letter.* 15. Juli 1977.

Levitt, Harold J., Louis R. Pondy & David M. Boje (eds.). *Readings in Managerial Psychology,* 3rd ed. Chicago: University of Chicago Press, 1980.

Londgren, Richard E. *Communication by Objectives: A Guide to Productive and Cost-Effective Public Relations and Marketing.* Englewood Cliffs: Prentice-Hall, 1983.

Mager, Robert F. & Peter Pipe. *Analyzing Performance Problems.* Belmont: Pitman Learning, 1970.

McCarthy, John J. *Why Managers Fail ... and What to Do About It.* 2nd ed. New York: McGraw-Hill, 1978.

McWilliams, Peter A. *The Personal Computer Book.* Los Angeles: Prelude Press, 1982.

Mintzberg, Henry. *The Nature of Managerial Work.* New York: Harper and Row, 1973.

Munter, Mary. *Guide to Managerial Communication.* Englewood Cliffs: Prentice-Hall, 1982.

Peters, Thomas J. & Robert H. Waterman, Jr. *In Search of Excellence: Lessons from America's Best Run Companies.* New York: Harper and Row, 1982; dt.: *Auf der Suche nach Spitzenleistungen.* Landsberg: Moderne Industrie, 1982.

Sloan, Alfred P. Jr. *My Years with General Motors.* Garden City: Doubleday (Anchor Books ed.), 1972.

Williams, Frederick. *Executive Communication Power: Basic Skills for Management Success.* Englewood Cliffs: Prentice-Hall, 1983.

Pädagogik

Averch, Harvey et al. *How Effective Is Schooling? A Critical Review and Synthesis of Research Findings.* Final Report to the President's Commission on School Finance. Santa Monica: The Rand Corporation, 1971.

Bandura, Albert & Robert Jerry. „Role of Symbolic Coding and Rehearsal Processes in Observational Learning". *Journal of Personality and Social Psychology,* Vol. 26, Nr. 1, 1973.

Brown, George, I. *Human Teaching for Human Learning: An Introduction to Confluent Education.* New York: Viking, 1971.

–, ed. *The Live Classroom: Innovation Through Confluent Education and Gestalt.* New York: Viking, 1975.

–, Mark Phillips & Stewart Shapiro. *Getting It All Together: Confluent Education.* Bloomington: The Phi Beta Kappa Educational Foundation, 1976.

Cantlay, Lynne Omori. *A Study of the Relationship between Confluent Teaching and Mathematics Self-Conception in Remedial Math Students.* Doctoral dissertation, University of California at Santa Barbara, 1975.

Coleman, James et al. *Equality of Educational Opportunity.* Office of Education, U.S. Department of Health, Education and Welfare. Washington, D.C.: U.S. Government Printing Office, 1966.

Jencks, Christopher et al. *Inequality: A Reassessment of the Effect of Family and Schooling in America.* New York: Basic Books, 1972; dt.: *Chancengleichheit.* Reinbek: Rowohlt, 1973.

Linguistik

Birdwhistell, Ray L. *Kinesics and Context: Essays on Body Motion Communication.* Philadelphia: University of Pennsylvania Press, 1970.

Hall, Edward T. *The Silent Language.* Garden City: Doubleday, 1973.

Verschiedenes

Bach, Richard. *Illusions.* New York: Dell, 1977.

Castaneda, Carlos. *Tales of Power.* New York: Simon and Schuster, 1974.

Grinder, John T. & S.H. Elgin. *A Guide to Transformational Grammar: History, Theory, Practice.* New York: Holt, Rinehart & Winston, 1973.

Heinlein, Robert A. *Stranger in a Strange Land.* New York: Berkeley Publishing, 1968.

Laborde, Genie Z. & Hazel Beatrous. *Tranquilizers for His Cup.* New York: Doubleday, 1961.

Machlin, Evangeline. *Speech for the Stage.* New York: Theatre Arts Books, 1980.

Verhandlungsgeschick

Calero, Henry & Bob Oskam. *Negotiate the Deal You Want.* New York: Dodd, Mead, 1983.

Fisher, Roger & William Ury. *Getting to Yes.* Boston: Houghton Mifflin, 1981.

Huthwaite Research Group Limited. *The Behavior of Successful Negotiators.* London: 1976/78.

Nierenberg, Gerard I. *Fundamentals of Negotiating.* New York: Hawthorn Books, 1973.

Raiffa, Howard. *The Art and Science of Negotiation.* Cambridge: Harvard University Press, 1982.

Neurolinguistisches Programmieren (NLP)

Bailey, Rodger. „Neurolinguistics: Information Processing in the Human Biocomputer". *J.C. Penney Forum,* November 1982.

Bandler, Richard & John Grinder. *Frogs into Princes.* Moab, Utah: Real People Press, 1979; dt.: *Neue Wege der Kurzzeit-Therapie.* Paderborn: Junfermann, ^{12}1996.

–,–. *Patterns of the Hypnotic Techniques of Milton H. Erickson, M.D.,* Vol. 1. Cupertino: Meta Publications, 1976; dt.: *Patterns.* Paderborn: Junfermann, 1996.

–,–. *Reframing.* Moab: Real People Press, 1982; dt.: *Reframing.* Paderborn: Junfermann, ^{6}1995.

–,–. *The Structure of Magic,* Vols. 1 & 2. Palo Alto: Science and Behavior Books, 1975, 1976; dt.: *Metasprache und Psychotherapie* (Bd. 1), *Kommunikation und Veränderung* (Bd. 2). Paderborn: Junfermann, [8]1994 (Bd. 1), [6]1994 (Bd. 2).

–,– & Virginia Satir. *Changing with Families.* Palo Alto: Science and Behavior Books, 1976; dt.: *Mit Familien reden.* München: Pfeiffer, 1978.

Cameron-Bandler, Leslie. *They Lived Happily Ever After.* San Rafael: FuturePace, 1985; dt.: *Wieder zusammenfinden.* Paderborn: Junfermann, [7]1996.

Dilts, Robert. „Let NLP Work for You". *Real Estate Today,* Februar 1982.

Dilts, Robert, Leslie Cameron-Bandler, Richard Bandler, John Grinder & Judith DeLozier. *Neuro-Linguistic Programming, Vol. 1.* Cupertino: Meta Publications, 1980; dt.: *Strukturen subjektiver Erfahrung.* Paderborn: Junfermann, [5]1994.

Farrelly, Frank & Jeff Brandsma. *Provocative Therapy.* Cupertino: Meta Publications, 1978; dt.: *Provokative Therapie.* Heidelberg: Springer, 1986.

Goleman, Daniel. „People Who Read People". *Psychology Today.* Juli 1979.

Gordon, David. *Therapeutic Metaphors.* Cupertino: Meta Publications, 1978; dt.: *Therapeutische Metaphern.* Paderborn: Junfermann, [5]1995.

– & Maribeth Meyers-Anderson. *Phoenix: Therapeutic Techniques of Milton H. Erickson. M.D.* Cupertino: Meta Publications, 1981; dt.: *Phoenix. Therapeutische Strategien von Milton Erickson.* Hamburg: Isko Press, 1986.

Grinder, John & Richard Bandler. *Trance-Formations.* Moab: Real People Press, 1981; dt.: *Therapie in Trance.* Stuttgart: Klett-Cotta, 1984.

Laborde, Genie Z. „Don't Eat the Menu". *New Realities,* Vol. IV, Nr. 4. Dezember 1981.

–, „Neuro-linguistic Programming". *New Realities,* Vol. IV, Nr. 1. April 1981.

– & Bruce Dillman. „Playing with Power and Matches". *New Realities,* Vol. IV, Nr. 4. Dezember 1981.

Lankton, Steve. *Practical Magic.* Cupertino: Meta Publications, 1979.

Maron, Davida. „Neurolinguistic Programming: The Answer to Change?" *Training and Development Journal,* Oktober 1979.

Moine, Donald J. *A Psycholinguistic Study of the Patterns of Persuasion Used by Successful Salespeople.* Dissertation, University of Oregon, 1981. Ann Arbor: University Microfilms International, 1982.

Zientara, Marguerite. „IBMer Tells How to Handle a Primadonna". *Computerworld,* 15. November 1982.

Philosophie

Buber, Martin. *The Way of Man.* Secaucus: Citadel, 1973.

Fromm, Erich. *The Art of Loving.* New York: Harper and Row, 1956; dt.: *Die Kunst des Liebens.* München: dtv, 1995.

Fuller, Buckminster. *I Seem to Be a Verb.* New York: Bantam, 1970.

Kaufman, Walter. *Existentialism from Dostoevsky to Sartre.* Cleveland: World, 1956.

Sartre, Jean-Paul. *Being and Nothingness.* New York: Philosophical Library, 1956; dt.: *Das Sein und das Nichts.* Reinbek: Rowohlt, 1962.

Psychobiology

Eccles, J.C. *Facing Reality.* New York: Springer Verlag, 1970; dt.: *Gehirn und Seele.* München: Piper, 1987.

Lashley, K.S. *The Neuropsychology of Lashley.* New York: McGraw-Hill, 1960.

Psychologie

Assagioli, Roberto. *Psychosynthesis.* New York: Viking, 1971; dt.: *Handbuch der Psychosynthese.* Freiburg: Aurum, 1978.

Auerswald, Edgar. „Thinking About Mental Health". In: *American Handbook of Psychiatry.* Vol. 2, 2nd ed. Gerald Caplans, ed. New York: Basic Books, 1974.

Barron, Frank. *The Shaping of Personality: Conflict, Choice and Growth.* New York: Harper and Row, 1979.

Baumgardner, Patricia. *Legacy from Fritz.* Palo Alto: Science and Behavior Books, 1975.

Bentov, Itzhak. *Stalking the Wild Pendulum: On the Mechanics of Consciousness.* New York: Bantam Books, 1977.

Berelson, Bernard & Gary Steiner. *Human Behavior: An Inventory of Scientific Findings.* New York: Harcourt Brace and World, 1964.

Bialer, I. „Conceptualization of Success and Failure in Mentally Retarded and Normal Children". *Journal of Personality.* Vol. 29, 1961.

Brown, Judith R. *Back to the Beanstalk.* La Jolla: Psychology and Consulting Associates Press, 1979.

Crandall, V.C., W. Katkovsky & V.J. Crandall. „Children's Belief in Their Control of Reinforcement in Intellectual-Academic Achievement Situations". *Child Development,* Vol. 36, 1965.

Dement, William. *Some Must Watch While Some Must Sleep.* San Francisco: W.H. Freeman, 1972.

Downing, Jack. *Gestalt Awareness: Papers from the San Francisco Gestalt Institute.* New York: Harper and Row, 1976.

Downing, Jack & Robert Marmorstein (eds.). *Dreams and Nightmares.* New York: Harper and Row, 1973.

Enright, John. *Enlightening Gestalt: Waking Up from the Nightmare.* Mill Valley: Pro Telos, 1980.

Fagan, Joen & Irma Shepherd (eds.). *Gestalt Therapy Now.* New York: Harper Colophon Books, 1970.

Freud, Sigmund. *Jenseits des Lustprinzips.* GW Bd 13. Frankfurt: S. Fischer, 1987.

–, *Das Unbehagen in der Kultur.* GW Bd. 14. Frankfurt: S. Fischer, 1994.

–, *Das Ich und das Es.* GW Bd. 13. Frankfurt: S. Fischer, 1992.

–, *Die Zukunft einer Illusion.* Frankfurt: S. Fischer.

–, *Der Mann Moses und die monotheistische Religion.* Frankfurt: S. Fischer, 1994.

–, *Neue Folge der Vorlesungen zur Einführung in die Psychoanalyse.* GW Bd. 15. Frankfurt: S. Fischer, 1990.

–, *Die Traumdeutung,* GW Bd. 2/3. Frankfurt: S. Fischer, 1989.

–, *Abriß der Psychoanalyse.* Frankfurt: S. Fischer, 1994.

–, *Totem und Tabu,* GW Bd. 9. Frankfurt: S. Fischer, 1986.

Gaines, Jack. *Fritz Perls Here and Now.* Millbrae: Celestial Arts, 1979.

Hampden-Turner, Charles. *Maps of the Mind.* New York: Macmillan, 1981.

Huxley, Laura Archera. *You Are Not the Target.* North Hollywood: Wilshire Book, 1972.

Janov, Arthur. *The Primal Scream.* New York: Dell, 1971; dt.: *Der Urschrei.* Frankfurt: S. Fischer, 1993.

Jones, Ernest. *Papers on Psycho-Analysis.* London: Bailliere, Tindall and Cox, 1950.

Jung, C.G. *Der Mensch und seine Symbole.* Olten: Walter, 1968.

–, *Seelenprobleme der Gegenwart.* Zürich: Rascher, 1931.

–, *The Portable Jung.* New York: Penguin, 1976.

–, *Vom Werden der Persönlichkeit.* GW 17. Olten: Walter, 1972.

Klein, Melanie, P. Hermann & R.E. Money-Kyrle (eds.). *New Horizons in Psycho-Analysis.* New York: Basic Books, 1955.

Laborde, Genie Z. „Comparing Certain Theories and Therapies of Freud and Perls". *The Gestalt Journal,* Spring 1979.

–, *An Exploration into the Practicability of Using Confluent Approaches in Increasing Awareness of Introjects.* Doctoral dissertation, University of California at Santa Barbara, 1976.

– & George I. Brown. Die Bedeutung des Introjektionskonzepts für die integrative Erziehung. *Integrative Therapie* 1 (1981) 3-13, Paderborn: Junfermann, 1996.

Laing, R.D. *The Divided Self.* New York: Pantheon Books, 1969; dt.: *Das geteilte Selbst.* Köln: Kiepenheuer & Witsch, 1994.

–, *The Politics of Experience.* New York: Balantine Books, 1968; dt.: *Phänomenologie der Erfahrung.* Frankfurt: Suhrkamp, 1975.

–, *Self and Others.* New York: Penguin Books, 1972; dt.: *Das Selbst und die Anderen.* Köln: Kiepenheuer & Witsch, 1974.

–, & A. Esterson. *Sanity, Madness and the Family.* New York: Penguin Books, 1970.

Lawrence, D.H. *Psychoanalysis and the Unconscious: Fantasia of the Unconscious.* New York: Viking, 1921.

Lichtenstein, E. & W. Craine. „The Importance of Subjective Evaluation of Reinforcement in Verbal Conditioning". *Journal of Experimental Research in Personality.* Vol. 3, 1969.

Lilly, John C. *Programming and Metaprogramming in the Human Biocomputer.* New York: Bantam, 1972.

Maslow, Abraham. *Toward a Psychology of Being.* New York: Van Nostrand Reinhold, 1968; dt.: *Psychologie des Seins.* München: Kindler, 1973.

McClain, E.W. & H.B. Andrews. „Self-Actualization Among Extremely Superior Students". *Journal of College Student Personnel,* 1972.

Meissner, W.W. „Notes on Identification III: The Concept of Identification". *Psycho-Analytic Quarterly.* Vol. 41, 1972.

Menninger, Karl. *The Human Mind.* New York: Knopf, 1937.

–, *A Psychiatrist's World.* New York: Knopf, 1937.

Milgrim, Stanley: „Behavioral Study of Obedience". *Journal of Abnormal and Social Psychology.* Vol. 67, Nr. 4, 1963.

–, „Some Conditions of Obedience and Disobedience to Authority". *Human Relations.* Vol. 18, 1965.

Moustakas, Clark E. *Loneliness and Love.* Englewood Cliffs: Prentice-Hall, 1972.

Ornstein, Robert E., ed. *The Nature of Human Consciousness.* New York: Viking, 1974.

Perls, Frederick. *Ego, Hunger, and Aggression.* New York: Vintage Books, 1967; dt.: *Das Ich, der Hunger und die Aggression.* Stuttgart: Klett-Cotta, 1995.

–, *The Gestalt Approach and Eye-Witness to Therapy.* Palo Alto: Science and Behavior Books, 1973; dt.: *Grundlagen der Gestalttherapie.* München: Pfeiffer, 1976.

–, *Gestalt Therapy Verbatim.* Toronto: Bantam, 1971; dt.: *Gestalttherapie in Aktion.* Stuttgart: Klett, 1974.

–, *In and Out of the Garbage Pail.* Toronto: Bantam, 1972; dt.: Gestaltwahrnehmung. Verworfenes und Wiedergefundenes aus meiner Mülltonne. Frankfurt: Verlag für Humanistische Psychologie W. Flach, 1981.

Piaget, Jean. *The Psychology of Intelligence.* London: Routledge and Kegan, 1950; dt.: Psychologie der Intelligenz. Zürich: Rascher, 1964.

Polster, Erving & Miriam Polster. *Gestalt Therapy Integrated.* New York: Vintage Books, 1973; dt.: *Gestalttherapie.* München: Kindler, 1975.

Shepard, Martin. *Fritz: An Intimate Portrait of Fritz Perls and Gestalt Therapy.* New York: E.P. Dutton, 1975.

Stafford-Clark, David. *What Freud Really Said.* New York: Schocken Books, 1971.

Stoller, Frederick H. *Encounter*. San Francisco: Jossey-Bass, 1970.
Wilber, Ken. *The Spectrum of Consciousness*. Wheaton: Theosophical Publishing, 1977; dt.: *Das Spektrum des Bewußtseins*. München: Scherz, 1987.
Wolman, Benjamin, ed. *The Handbook of Clinical Psychology*. New York: McGraw-Hill, 1965.

Soziologie

Berger, Peter & Thomas Luckmann. *The Social Construction of Reality*. New York: Grove Press, 1966; dt.: *Die gesellschaftliche Konstruktion der Wirklichkeit*. Frankfurt: Fischer, 1970.
Campbell, Joseph. *The Hero with a Thousand Faces*. Princeton: Princeton University Press, 1972.
Gottesfield, H. & G. Dozier. „Changes in Feelings of Powerlessness in a Community Action Program". *Psychological Reports*, Vol. 24, Nr. 1, 1963.
Hampden-Turner, Charles. *Radical Man: The Process of Psycho-Social Development*. Garden City: Anchor Books, 1971.
Hollingshead, A.B. *Elmstown's Youth: The Impact of Social Classes on Adolescents*. New York: Wiley, 1949.
Kahl, Joseph. *The American Class Structure*. New York: Rinehart and Company, 1953.
Katz, I. „The Socialization of Academic Motivation in Minority Group Children", *Nebraska Symposium on Motivation*, ed. D. Levine. Lincoln: University of Nebraska Press, 1967.
Kohn, Melvin. *Class and Conformity*. Homewood: The Dorsey Press, 1969.
Kuhn, Thomas, S. *The Structure of Scientific Revolution*. Chicago: University of Chicago Press, 1962; dt.: *Die Struktur wisssenschaftlicher Revolutionen*. Frankfurt: Suhrkamp, 1973.
Leonard, George. *The Transformation*. New York: Delacorte, 1972.
Liebow, Elliott. *Talley's Corner*. Boston: Little, Brown, 1967.
McLuhan, Marshall & Quentin Fiore. *The Medium Is the Massage*. New York: Random House, 1967; dt.: Das Medium ist Massage. Berlin: Ullstein, 1969.
Meadows, Donelia et al. *The Limits of Growth*. New York: Universe Books, 1972.
Pearce, Joseph Chilton. *Exploring the Crack in the Cosmic Egg*. New York: Julian Press, 1974.
Thompson, William I. *At the Edge of History*. New York: Harper and Row, 1972.
Wilber, Ken. *Up from Eden*. New York: Anchor Press / Doubleday, 1981; dt.: *Halbzeit der Evolution*. München: Goldmann, 1990.

Systemtheorie

Bertalanffy, Ludwig von. *Robots, Men, and Minds*: Psychology in the Modern World. New York: George Braziller, 1967.
Maltz, Maxwell. *Psycho-Cybernetics*. New York: Pocket Books, 1969.
Satir, Virginia. *Peoplemaking*. Palo Alto: Science and Behavior Books, 1972; siehe: *Kommunikation – Selbstwert – Kongruenz*. Paderborn: Junfermann, [5]1996.

Personen- und Stichwortregister

I

K

L

M

N

O

P

Q

R

S